普通高等教育"十一五"国家级规划教材

高等学校文科类专业"十一五"计算机规划教材

根据《高等学校文科类专业大学计算机教学基本要求》组织编写

丛书主编　卢湘鸿

电子商务技术基础
（第2版）

卢湘鸿　李吉梅　主编
李吉梅　曹淑艳　李降龙　林政　等编著

清华大学出版社
北京

内 容 简 介

本书是普通高等教育"十一五"国家级文科类计算机规划教材，是根据教育部《高等学校文科类专业大学计算机教学基本要求（2006年版）》编写的。

全书由电子商务基础知识、电子商务技术简介、电子商务网站建立、HTML 语言、网页设计与制作、Access 数据库管理系统、动态网页技术 ASP、通过网页访问数据库、电子商务系统开发和课程实习等 10 章组成。各章还配有丰富的例题、习题和上机实验，并附有解答，以方便教学。

本书可作为高校文科类专业本科的教学用书，也可供高职高专相关专业的院校选用，还可供公务员、企事业管理人员参考。

本书封面贴有清华大学出版社防伪标签，无标签者不得销售。
版权所有，侵权必究。举报：010-62782989，beiqinquan@tup.tsinghua.edu.cn。

图书在版编目（CIP）数据

电子商务技术基础/卢湘鸿，李吉梅主编. —2 版. —北京：清华大学出版社，2016（2023.8重印）
高等学校文科类专业"十一五"计算机规划教材
ISBN 978-7-302-43706-2

Ⅰ. ①电… Ⅱ. ①卢… ②李… Ⅲ. ①电子商务－高等学校－教材 Ⅳ. ①F713.36

中国版本图书馆 CIP 数据核字（2016）第 084778 号

责任编辑：汪汉友
封面设计：常雪影
责任校对：白 蕾
责任印制：朱雨萌

出版发行：清华大学出版社
网　　址：http://www.tup.com.cn, http://www.wqbook.com
地　　址：北京清华大学学研大厦 A 座　　　邮　编：100084
社 总 机：010-83470000　　　　　　　　　　邮　购：010-62786544
投稿与读者服务：010-62776969, c-service@tup.tsinghua.edu.cn
质量反馈：010-62772015, zhiliang@tup.tsinghua.edu.cn
课件下载：http://www.tup.com.cn, 010-62770175-4608

印 装 者：天津鑫丰华印务有限公司
经　　销：全国新华书店
开　　本：185mm×260mm　　印　张：18　　字　数：415 千字
版　　次：2007 年 10 月第 1 版　2016 年 7 月第 2 版　印　次：2023 年 8 月第 6 次印刷
定　　价：49.50 元

产品编号：065797-02

序

能够满足社会与专业本身需求的计算机应用能力已成为合格的大学毕业生必须具备的素质。

文科类专业与信息技术的相互结合、交叉、渗透,是现代科学技术发展趋势的重要方面,是不可忽视的新学科的一个生长点。加强大文科各专业(包括文史哲法教类、经济管理类与艺术类一些专业)的计算机教育,开设具有专业特色的计算机课程是培养能够满足信息化社会对大文科人才要求服务的重要举措,是培养跨学科、综合型的文科通才的重要环节。

为了更好地指导文科类专业的计算机教学工作,教育部高等教育司重新组织制订了《高等学校文科类专业大学计算机教学基本要求(2006年版)》(下面简称《基本要求》)。

《基本要求》把大文科各门类的本科计算机教学,按专业门类分为文史哲法教类、经济管理类与艺术类这三个系列,按教学层次分为计算机大公共课程(也就是计算机公共基础课程)、计算机小公共课程和计算机背景专业课程三个层次。

第一层次的教学内容是文科某系列(比如艺术类)各专业学生都要应知应会的。第二层次是在第一层次之上,为满足同一系列某些专业共同需要(包括与专业相结合而不是某个专业所特有的)而开设的计算机课程。第三层次,也就是使用计算机工具,以计算机软、硬件为依托而开设的为某一专业所特有的课程。

《基本要求》对第一层次与第二层次课程的设置与教学内容提出了基本要求。

第一层次的教学内容由计算机基础知识(软、硬件平台)、微机操作系统及其使用、多媒体知识和应用基础、办公软件应用、计算机网络基础、信息检索与利用基础、Internet 基本应用、电子政务基础、电子商务基础、网页设计基础等 15 个模块构筑。这些内容可为文科学生在与专业紧密结合的信息技术应用方向上进一步深入学习打下基础。这一层次的教学内容是对文科大学生信息素质培养的基本保证,起着基础性与先导性的作用。

第二层次的教学内容,或者在深度上超过第一层次的教学内容中某一相应模块,或者是拓展到第一层次中没有涉及的领域。这是满足大文科不同专业对计算机应用需要的课程。这部分教学在更大程度上决定了学生在其专业中应用计算机解决问题的能力与水平。这些内容包括:微机组装与维护、计算机网络技术及应用、多媒体技术及应用、网页设计基础、信息检索与利用、电子政务应用、电子商务应用,以及与文史哲法教类、经济管理类与艺术类相关的许多课程。

清华大学出版社推出的高等院校文科类专业大学计算机规划教材,就是根据《基本要求》编写而成的。它可以满足文科类专业计算机各层次教学的基本需要。

对教材中的不足或错误,敬请同行和读者批评指正。

卢湘鸿
于北京中关村科技园

卢湘鸿　北京语言大学信息科学学院计算机科学与技术系教授、教育部普通高等学校本科教学工作水平评估专家组成员、教育部高等学校文科计算机基础教学指导委员会秘书长、全国高等院校计算机基础教育研究会文科专业委员会主任。

前　言

本书是普通高等教育"十一五"国家级文科类计算机规划教材，是根据教育部《高等学校文科类专业大学计算机基本要求(2006年版)》编写的。

电子商务是计算机网络所带来的又一次革命。从宏观上讲，旨在通过电子手段建立一种新的经济秩序，它不仅涉及电子技术和商业交易本身，而且涉及诸如金融税务、教育等其它社会层面；从微观上讲，电子商务是指各种具有商业活动能力的实体(生产企业、商贸企业、金融机构、政府机构和个人消费者等)利用网络和先进的数字化传媒技术进行的各项商业贸易活动，其基本点一是活动要有商业背景，二是商贸活动借助于网络化和数字化的途径来实现。

在网络经济时代，电子商务技术无疑成了企业、商家竞争的重要手段，因而了解电子商务概念和基础技术，解析电子商务过程，掌握如何利用电子商务从事商务活动，已成为大学生，特别是经济管理类专业学生必须掌握的知识。电子商务是一个充满机遇和挑战的新领域，也是一个具有巨大发展潜力的市场。

开设电子商务技术基础课程是培养大学生，特别是经济管理类专业学生的信息素养的组成部分，其目标如下：

(1) 让学生了解计算机工作的优势和局限，了解信息技术在企业现代化管理中的应用与作用，从而培养学生从全局的观点来看待企业信息化的过程；

(2) 让学生掌握提出问题、分析问题和利用计算机来解决问题的能力；

(3) 让学生学会如何向计算机研发人员描述自己专业领域中的问题，提出工作领域业务需求，更好地实现与软件工程师的沟通；

(4) 让学生学会如何管理和利用电子商务为企业的目标服务，更好地发挥电子商务在企业中的作用。

全书由电子商务基础知识、电子商务技术简介、电子商务网站建立、HTML语言、网页设计与制作、Access数据库管理系统、动态网页技术ASP、通过网页访问数据库、电子商务系统开发和课程实习等10章组成。从结构上可分为3部分。第一部分是概论，包括第1章~第3章，主要讲解电子商务基础和电子商务技术基础；第二部分是本书的主体，包含第4章~第8章，讲解电子商务网站开发与管理的各种技术；第三部分是综合开发与课程实习，由第9章和第10章组成。各章还配有丰富的例题、习题和上机实验，并附有解答。教材中的所有例子源码，均以章为单位存放在相应的文件夹中，读者可从清华大学出版社的网站(http://www.tup.com.cn)上下载，以方便读者学习与练习。

本书根据文科类学生的特点，从电子商务基本原理、概念出发，由浅入深地介绍开发与管理电子商务所需使用的技术基础。在编写上按照循序渐进、由浅入深、理论与实践相结合的原则安排教材内容。商务应用注重结合实例，每章有理论知识、练习、实验操作等内容，以方便师生的教与学，有利于引导学生从分析问题、解决问题的角度出发，了解与掌握电子商务的常用技术。

全书可按 36~54 课时讲授。理论课与上机操作比例为 3∶1(有条件的学校可适当增加上机时间)。各校可根据本校的实际情况,适当改变章节的顺序或筛选某些知识点进行教学。

本书由卢湘鸿、李吉梅主编。提供本书初稿的主要有对外经济贸易大学的曹淑艳(第1章)、李降龙(第4章~第6章),北京语言大学的李吉梅(第2章、第3章、第7章和第8章),中央财经大学的林政(第9章和第10章)。参加书中某些内容、习题和解答编写的有孟先进、肖磊、周奎、谢国章、张颖和赵小刚等。全书由曹淑艳教授统稿,卢湘鸿教授审定。

本书在编写过程中,得到北京语言大学、对外经济贸易大学、中央财经大学、中国人民大学和武汉大学等诸多院校师生的支持与帮助;第9章、第10章的案例选取了北京语言大学信息科学学院、对外经济贸易大学信息学院01、02级部分同学本科毕业论文作为素材。在此一并致谢。

本书可作为高校文科类专业本科的教学用书,也可供高职高专相关专业的院校选用,还可供公务员、企事业管理人员了解电子商务流程与技术使用。

由于电子商务及其应用的发展日新月异,书中会有不妥之处,敬请同行与读者不吝指正。意见与建议请寄至 E-mail:ljm@blcu.edu.cn。

编者
2016 年 2 月于北京

目 录

第1章 电子商务基础知识 ... 1
1.1 电子商务基本概念 ... 1
1.1.1 电子商务的定义 ... 1
1.1.2 电子商务的分类 ... 2
1.2 电子商务的组成与框架 ... 4
1.2.1 电子商务的基本组成 ... 4
1.2.2 电子商务的框架 ... 6
1.3 电子商务的功能与特点 ... 9
1.3.1 电子商务的功能 ... 9
1.3.2 电子商务的特点 ... 12
1.3.3 电子商务的优越性 ... 13
1.4 电子商务的起源与发展 ... 14
1.4.1 电子商务的起源 ... 14
1.4.2 电子商务的发展 ... 15
1.4.3 中国电子商务发展 ... 17
1.4.4 中国典型电子商务网站介绍 ... 19
1.5 本章小结 ... 21
思考与练习1 ... 21
实践环节——网上信息查询 ... 23

第2章 电子商务技术简介 ... 24
2.1 计算机网络基础 ... 24
2.1.1 计算机网络的基本结构 ... 24
2.1.2 计算机网络类型与拓扑结构 ... 27
2.1.3 网络协议和网络体系结构 ... 29
2.2 Internet 技术与服务 ... 32
2.2.1 Internet 网络协议 ... 32
2.2.2 IP 地址与域名 ... 34
2.2.3 Internet 连接 ... 40
2.2.4 Internet 服务 ... 44
2.3 Web 基础知识 ... 47
2.3.1 Web 技术基础 ... 47
2.3.2 HTTP 协议 ... 48
2.3.3 HTML 网页与网站 ... 49
2.4 Web 与数据库 ... 51
2.5 Web 应用系统开发的主流技术 ... 53
2.6 本章小结 ... 56
思考与练习2 ... 57
实践环节——企业调查 ... 58

第3章 电子商务网站建立 ... 59
3.1 概述 ... 59
3.1.1 电子商务网站的构成 ... 59
3.1.2 电子商务网站创建流程 ... 59
3.2 域名注册与域名解析 ... 62
3.2.1 域名申请与注册 ... 62
3.2.2 域名解析 ... 64
3.3 电子商务系统网络运行平台 ... 65
3.3.1 虚拟主机 ... 66
3.3.2 服务器托管 ... 66
3.3.3 DDN 专线入网 ... 67
3.4 电子商务系统开发 ... 68
3.4.1 开发方法概述 ... 68
3.4.2 电子商务系统开发流程 ... 69
3.4.3 网站的结构设计与规范 ... 73
3.4.4 电子商务网页的设计原则 ... 76
3.5 本章小结 ... 77
思考与练习3 ... 77
实践环节——个人网站发布 ... 78

第4章 HTML 语言 ... 80
4.1 建立 HTML 文件 ... 80
4.2 HTML 文件的结构 ... 80
4.2.1 语法结构 ... 80
4.2.2 结构说明 ... 81
4.2.3 网页示例 ... 81

4.3 文本修饰 …………………………… 82
　4.3.1 字体修饰 ………………………… 82
　4.3.2 标题修饰 ………………………… 82
　4.3.3 字号、颜色修饰 ……………… 82
　4.3.4 段落修饰 ………………………… 83
　4.3.5 水平线修饰 ……………………… 83
4.4 超链接 ………………………………… 83
　4.4.1 内部链接 ………………………… 83
　4.4.2 外部链接 ………………………… 84
4.5 HTML 实体 …………………………… 84
　4.5.1 问题的提出 ……………………… 84
　4.5.2 表示方法 ………………………… 84
4.6 列表 …………………………………… 85
　4.6.1 无序列表 ………………………… 85
　4.6.2 有序列表 ………………………… 85
4.7 表格 …………………………………… 86
　4.7.1 表格的语法结构 ………………… 86
　4.7.2 示例 ……………………………… 87
4.8 视频、音频 …………………………… 87
　4.8.1 音频 ……………………………… 87
　4.8.2 视频 ……………………………… 88
4.9 使用图像 ……………………………… 88
4.10 滚动文本 …………………………… 88
4.11 实例 ………………………………… 89
　4.11.1 背景图片 ……………………… 89
　4.11.2 禁止网页另存为 ……………… 89
　4.11.3 禁止使用鼠标右键 …………… 89
　4.11.4 跟随鼠标文字 ………………… 90
　4.11.5 文本滚动 ……………………… 92
4.12 本章小节 …………………………… 92
思考与练习 4 ……………………………… 92
实践环节——小型站点的建立 ………… 93

第5章 网页设计与制作 ………………… 94
5.1 Dreamweaver 概述 …………………… 94
　5.1.1 网页编辑器概述 ………………… 94
　5.1.2 Dreamweaver 的主要
　　　　功能和特点 …………………… 95
5.2 Dreamweaver 基础 …………………… 95

5.2.1 启动与退出
　　　 Dreamweaver 8 ………………… 95
5.2.2 工作区和文档窗口 ……………… 96
5.2.3 控制面板及其设置方法 ………… 98
5.2.4 "插入"面板 …………………… 98
5.2.5 "属性"面板 …………………… 99
5.2.6 网页的基本操作 ………………… 99
5.3 站点的规划和定义 …………………… 101
　5.3.1 站点的规划 ……………………… 101
　5.3.2 定义本地站点 …………………… 102
5.4 网页基本编辑 ………………………… 103
　5.4.1 编辑文本 ………………………… 103
　5.4.2 关于路径 ………………………… 104
　5.4.3 插入图像 ………………………… 104
　5.4.4 创建链接 ………………………… 108
5.5 表格与层的应用 ……………………… 110
　5.5.1 表格编辑 ………………………… 110
　5.5.2 层与"层"面板 ………………… 113
5.6 行为 …………………………………… 115
　5.6.1 如何添加行为 …………………… 115
　5.6.2 使用行为 ………………………… 116
5.7 框架与表单 …………………………… 117
　5.7.1 框架处理 ………………………… 117
　5.7.2 表单处理 ………………………… 119
5.8 本章小结 ……………………………… 122
思考与练习 5 ……………………………… 123
实践环节——网站建设 …………………… 123

第6章 Access 数据库管理系统 ………… 125
6.1 数据库编程的基本知识 ……………… 125
6.2 数据库、表格的创建和设计 ………… 125
　6.2.1 数据库的创建与打开 …………… 126
　6.2.2 创建和设计表格 ………………… 127
　6.2.3 表中数据的操作 ………………… 137
6.3 查询的介绍 …………………………… 139
　6.3.1 查询的种类 ……………………… 139
　6.3.2 查询的创建 ……………………… 139
　6.3.3 其他查询的创建 ………………… 142
　6.3.4 查询的 SQL 语言表示 …………… 150

6.4 本章小节 ………………………… 153
思考与练习 6 ……………………… 153
实践环节——数据库建立 ………… 154

第 7 章 动态网页技术 ASP ………… 155
7.1 ASP 概述 ………………………… 155
  7.1.1 ASP 的处理流程 ………… 155
  7.1.2 ASP 脚本 ………………… 156
  7.1.3 ASP 的包含文件 ………… 157
7.2 VBScript 脚本语言 ……………… 157
  7.2.1 数据类型 ………………… 158
  7.2.2 变量 ……………………… 159
  7.2.3 常量 ……………………… 161
  7.2.4 运算符 …………………… 161
  7.2.5 过程 ……………………… 162
  7.2.6 条件语句 ………………… 163
  7.2.7 循环语句 ………………… 165
7.3 ASP 内建对象 …………………… 168
  7.3.1 基本概念 ………………… 169
  7.3.2 Request 对象 …………… 169
  7.3.3 Response 对象 ………… 176
  7.3.4 Application 对象 ………… 180
  7.3.5 Session 对象 …………… 182
  7.3.6 Server 对象 …………… 184
  7.3.7 对象的应用 ……………… 187
7.4 本章小结 ………………………… 189
思考与练习 7 ……………………… 189
实践环节——聊天室 ……………… 190

第 8 章 通过网页访问数据库 ………… 193
8.1 ADO 技术概述 …………………… 193
  8.1.1 ODBC …………………… 193
  8.1.2 数据源 …………………… 194
  8.1.3 ADO 对象 ……………… 197
8.2 Connection 对象 ………………… 198
  8.2.1 创建 Connection 对
     象和连接数据源 ………… 198
  8.2.2 Connection 对象的
     属性与方法 ……………… 198

  8.2.3 执行 SQL 语句 ………… 199
  8.2.4 管理数据库连接 ………… 200
8.3 Recordset 对象 ………………… 201
  8.3.1 创建 Recordset 对象 …… 201
  8.3.2 查询记录 ………………… 202
  8.3.3 遍历记录集 ……………… 204
  8.3.4 分页显示记录集 ………… 207
  8.3.5 记录集记录的编辑 ……… 210
8.4 Command 对象 ………………… 211
  8.4.1 创建 Command 对象
     和连接数据源 …………… 211
  8.4.2 数据库查询 ……………… 212
8.5 本章小结 ………………………… 216
思考与练习 8 ……………………… 216
实践环节——在 ebook 网站中
     增加留言簿 ………… 217

第 9 章 电子商务系统开发 …………… 219
9.1 B2C 电子商务模式 ……………… 219
  9.1.1 实体产品的 B2C
     电子商务 ………………… 220
  9.1.2 数字化产品的 B2C
     电子商务 ………………… 221
9.2 B2C 电子商务系统的基本组成 …… 223
  9.2.1 网上购物流程 …………… 223
  9.2.2 订单处理流程 …………… 224
  9.2.3 网上支付流程 …………… 224
  9.2.4 B2C 网上支付解决方案 … 226
9.3 B2C 电子商务系统开发战略 …… 229
  9.3.1 加盟网上商城 …………… 229
  9.3.2 自行建立或外包开
     发系统 …………………… 230
  9.3.3 购买已有系统 …………… 230
9.4 B2C 网站设计与实现 …………… 231
  9.4.1 与购物相关的数据库结
     构设计 …………………… 231
  9.4.2 购书过程代码设计 ……… 233
9.5 本章小结 ………………………… 237
思考与练习 9 ……………………… 237
实践环节——ebook 网站的购书环节 … 238

第10章 课程实习 240
10.1 连锁汽车租赁电子商务系统的设计与开发 240
10.1.1 系统需求分析 240
10.1.2 数据库结构设计 241
10.1.3 电子商务系统的技术实现 242
10.2 学生会信息交流网站的设计与开发 262
10.2.1 系统需求分析 262
10.2.2 数据库结构设计 263
10.2.3 系统主要功能 264
10.3 校园论文网网站的设计与开发 269
10.4 某中小企业电子商务系统的设计与开发 270
10.5 网上考试系统的设计与开发 270
10.6 网上教室管理系统的设计与开发 271

附录A 部分习题参考答案 273

第1章　电子商务基础知识

Internet 改变了许多人的生活习惯、交流方式、思想观念，同时也改变了企业的经营行为，改变了企业的竞争规则，其重要方式便是电子商务。2001 年中国网络购物市场交易额为 6.0 亿元，2014 年，该市场交易规模已高达 2.8 万亿。根据国家统计局发布的 2014 年全年社会消费品零售总额数据，2014 年的网络购物交易额大致相当于社会消费品零售总额的 10.7%。电子商务是企业利用信息网络进行的商务活动，是一种电子化的运作方式。本章主要介绍电子商务基本概念，这是学习和管理电子商务系统必不可少的最重要的基本知识。

1.1　电子商务基本概念

对于很多人来说，电子商务（E-commerce）就是在互联网上购物。虽然 2006 年全球网上购物用户规模已达到 3.2 亿人，而中国消费者网上购物的收入达到了 312 亿元，但电子商务的业务领域并不局限于网上购物，它包括很多商业活动（如电子证券、电子贸易和电子银行等），也包括政府职能部门在网上提供的电子化服务（如网上纳税、网上报关等）。

1.1.1　电子商务的定义

IBM 第一次使用电子商务（Electronic Business）这个术语，并将其定义为"将系统和主要商业动作的过程结合起来，通过 Internet 技术使之变得简单易行的、能够传送不同商业价值的、安全、灵活和完整的商业途径。"

联合国经济合作和发展组织（OECD）给出电子商务的定义为，电子商务是发生在开放网络上的包含企业之间和消费者之间的商业交易。

1997 年 11 月在法国布鲁塞尔举行的全球信息社会标准大会上给电子商务定义为，电子商务是指整个贸易活动实现电子化。从涵盖范围方面来讲，交易各方以电子交易方式而不是通过物理交换或直接物理接触方式进行的任何形式的商业交易；从技术方面来讲，电子商务是多技术的集合体，包括交换数据（如电子数据交换、电子邮件）、获得数据（共享数据库、电子公告牌），以及自动获取数据（条码）等。

事实上，电子商务是一个发展中的概念，人们一般都是站在各自不同的角度上，根据自己的应用来理解电子商务。例如，一般消费者会把电子商务理解为网上购物；企业管理者把电子商务理解为网上采购以及在网上推销自己的产品或服务；政府工作人员则会认为网上收税是电子商务……随着电子商务的发展，它作为一个完整的概念出现于 20 世纪 90 年代。电子商务并非是单纯的技术概念或单纯的商业概念，而是现代信息技术和现代商业技术的结合体。对它有两种看法。

1. 电子商务（E-commerce）

电子商务是指利用国际互联网进行交易的一种方式，主要指信息服务、交易和支付。主要内容包括电子商情广告，电子选购和交易，电子交易凭证的交换，以及电子支付与结算等。

2. 电子商业（E-business）

电子商业是利用 Internet 进行全部的贸易活动。从计算机与商业结合的角度，电子商业就是通过电子信息技术、网络互连技术和现代通信技术使得交易涉及的各方当事人借助电子方式联系，而无须依靠纸面文件完成单据的传输，实现整个交易过程的电子化。简单地说，电子商务就是在网上将信息流、商流、资金流和部分的物流完整地实现。

由于本书侧重介绍电子商务技术基础，所以在本书中采用最流行的定义方法，把电子商务定义为 EC（Electronic Commerce），即用因特网（Internet）和万维网（World Wide Web,WWW）通过电子信息传输进行的各种商务活动。

电子商务是把买家、卖家和合作伙伴通过 Internet、内联网（Intranet）和企业之间的网络（Extranet）联合在一起，利用 Internet 技术和现有系统的业务相结合的产物。电子商务不仅包含市场营销、企业经营管理问题，也包含技术层面和社会层面的问题。

1.1.2 电子商务的分类

从不同的角度对电子商务有不同的分类。

1. 按照交易对象分类

按照交易对象（即参与交易各方主体的类型）分类，电子商务主要分为以下 7 类。

（1）企业与消费者之间的电子商务 即 B2C（Business to Customer）电子商务。它利用 Internet 向顾客提供类似于传统零售商业的服务。目前在 Internet 上的各种网上商店、网上商城提供的商品和服务都属于此类。

例如，世界著名的亚马逊（Amazon）书店、雅虎（Yahoo!）、美国在线（AOL），以及我国的 My8848、当当网上书店、联想网上商店等都是 B2C 类电子商务网站。

（2）企业与企业之间的电子商务 即 B2B（Business to Business）电子商务。生产商（企业）利用 Internet 或各种商务网络向供应商（企业或公司）订货或付款，供应商利用 Internet 或各种商务网络向客户（企业或公司）提供报价、发货通知、电子发票等服务均属于 B2B 电子商务。

通过增值网络运行的电子数据交换（Electronic Data Interchange,EDI）已使该种类型的电子商务得到了很大的发展。在可以预见的将来这种 B2B 电子商务仍将是电子商务业务中的重头戏。国内主要从事这种类型的电子商务的网站有阿里巴巴（Alibaba）、美商网（MeetChina）等。B2B 模式是当前电子商务模式中份额最大、最具有操作性、最容易成功的模式。

（3）企业与政府之间的电子商务 即 B2G（Business to Government）电子商务。此类电子商务可以覆盖公司与政府组织之间的许多事务，如政府的网上采购和公司的网上纳税等。

（4）消费者与政府之间的电子商务 即 C2G（Customer to Government）电子商务。政府将电子商务扩展到福利费的发放、自我估税及个人税收等方面均属于 C2G 电子商务。

(5) 消费者与消费者之间的电子商务　即 C2C(Customer to Customer)电子商务,网上拍卖网站属于此类。在网上提供一个"个人对个人"的交易平台,给每一个人提供参与电子商务的机会。如网易(NetEase)拍卖网站,以及 eBay 易趣(ebay eachnet)、拍拍网(paipai)和易必得(eBid)等。

(6) 复合型电子商务　即以上几种模式的组合。如 B2B2C 模式,处于中间环节的企业作为最终用户的商务代理,与供货商进行网上交易,以求降低交易价格和方便送配。社区网上购物代理、雅宝的集合竞价属于此类。

(7) 企业内部电子商务　企业内部网(Intranet)是一种有效的商务工具,它可以用来自动处理商务操作及工作流,保持组织间的联系,提高管理水平,对市场状况更快地做出反应,能更好地为客户提供服务。更为重要的是,随着经济实力的发展,许多企业都在向区域化、国际化方向发展,开设了异地分支机构。在这些跨地域的企业中,开展内部的电子商务可以实现产品调拨、订货、库存、查询和市场信息反馈等功能,降低企业经营及管理成本,增强企业对市场的反应能力。

按交易对象分类是最常用的分类方法,交易对象可以是企业、政府部门,也可以是最终的消费者,还可以是这些交易实体的多种组合。图 1.1 是这种分类的关系示意图。

无论哪一种电子商务,其实都反映了提供产品或服务的组织或个人与接受产品或服务的组织或个人的关系。因此可以将这些类型归结为 A2A(Any to Any),即任何人(包括组织)在任何时候从任何地方(个人或组织)都可获得所需的产品或服务,这就是电子商务的本质和最终目标。

本书主要简介 B2C 和 B2B 电子商务框架模式。

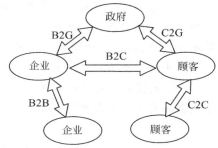

图 1.1　按交易对象分类的电子商务类型

2. 按交易电子化程度分类

不同的电子商务活动中电子化的程度也不同。按照交易的各个环节是否完全由电子方式来实现,电子商务可以分为以下两类。

(1) 完全电子商务　即完全通过电子方式实现和完成整个交易过程的商务活动。如网络广告、网上计算机软件销售及网上娱乐,以及通过网络实现的信息咨询等服务。其特点是,商品或服务都以电子信息的方式体现的。

(2) 不完全电子商务　是指那些无法完全依靠电子方式不定期实现的商务活动,例如要靠运输系统(物流)等来完成的交易。其特点是交易的商品往往是具有物质形态的商品。

3. 按交易过程的完整性分类

电子商务包括各种类型的商务活动,有些是企业或客户单方实现的,有些则需双方或多方共同完成。按照交易过程的不同,电子商务可以分为以下两类:

(1) 非交易型电子商务　指那些没有完整的交易活动出现,而只是由厂商或顾客单方在网上进行的有关商务的一些活动。如商家在网上做广告、发布产品信息、制作主页,以及顾客在网上浏览、查询商务信息等。

(2) 交易型电子商务　有交易的卖方和买方以及其他网上交易有关各方同时存在的交易活动,如网上购物、网上拍卖等。

4. 按从事交易活动的企业或网站的类型分类

绝大多数企业或网站都开展电子商务活动,但不同类型的企业在实现电子商务时仍具有明显的行业特征。电子商务按照从事电子商务的企业类型不同可以分为以下几类。

(1) 网上企业　指生产或销售企业利用 Internet 进行的管理和营销等活动。

(2) 网上银行　指网上进行金融活动的金融机构,主要从事电子货币的发放,网上支付及认证等服务。

(3) 网上商店和网上购物　指那些主要在网上从事零售业务的网上商店,及消费者在网上进行的购物活动。

(4) 网上拍卖　向企业或个人提供在网上竞拍商品的网站。

(5) 网上人才市场　帮助企业或个人在网上招聘、网上求职。

(6) 网上服务　主要指网上的信息服务,如网上旅游、网上娱乐和网上教育等。

(7) 其他　与网上电子商务有关的认证机构,海关、税务等机构和部门。

电子商务的分类是人为的、相对的、变化的,还可以有一些其他的分类方法。具体的某项电子商务活动,可能同时具有多种类型电子商务的特征。

通过上述分类方法的研究,不仅可以从多个侧面全面理解电子商务的概念,而且可以看出:一方面任何企业的经营活动几乎都可以在电子商务中找到自己的位置,另一方面电子商务和每一个人都密切相关。

1.2　电子商务的组成与框架

1.2.1　电子商务的基本组成

1. 电子商务的概念模型

电子商务的概念模型是对现实世界中电子商务活动的一般抽象描述,它由交易主体、电子市场 EM(Electronic Market)、交易事务和信息流、资金流、物资流等基本要素构成。电子商务的概念模型如图 1.2 所示。

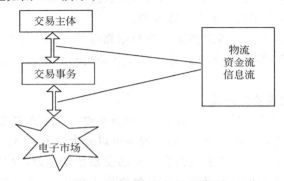

图 1.2　电子商务的概念模型

在电子商务概念模型中,交易主体是指能够从事电子商务活动的客观对象,它可以是企业、银行、商店、政府机构、科研教育机构和个人等;电子市场是指 EC 实体从事商品和服务交换的场所,它由各种各样的商务活动参与者,利用各种通信装置,通过网络连接成一个统一的经济整体;交易事务是指 EC 实体之间所从事的具体的商务活动的内容,例如,询价、报价、转账支付、广告宣传和商品运输等。

电子商务的任何一笔交易,都包含三种基本的"流",即物流、资金流和信息流。

物流主要是指商品和服务的配送和传输渠道,对于大多数商品和服务来说,物流可能仍然经由传统的经销渠道,然而对有些商品和服务来说,可以直接以网络传输的方式进行配送,如各种电子出版物、信息咨询服务和有价信息等。

资金流主要是指资金的转移过程,包括付款、转账和兑换等过程。

信息流既包括商品信息的提供、促销营销、技术支持和售后服务等内容,也包括诸如询价单、报价单、付款通知单和转账通知单等商业贸易单证,还包括交易方的支付能力、支付信誉和中介信誉等。

对于每个交易主体来说,他所面对的是电子市场,他必须通过电子市场选择交易的内容和对象。

2. 电子商务的组成

商务活动是商品从生产领域向消费领域运动过程中经济活动的总和。商业企业在订货、销售和储存等经营活动中与生产厂商、消费者发生的贸易、交易与服务行为以及其间的信息传递过程均属商务活动的范畴。在传统模式下,商务活动往往采取面对面直接交易或书面交易的方式来进行。传统商务运作模式如图 1.3 所示。

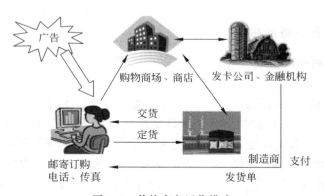

图 1.3 传统商务运作模式

电子商务是在网络环境下实现商务活动,其基本组成要素有 Internet、Intranet、Extranet、用户、配送中心、认证中心、网上银行和网上商场等,电子商务系统结构示意如图 1.4 所示。

(1)网络 网络包括 Internet、Intranet、Extranet。Internet 是电子商务的基础,是商务、业务信息传送的载体;Intranet 是企业内部商务活动的场所;Extranet 是企业与企业以及企业与个人进行商务活动的纽带。

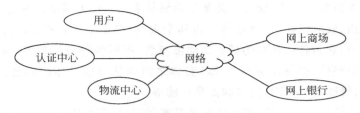

图 1.4 电子商务的基本组成示意图

(2) 用户 电子商务用户可分为个人用户和企业用户。个人用户使用浏览器、电视机顶盒、个人数字助理、电话等接入 Internet,为了获取信息、购买商品,还需采用 Java 技术及产品。企业用户建立企业内联网、外部网和企业管理信息系统,对人、财、物、供、销、存进行科学管理。企业利用 Internet 网页站点发布产品信息、接收订单,即建立电子商场。如要在网上进行销售等商务活动,还要借助于电子报关、电子报税、电子支付系统与海关、税务局、银行进行有关商务和业务处理。

(3) 认证中心(CA) 认证中心是法律承认的权威机构,负责发放和管理电子证书,使网上交易的各方能互相确认身份。电子证书是一个包含证书持有人、个人信息、公开密钥、证书序号、有效期、发证单位的电子签名等内容的数字文件。

(4) 物流中心 物流中心按商家的送货要求,组织运送无法从网上直接得到的商品,跟踪产品的流向,将商品送到消费者手中。

(5) 网上银行 网上银行在 Internet 上实现传统银行的业务,为用户提供 24 小时实时服务;与信用卡公司合作,发放电子钱包,提供网上支付手段,为电子商务交易中的用户和商家服务。

1.2.2 电子商务的框架

1. 电子商务的一般框架

电子商务不仅影响着传统的交易过程,而且在一定程度上改变了市场的组成结构。传统上,市场交易链是在商品、服务和货币的交换过程中形成的。现在,电子商务在其中强化了一个因素,这个因素就是信息。于是就产生了信息商品、信息服务、电子货币等。人们做贸易的实质并没有改变,但是贸易过程中的一些环节因所依附的载体发生了变化,因而也相应地改变了形式。这样,从单个企业来看,它做贸易的方式发生了一些变化,从整体贸易环境来看,有的商业失去了机会,同时又有新的商业产生了机会,有的行业衰退,同时又有新的行业兴起,从而使得整个贸易呈现出一些崭新的面貌。

为了更好地理解电子商务环境下的市场结构,可以参考图 1.5 所示的电子商务一般框架,它简要地描绘出了这个环境中的主要因素。

从图 1.5 中可知,电子商务一般框架由三个层次、一种宣传和两个支柱构成。三个层次是网络基础设施,消息和信息传播的基础设施,以及贸易服务的基础设施;一种宣传是多媒体内容和网络宣传;两个支柱是标准(技术标准网络协议等)和环境(公共政策、法律及隐私问题等)。

(1) 网络基础设施 这个层次主要是电子商务的硬件基础设施,也是实现电子商务

图 1.5 电子商务一般框架

的最低层的基本设施。网络基础设施主要是信息传输系统,它包括远程通信网、有线电视网、无线电通信网和 Internet 等。

以上这些不同的网络都提供了电子商务信息传输的线路。但是,目前大部分的电子商务应用都建筑在 Internet 上,其主要硬件有电话设备、调制解调器(Modem)、集线器(Hub)、路由器(Router)、数字交换机、有线电视等。

(2) 消息和信息传播的基础设施　这个层次主要提供传播信息的工具和方式,是电子商务信息传播的主要工具。它提供了以下两种交流方式。

① 非格式化的数据交流,例如,使用 Fax(传真)和 E-mail(电子邮件)传递的消息,它的对象一般是人,需要人来干预。

② 格式化数据交流,例如,EDI(电子数据交换)传递的消息,它的对象一般是计算机,不需要人来干预,可以全部自动化。

Internet 使用 HTTP(超文本传输协议)作为传递消息的一种工具,它以一种统一的界面在多种不同环境下显示非格式化的多媒体信息。每一个按该协议建立的文档都包含着可供用户进一步检索的超级链接,这种超级链接可以连接到文本文件,还可以连接到图形图像、声音和影视画面等文档。目前,大部分的网民可以在各种终端和操作系统下通过 HTTP 统一资源定位器(URL)找到所需要的信息。

(3) 贸易服务的基础设施　这个层次主要是实现标准的网上商务活动服务以方便网上交易。这个层次是所有企业、个人做贸易时都会使用到的服务。它主要包括商品目录/价目表建立、电子支付工具的开发、保证商业信息安全传送的方法、认证买卖双方的合法性方法等。

电子商务发展的核心和关键问题是商品交易的安全性。由于 Internet 本身的开放性,使网上交易面临着种种危险,由此提出了以下相应的安全控制要求。

① 信息保密性　交易中的商务信息均有保密的要求。若信用卡的账号和用户名被人知悉,就可能被盗用;订货和付款的信息被竞争对手获悉,就可能丧失商机。因此在电子商务的信息传播中一般均需要加密。

② 交易者身份的确定性　网上交易的双方很可能素昧平生,相隔千里。要使交易成功,首先要能确认对方的身份,商家要考虑客户端不能是骗子,而客户也会担心网上的商店是不是一个玩弄欺诈的黑店。因此能方便而可靠地确认对方身份是交易的前提。

③ 不可否认性　由于商情千变万化,交易一旦达成则不能被否认,否则必然会损害一方的利益。例如订购黄金,订货时金价较低,但收到订单后,金价上涨了,如果收单方确认滞后收到订单的实际时间,甚至否认收到订单的事实,则订货方就会蒙受损失。因此电

子交易通信过程的各个环节都必须是不可否认的。

④ 不可修改性 交易的文件是不可被修改的,如上例所举的订购黄金。供货单位在收到订单后,发现金价大幅上涨了,如若能改动文件内容,将订购数1吨改为1克,则可大幅受益,那么订货单位可能就会因此而蒙受损失。所以电子交易文件也要能做到不可修改,以保证交易的严肃和公正。

(4) 多媒体内容和网络宣传 电子商务可凭借企业的 Web 服务器和客户的浏览,在 Internet 上发布各类商业信息。客户可借助网上的检索工具(Search)迅速地找到所需商品信息,而商家可利用网上主页(Home Page)和电子邮件(E-mail)在全球范围内作广告宣传。与以往的各类广告相比,网上的广告成本最为低廉,而给顾客的信息量却最为丰富。

目前网上最流行的信息发布方式是以 HTML(超文本标记语言)的形式将信息发布在 WWW 上。网络上传播的内容包括文本、图片、声音和图像等。通过 HTML 可以将这些多媒体内容组织得易于检索和富有表现力。

2. 电子商务的重要支撑环境

电子商务运作所需要的支持环境分为两大类:一类是信息技术支持环境,包括网络技术、数据处理技术、数据库技术、安全技术等;公共政策、法律、隐私及技术标准构成了电子商务的外部经营环境,此外还包括支付体系、信用体系、技术标准、物流配送体系、安全认证等。

(1) 建立健全法律框架 法律维持着电子商务活动的正常运作,违规活动必须受到法律制裁。电子商务涉及许多方面的立法和法律修正问题,其中主要是涉及电子环境的立法,例如有关信息安全的立法、有关在线交易的立法、在线信息内容的规范化等。如果没有健全的法律保障,电子商务就没有得以健康发展的基础,所以要发展电子商务,首先要及时地培养法律上的配套支撑环境。

(2) 建立健全有关标准 电子商务的交易双方通过 Internet 相联系,就整个网络环境来说,标准对于保证兼容性和通用性是十分重要的。这就像不同的国家使用不同的电压传输电流,用不同的制式传输视频信号,限制了许多产品在世界范围的使用。目前在电子商务活动中也遇到了类似的问题,例如 EDI 标准,一些像 VISA、Mastercard 这样的国际组织已经同各界合作制定出用于电子商务安全支付的 SET 协议在电子商务建设和交易过程中,各方必须严格遵守有关标准。我国积极引进一些国际标准作为国家标准,推动我国电子商务发展与国际接轨。

(3) 建立健全安全认证体系 在电子商务中,安全是头等重要的事情。电子商务安全认证是指进行商务活动双方资料/产品的真实性和资料/产品的安全性。电子商务和传统商务一样,是一种严肃的社会行为,为了从法律上保证购销双方的权益,电子商务双方必须以真实的身份进入市场、提供真实的资料/产品。这就是电子商务的真实性。正因为是真实的资料/产品,电子商务双方在对方没有授权可公开资料的情况下就有义务为对方的资料/产品保密,这就是电子商务的安全性。电子商务安全包括信息的机密性、完整性、身份认证、不可抵赖等,利用安全技术可以满足上述要求,这些措施包括数字签名、时间戳等,而建立安全认证体系是实施这些措施的行之有效的方法。由中国人民银行牵头,我国商业银行联合成立了联合认证委员会为网上交易提供认证服务,以保证交易的合法性和可识别性。

(4) 建立健全现代化支付系统　安全、高效的支付系统是完成网上交易支付结算的基础。经过二十多年的艰苦努力,我国的现代化支付系统建设已经取得了很大的进展,这对于我国开展电子商务活动无疑给予了强有力的支持。我国的一些商业银行也纷纷开通网上支付服务,如招商银行的"一网通",中国银行的电子钱包等。

(5) 建立健全虚拟交易市场　虚拟市场是由 Internet 上企业、政府组织和消费者组成的网上市场,网上市场的扩张速度和发展直接影响着电子商务的发展速度和前景。自从 1994 年 Internet 的商业化以来,在短短 5 年时间内,90% 以上的世界 500 强公司建设有网站。我国企业纷纷设立商务站点开拓网上商机,政府也不断推出电子政务服务,以 .com 和 .gov 注册的域名激增。网上消费者的购买潜力和消费能力亟待开发,电子商务营销的理念在电子商务网站的建设中要充分体现。

(6) 建立健全物流配送系统　和传统的商务模式一样,电子商务的运行必须有一套成熟的物流配送系统来辅助。物流作为电子商务交易的重要环节,物流管理水平的现代化和物流服务的现代化对实现电子商务的高效率、高效益十分重要。

1.3　电子商务的功能与特点

1.3.1　电子商务的功能

1. 电子商务的应用领域

电子商务系统作为信息流、资金流、物流的实现手段,应用极其广泛,尤其适合于以下场合:

- 国际旅游和各国旅行服务行业,例如旅店、宾馆、饭店、机场、车站的订票、订房间、信息发布等一系列服务;
- 传统的出版社和电子书刊、音像出版部门;
- 网上商城,例如开展批发、零售商品,汽车、房地产、拍卖等的交易活动;
- 进行金融服务的银行和金融机构,持有各种电子货币或电子现金者(例如电子信用卡、磁卡、智能卡、电子钱包等持有者);
- 政府机关部门的电子政务,如电子税收、电子商检、电子海关、电子政府管理等;
- 信息公司、咨询服务公司、顾问公司、保险公司;
- 计算机、网络、数据通信软件和硬件生产商;
- 慈善机构;
- 分布全世界的各种应用项目和服务项目等。

2. 电子商务的功能

电子商务的功能有不同的归类方法,一般可从以下两个方面进行划分:电子商务应用方面和企业价值链方面。

(1) 从电子商务应用方面看电子商务功能　电子商务可提供网上交易和管理等全过

程的服务,因此它具有广告宣传、咨询洽谈、网上订购、网上支付、电子账户、服务传递意见征询和交易管理等各项功能。

① 广告宣传　电子商务可凭借企业的 Web 服务器客户的浏览,在 Internet 上发布各类商业信息。用户可借助网上的检索工具(Search)迅速地找到所需商品信息,而商家可利用网上主页(Home Page)和电子邮件(E-mail)在全球范围内作广告宣传。与传统的各类广告相比,网上广告成本最为低廉,而给顾客的信息量却最为丰富。

② 咨询洽谈　电子商务可借助非实时的电子邮件(E-mail)、新闻组(News Group)和实时的讨论组(Chat)来了解市场和商品信息、洽谈交易事务,如有进一步的需求,还可用网上的白板会议(Whiteboard Conference)来交流即时的图形信息。网上的咨询和洽谈能超越人们面对面洽谈的限制,提供多种方便的异地交谈形式。

③ 网上订购　电子商务可借助 Web 中的邮件或表单交互传送网上的订购信息。网上的订购通常都是在产品介绍的页面上提供十分友好的订购提示信息和订购交互格式框。当客户单击订购表单并填写订购单后,通常系统会回复确认信息单来保证订购信息的收悉。订购信息也可采用加密的方式使客户和商家的商业信息和有关资料不会被泄露。

④ 网上支付　电子商务要成为一个完整的过程,网上支付是重要的环节。客户和商家之间可采用信用卡账号实施支付。在网上直接采用电子支付手段将可省略交易中很多人员的开销,但网上支付需要更加可靠的信息传输安全性控制以防止欺骗、窃听、冒用等非法行为。

⑤ 电子账户　网上支付必须要有电子金融服务来支持,即银行或信用卡公司及保险公司等金融单位要为电子金融服务提供网上操作的服务,而电子账号管理是其基本的组成部分。信用卡号或银行账号都是电子账户的一种标志,其可信度要配以必要技术措施来保证,如数字凭证、数字签名、加密等手段的应用提供了电子账户操作的安全性。

⑥ 服务传递　对于已付款的客户,应将其订购的货物尽快地传递到他们手中。有些货物在本地,有些货物在异地,电子邮件将能起到在网络中进行物流调配的作用。而最适合在网上直接传递的货物是信息产品,如软件、电子读物、信息服务等,它能直接从电子仓库中将货物发送到用户端。

⑦ 意见征询　电子商务能十分方便地采用网页上的表单来收集用户对销售服务的反馈意见,使企业的市场运营形成一个封闭的回路。客户的反馈意见不仅能提高售后服务的水平,更使企业获得改进产品、发现市场的商业机会。

⑧ 交易管理　整个交易的管理将涉及人、财、物多个方面包括企业和企业、企业和客户及企业内部等各方面的协调和管理。因此,交易管理是涉及商务活动全过程的管理。

电子商务的发展,将会提供一个良好的交互管理的网络环境及多种多样的应用服务系统,以保障电子商务获得更广泛的应用。

(2) 从价值链方面看电子商务功能　所谓价值链,就是将企业分解为战略上相互联系的活动,以分析了解企业的成本优势。这些活动分别是设计、生产、销售、发送产品和辅助过程,如图 1.6 所示。

企业价值链电子商务功能的目标是为客户创造出超过成本的价值。价值活动是一个

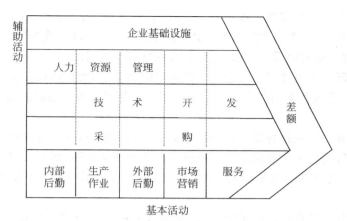

图 1.6 企业价值链示意图

企业所从事的物质上和技术上界限分明的各项活动,它们是企业创建对买方有价值的产品的基石。

价值活动分为基本活动和辅助活动两大类,基本活动涉及产品的物质创建及其销售、转移给买方和售后服务的各种活动。辅助活动是辅助基本活动并通过提供外购投入、技术、人力资源,以及各种公司范围的职能以相互支持。基本活动是企业价值链活动中最主要和最明显的活动,而辅助活动也是必不可少的,因为每一种价值活动都使用外购投入、人力资源和某种形式的技术来发挥其功能。

① 内部后勤　内部后勤又称为进货后勤,是有关接收、存储和分配产品的投入的活动,是生产前原材料进货的储存控制。这一阶段的目标是减少库存。

② 生产作业　生产作业是将投入转化为最终产品的活动,是企业价值活动中涵盖范围最广的一项价值活动。归纳起来由五种要素组成:生产过程、生产能力、生产库存、生产质量和生产人员管理。

③ 外部后勤　外部后勤又称为发货后勤,其主要的活动是及时地把产品销售出去,以回收资金。

④ 市场营销　是企业对外的一个窗口,通过市场营销,企业向社会展示自己的劳动成果,并得到一定的回报。市场营销的主要活动是销售和市场促销,包括产品策略、价格和定价策略、销售渠道策略、促销策略和营销组合策略等。

- 产品策略主要包括根据产品不同的生命周期制定不同的经营策略,对不同新产品的开发制定不同的开发策略,产品的市场分析、市场预测等。
- 价格和定价策略主要包括高价策略、低价策略、心理定价策略、差别定价策略、折扣定价策略和让利定价策略等。
- 销售渠道策略主要包括直接销售形式策略、间接销售形式策略、网上销售形式策略和邮件销售形式策略等。
- 促销策略主要包括广告促销策略、公共关系促销策略、营业推广促销策略和人员推销策略等。

- 营销组合是从制定产品策略着手,同时制定价格、销售渠道、促销策略,再考虑其相互影响,最后组合为策略的总体,达到将合适产品以合适的价格,合适的促销方式,通过合适的渠道,有效地送到企业目标市场的目的。

⑤ 服务　服务不仅体现在对企业外部客户的服务上,而且体现在企业内部的电子商务对企业内部服务过程起到强有力的促进作用。服务可分为售前服务和售后服务这两种形式。

- 售前服务　是在销售商品前为顾客提供的各种服务,目的是为顾客创造某些购物条件。售前服务主要包括为用户提供方便的搜索功能,回答用户提出的各种技术问题,与用户进行技术交流,参加技术讨论会,使用户了解产品的特点和使用范围等。
- 售后服务　是在商品销售出去后,根据顾客的要求继续提供的各种服务,其目的是保证用户长期有效地使用本企业的产品。售后服务主要包括到现场为用户安装调试设备、为用户培训技术人员和操作人员、为用户维修和检修设备、按合同提供零配件、退换、加工改制产品、租赁、代购代运机具、回答用户提出的技术问题等。

⑥ 采购　是购买用于企业价值链的各项活动的必需品的活动。

⑦ 技术管理　每项价值活动都包含着技术,不仅是技术技巧、程序和工艺设备中包含的技术,还包括准备文件、运输物质的技术,以及产品本身所包含的技术。

⑧ 人力资源管理　是指各类人员的招聘、雇用、培训、开发和报酬管理等各项活动。

⑨ 企业基础设施建设　它由全面管理、计划、财务、会计、法律、政府事务和质量管理等活动组成。基础设施建设和其他的辅助活动不同,它通常支持着整个价值链。例如,管理信息系统是企业的一项重要的基础设施建设,它在企业的各项管理中起着重要的作用。又如,企业的网站建设也是企业的一项重要的基础设施建设。

1.3.2　电子商务的特点

电子商务源于早期的专用增值网和 EDI 的应用,在 Internet 的推动下电子商务得到迅速发展,其特点主要表现如下。

(1) 信息化　电子商务是以信息技术为基础的商务活动,它必须通过计算机网络系统来实现信息交换和传输,计算机网络系统是融数字化技术、网络技术和软件技术为一体的综合系统,因此电子商务的实施和发展与信息技术发展密切相关,正是信息技术的发展才推动了电子商务的迅速发展。

(2) 虚拟化　Internet 作为数字化的电子虚拟市场,它的商务活动和交易是数字化的。由于信息交换不受时空的限制,因此可以跨越时空形成虚拟市场,完成过去在实物市场中无法完成的交易,这是电子商务飞速发展的根本所在。

(3) 全球化　作为电子商务的主要媒体 Internet 是全球开放的,电子商务的开展是不受地理位置限制的。它面对的是全球性统一电子虚拟市场。

(4) 社会化　虽然电子商务依托的是网络信息技术,但是电子商务的发展和应用是一种社会性的系统工程,它的活动涉及企业、政府组织、消费者,以及活动开展必须遵循的竞争规则和相应的法律环境。缺少任何一个环节都将制约甚至妨碍电子商务的发展。

1.3.3 电子商务的优越性

Internet 的发展是真正推动电子商务发展的动力。一项技术只有投入商业领域才能创造价值,甚至改变社会。据一些权威公司统计,1998 年全球上网人数 5700 万人,2000 年达到 1 亿多人。通过 Internet 的交易额 1998 年约 220 亿美元,2002 年达到 3500 亿美元。电子商务发展如此之快,是因为它与传统的商务活动相比具有下列优点。

1. 降低生产经营成本

(1) 降低交易成本　虽然建立和维护公司的网站需要一定的投资,但是与其他销售渠道相比成本已经大幅降低。据统计在 Internet 上做广告可以提高销售数量 10 倍,同时它的成本是传统广告的 10%。网上的图像效果不仅形象逼真而且还大大省了材料费用。企业网上提供的有效客户支持服务可以大量减少电话咨询的次数进而节省大量的开支和人员投入。

(2) 缩短生产周期　一个企业产品的生产是由许多其他环节相互协作完成的,Internet 的发展加强了企业联系的深度和广度。

通过电子商务可以改变过去的信息封闭的分阶段合作方式,变为信息共享的协同方式,从而最大限度减少因信息封闭而出现的等待时间。

例如,日本许多大企业 20 世纪 80 年代就与大的供应商和客户建立了电子网络联系,该网络使得这些企业能够以比以前更快的速度传输和接收采购订单、发票、装船通知等。按照传统的开发程序,日本汽车厂商开发一个新的车型至少需要 3 年的时间。今天,网络的应用为汽车的设计和开发提供了快捷的方式,所有设计和开发人员通过网络协同工作共享信息,这样将开发和制造一辆新车的周期缩短为 13 个月。

2. 增加商机,提高效率

(1) 24 小时在线服务　由于世界各地存在的时差,给国际商务带来许多不便。然而 Internet 的出现可以提供 7×24 小时的在线服务,任何人可以在任何时候在网上查找信息,寻求问题的解决方案。24 小时在线服务为企业提供了大量的商机,赢得了新的客户。

如戴尔公司网上采购 8% 的消费者和 50% 的小企业是头一次与戴尔接触。1/4 的采购者称如果不是网上在线销售,根本不会采购。电子商务提高了企业间信息交换的速度和准确性,降低了交易成本,提高了企业的经济效益。

(2) 24 小时全球运作　由于电子商务是 24 小时全球运作,网上的业务可以开展到传统销售和广告促销方式所达不到的范围。

例如,一家制造商的塑料产品的专业人员坐在个人计算机前,就可以通过操纵浏览器在网上寻找出售工业用塑料产品的供应商。而通过上网一家销售人员有限的小供应商可以被制造商的专业人员注意到,对于小企业来说可以达到事半功倍之效。

电子商务给买主提供了更多的选择。在线虚拟商店不仅可以招揽更多的顾客,展示更多的商品,经营方式灵活多样,而且,买主可以 24 小时与卖主接触,电子商务可以使买主根据自己的需要获得更多、更快的信息。有些产品(如软件、声音和图像)甚至可以直接通过 Internet 传递,大大节省了买主的时间。

3. 虚拟化运作

传统企业的创建必须有相应的基础设施来支持,如存储设施、产品展示厅、销售店铺等,而且为应付变幻莫测的市场需求,以及对市场需求信息的把握不准,不得不保持一定量的库存。庞大的基础设施以及库存的增多,会增加运营成本。

虚拟企业是伴随着信息网络技术发展而产生的一种全新的企业经营方式。虚拟企业本身没有实体化的公司形式,仅有所需组织的完整功能,如生产、营销设计、财务核算等,但在企业内部却没有执行功能的部门。企业仅保留最关键的部门的功能,而将其他功能虚拟化,以各种方式借用外力整合,进而创造企业本身的竞争优势。

虚拟组织的虚拟性和开放性使它能够超越传统企业的能力面对生产做出快速的反应。而网络技术为这种企业的运作提供了得天独厚的条件。戴尔公司即使发展到现在,仍然没有规模巨大的工厂,只有订单,从设计到生产都可以委托别的企业来进行。

4. 提高企业管理水平

Internet 为企业走向全球化起了积极的推动作用。但是在经济环境复杂多变的条件下,企业必须把内部的信息化提高到一个新的水平。

电子商务对企业内部管理的计算机网络化提出了更高的要求。企业要建立健全信息管理系统,建立和完善内联网,通过数据库将公司内部的公用信息汇集起来,将企业的各个系统、各个部门的信息数据加以集成,以提高公司管理的效率。

企业还要与供应链系统的外联网联成一体,通过供应链管理及时与合作伙伴和客户进行沟通交流,密切掌握行业内的市场变化。随着 Internet 和 Intranet 的发展,整个产业供应链不断处于重组变换之中。这就要求企业不断提升自己的竞争力,不断提高产品质量,以便不断在产业供应链中处于竞争优势。

由此,企业必须改造原有的管理模式,进行业务流程和组织结构的再造,把企业构架成一个对环境具有敏锐反应能力的学习型组织,增强企业的核心能力。

5. 实现社会管理的电子化

电子商务可以安全、迅速、低成本地实现税收、退休金和社会福利的电子支付。电子支付也更容易审计和监督,可以有效地防治欺诈和盗窃,也可以使环境和交通污染得以缓解。电子商务的远程教育前景也是非常乐观的。

当然,由于电子商务的技术不甚成熟,电子商务的环境如安全问题、法律问题、网上支付问题以及人们的消费观念和习惯的影响等,都在一定程度上限制了电子商务的快速发展。但可以肯定的是,电子商务将会渗透到社会政治、经济、文化生活的方方面面,其优越性会不断地体现出来。

1.4 电子商务的起源与发展

1.4.1 电子商务的起源

1. 电子商务的起源

从电子商务的内涵来讲,电子商务并非新生之物。自 1839 年电报和电话出现以后,它们就经常被人们用来作为交易手段,当贸易开始以莫尔斯码点和线的形式在电线中传输的时候起,就标志着运用电子手段进行商务活动的新纪元的开始。

电子商务是在与计算机技术、网络通信技术的互动发展中产生和不断完善的。在主机系统出现并应用到企业管理的日常活动之时,企业内部电子商务便已开始启动,随着信息技术的发展,电子商务的应用从企业内部扩展到企业外部,随之又出现了利用电子手段交换订单和货币的贸易方式,大大促进了电子商务的发展,导致关于电子商务的标准——电子数据交换 EDI(Electronic Data Interchange)和电子资金传送 EFT(Electronic Fund Transmission)的产生。

多年来,大量的银行、航空公司、连锁店及制造业单位已建立了供方和客户间的电子通信和处理关系。这种方式加快了供方处理速度,有助于实现最优化管理,使得操作更有效率,并提高对客户服务的质量。但早期的解决方式都是建立在大量功能单一的专用软硬件设施的基础上,因此使用价格极为昂贵,只有大型企业才会利用。此外,早期网络技术的局限性也限制了应用范围的扩大和水平的提高。

2. Internet 的发展为电子商务的发展奠定了基础

1991 年美国政府宣布 Internet 向社会公众开放,并允许在网上开发商业应用系统。1993 年万维网(World Wide Web,WWW)——一种具有处理数据图文声像超文本对象能力的网络技术的诞生,使 Internet 具备了多媒体应用的能力。万维网是一个拥有成千上万用户的分布式系统,千百万的文档和多媒体作者在为它提供信息,它的信息和知识范围遍及天文地理、教育娱乐、日常生活、高新技术、金融业务和电子商务等。1995 年 Internet 上的商业业务信息量首次超过了科教业务信息量,这既是 Internet 此后产生爆炸性发展的标志,也是电子商务从此大规模起步的发展标志。

1.4.2 电子商务的发展

Internet 的飞速发展和深入应用,使世界电子商务市场发展从内容和形式上焕然一新,以国际互联网为应用平台的电子商务已经成为世界电子商务发展的主旋律,并首先在以美国为首的西方发达国家以几何级的速度迅速发展。

由于电子商务手段的引进,社会经济和就业市场的面貌也经历着巨大的变化。发展电子商务既是贸易又是机遇,其迅速的发展正在或将要改变许多人的日常生活和工作模式。在商业交易中使用电子媒体和网络早已不是新生事物,高度电子化的全球有价证券市场已经根本改变了全世界的金融交易结构;网络医院、网络邮局、网络银行、网络书店、网络商场等纷纷走进寻常百姓家。

总而言之,作为一种全新的商业交易模式,电子商务将带来一场史无前例的革命,其影响将远远超出商务的本身,它将会对社会的生产和管理、人们的生活和就业、政府职能、法律制度以及教育文化产生巨大的影响。电子商务将把人类真正带入信息社会。

在电子商务的发展过程中,商务模式不断推陈出新,先是炒作门户网站,后来依次是 B2C、B2B,现在追捧 ASP(Application Server Provider,应用服务提供商,即向中小企业提供网站开发与网站管理服务的企业)概念。

但是未来的电子商务系统应该有什么功能、如何实施?这是一个值得关注的问题,许多科研机构、企业及个人都在研究这方面的问题。综合最新的研究成果和市场需求,我们认为,未来的电子商务系统应该向为客户提供更深入的数据应用服务和智能化方向发展,多层结构、组件、应用服务器设计思想的形成为这种变化提供了可能,现实中已经有这样的雏形出现了,下面将简要介绍。

(1) 在线数据库服务　属于 ASP(Application Server Provider)的范畴。信息服务商建立网上数据中心为中小企业和个人提供虚拟数据库服务,如在线进销存、在线个人理财等。

(2) 智能决策　指企业在电子商务系统记录的历史交易数据和服务数据的基础上建立决策分析系统,帮助企业制定市场营销策略、客户服务计划、如何组织货源以及企业内的生产经营活动等。

在智能决策过程中,企业关注得比较多的是客户关系管理(CRM)。在网络经济中,客户的动态性增大,企业如何了解客户,如何保持与客户的稳固关系显得更为重要。传统的竞争手段已经无法保持竞争力,借助于客户关系管理系统,处理好企业与客户的关系意义重大。Internet 是一个提供丰富信息的交互渠道。在客户与企业交互的过程中,客户属性、客户的每一次 Web 访问、客户的喜好、客户的交易行为等对企业来说都是重要的数据,是有关客户的一个全貌。企业能否及时捕捉和分析这些信息,对企业的经营至关重要。

为实现智能决策,企业的电子商务系统首先要有信息收集功能,客户产生的每次交易已经作为历史数据保留在数据库中了,还需要记录客户与网站交互的一些重要信息,如客户经常访问哪些栏目、单击哪种商品等。其次,是建立企业的数据仓库系统,从历史数据中抽取出有用数据进入数据仓库。在此基础上建立决策分析系统,通过数据挖掘、数据分析等手段做出结论。

(3) 智能代理　在这种模型中,代理服务器一般是与同行业的大型电子商务网站建立了协作关系,有数据交互能力。用户向代理提出需求,代理服务器分析该需求,依次对各协作网站进行数据挖掘,找出满足用户需求的最优方案,并可进行代理交易。

该模型适用于中介的电子商务活动。例如,购物网站已经是成千上万,客户很可能要费九牛二虎之力才能找到称心的商品。通过购物代理,客户只要告诉自己的要求,如价格最低、质量最好、型号最新、送货最快等,由购物代理去遍历网上商店,找出最佳商品和位置,通知该客户或替客户交易。

(4) 智能服务　它是指在电子商务系统中设计智能处理服务器,负责对接受到的信息进行分析,判断出它的性质、类别,自动与系统中已存在的数据内容或操作建立关联,并作进一步处理。

这种模型特别适用于信息咨询、娱乐、教育等领域的电子商务活动。例如,远程教学系统中利用这种思想实现自动答题,系统在运行过程中不断完善各种题库。当学生提出问题后,系统自动判断该问题在题库是否有相近似的答案,如果有则从题库中取出答案,下载给学生;如果属于新问题,则转交人工答疑模块,并要在事后更新题库。现在的网上教学系统已经能够实现半自动答题,系统设计有经典问题库,基本覆盖所有知识点。当学生提出问题后,值班老师调出该问题,判断属于哪方面的问题,包含几个知识点,系统后台自动从题库取出答案下载给学生。

1.4.3 中国电子商务发展

中国的电子商务活动方兴未艾,从20世纪90年代初开始实施的"金桥"、"金卡"、"金关"、"金卫"、"金税"等一系列"金字"工程,为电子商务的发展奠定了基础。今天,人们的日常生活已经或多或少地与电子商务发生着关系,中国的证券交易网拥有3980多万用户;我国信用卡发卡量已达5056万张,各种非金融IC卡发卡量5000多万张;民航订票系统每年处理5500多万张机票……

1. 电子商务在中国的发展

电子商务在我国的发展经历了以下5个时期。

(1) 起步期(1990—1993年),电子数据交换(electronic data interchange,EDI)时代,是中国电子商务的起步期。

(2) 雏形期(1993—1997年),政府领导组织开展"三金工程"阶段,为电子商务发展期打下坚实基础。

- 1993年成立了以时任国务院副总理邹家华为主席的国民经济信息化联席会议及其办公室,相继组织了金关、金卡、金税等"三金工程",取得了重大进展。
- 1996年1月成立了国务院国家信息化工作领导小组,由副总理任组长,20多个部委参加,统一领导组织中国信息化建设。
- 1996年,金桥网与因特网正式开通。
- 1997年,信息办组织有关部门起草编制中国信息化规划。
- 1997年4月在深圳召开全国信息化工作会议,各省市自治区相继成立信息化领导小组及其办公室各省开始制订本省包含电子商务在内的信息化建设规划。
- 1997年,广告主开始使用网络广告。
- 1997年4月以来,中国商品订货系统(CGOS)开始运行。

(3) 发展期(1998—2000年),互联网电子商务发展阶段。

- 1998年3月,中国第一笔互联网网上交易成功。
- 1998年10月,国家经贸委与信息产业部联合宣布启动以电子贸易为主要内容的"金贸工程",它是一项推广网络化应用、开发电子商务在经贸流通领域的大型应用试点工程。
- 1999年3月8848等B2C网站正式开通,网上购物进入实际应用阶段。
- 1999年兴起政府上网、企业上网,电子政务(政府上网工程)、网上纳税、网上教育(湖南大学、浙江大学网上大学)、远程诊断(北京、上海的大医院)等广义电子商务开始启动,并已有试点,并进入实际试用阶段。

(4) 稳定期(2000—2009年),电子商务逐渐以传统产业B2B为主体,标志着电子商务已经进入可持续性发展的稳定期。

(5) 成熟期(2009年至今),3G技术的蓬勃发展促使全网全程的电子商务V5时代成型,电子商务已经受到国家高层的重视,并提升到国家战略层面。

2. 中国互联网络发展的宏观概况

中国电子商务的发展紧紧依托中国互联网的发展。我国互联网络上网计算机数、用户人数、用户分布、信息流量分布、域名注册等方面情况的统计信息,对国家和企业动态掌握互联网络在我国的发展情况,提供决策依据有着十分重要的意义。1997年,经国家主管部门研究,决定由中国互联网络信息中心(CNNIC)联合互联网络单位来实施这项统计工作。为了使这项工作制度化、正规化,从1997年起CNNIC决定于每年1月和7月发布"中国互联网络发展状况统计报告"。有兴趣的读者请去中国互联网络信息中心网站(WWW.CNNIC.NET.CN)查询。下面为CNNIC第35次调查的部分结果(2015年2月3日发布)。

(1) 截至2014年12月,我国网民的基本情况。

① 中国网民规模达6.49亿,全年共计新增网民3117万人。互联网普及率为47.9%,较2013年底提升了2.1个百分点。

② 中国网民通过台式计算机和笔记本计算机接入互联网的比例分别为70.8%和43.2%;手机上网使用率为85.8%,较2013年底提高4.8个百分点;平板电脑上网使用率达到34.8%;电视上网使用率为15.6%。

③ 我国域名总数为2060万个,其中.CN域名总数年增长为2.4%,达到1109万,在中国域名总数中占比达53.8%;中国网站总数为335万,年增长4.6%;国际出口带宽为4 118 663Mbps,年增长20.9%。

④ 全球IPv4地址数已于2011年2月分配完毕,自2011年开始我国IPv4地址总数基本维持不变,截至2014年12月,共计有33199万个。

⑤ 我国IPv6地址数量为18 797块/32,年增长12.8%。

⑥ 我国域名总数增至2060万个,年增长11.7%。

⑦ 中国网站的数量为335万个,年增长4.6%。

⑧ 中国网页的数量为1899亿个,年增长26.6%。

注:CNNIC将中国网民定义为过去半年内使用过互联网的6周岁及以上中国居民;中国网站定义为指域名注册者在中国境内的网站。

(2) 2013—2014年中国网民各类互联网应用的使用率如表1.1所示。

表1.1

应用	2014年		2013年		全年增长率(%)
	用户规模/万	网民使用率(%)	用户规模/万	网民使用率(%)	
即时通信	58 776	90.6	53 215	86.2	10.4
搜索引擎	52 223	80.5	48 966	79.3	6.7
网络新闻	51 894	80.0	49 132	79.6	5.6
网络音乐	47 807	73.7	45 312	73.4	5.5
网络视频	43 298	66.7	42 820	69.3	1.1

续表

应用	2014年		2013年		全年增长率(%)
	用户规模/万	网民使用率(%)	用户规模/万	网民使用率(%)	
网络游戏	36 585	56.4	33 803	54.7	8.2
网络购物	36 142	55.7	30 189	48.9	19.7
网上支付	30 431	46.9	26 020	42.1	17.0
网络文学	29 385	45.3	27 441	44.4	7.1
网上银行	28 214	43.5	25 006	40.5	12.8
电子邮件	25 178	38.8	25 921	42.0	−2.9
微博	24 884	38.4	28 078	45.5	−11.4
旅行预订	22 173	34.2	18 077	29.3	22.7
团购	17 267	26.6	14 067	22.8	22.7
论坛/bbs	12 908	19.9	12 046	19.5	7.2
博客	10 896	16.8	8 770	14.2	24.2
互联网理财	7 849	12.1	—	—	—

本次报告新增了对我国O2O市场、网络视频和网络游戏等热点专题研究,结果显示:

① 一线城市O2O消费由增量向提质转变,二三线城市将进入增量增长阶段;长三角和珠三角顺势拓展发挥用户规模效益,环渤海深挖用户需求实现价值最大化;餐饮、休闲O2O市场模式趋向于成熟,医疗、家政O2O市场需求亟须释放。

② 截至2014年12月,网络视频用户规模达4.33亿,比去年年底增加了478万;用户使用率为66.7%,比2013年底下降了2.6个百分点。

③ 网民中整体游戏用户的规模达到37716万人,占网民总体的58.1%。

1.4.4 中国典型电子商务网站介绍

近年来,电子商务网站遍布中国大地,网站管理者的创业历程成为人们关注的焦点。下面以阿里巴巴集团为例,简要介绍目前中国典型的电子商务公司和电子商务网站。

阿里巴巴集团,是一家由中国人创建的国际化的互联网公司,经营多元化的互联网业务,致力为全球所有人创造便捷的交易渠道。自成立以来,集团建立了领先的消费者电子商务、网上支付、B2B网上交易市场及云计算业务,近几年更积极开拓无线应用、手机操作系统和互联网电视等领域。集团以促进一个开放、协同、繁荣的电子商务生态系统为目标,旨在对消费者、商家以及经济发展做出贡献。

阿里巴巴集团由本为英语教师的马云于1999年带领其他17人所创立,集团由私人持股,服务来自超过240个国家和地区的互联网用户;集团及其关联公司在大中华地区、印度、日本、韩国、英国及美国70多个城市共有20400多名员工。

阿里巴巴集团宣布将现有子公司的业务升级为阿里国际业务、阿里小企业业务、淘宝网、天猫、聚划算、一淘和阿里云 7 个事业群。

阿里巴巴集团目前有阿里巴巴国际站、阿里巴巴中国站、全球速卖通、淘宝、天猫、聚划算、一淘、阿里妈妈、淘宝旅行、虾米、阿里云计算、云 OS、万网、支付宝、来往等组成。

1. 阿里巴巴国际交易市场（http://www.alibaba.com/）

阿里巴巴国际交易市场创立于 1999 年，为全球领先的小企业电子商务平台，旨在打造以英语为基础、任何两国之间的跨界贸易平台，并帮助全球小企业拓展海外市场。阿里巴巴国际交易市场服务全球 240 多个国家和地区数以百万计买家和供应商，展示超过 40 个行业类目的产品。

2. 1688（http://www.1688.com/）

1688（全称为阿里巴巴中国交易市场），创立于 1999 年，现为中国领先的小企业国内贸易电子商务平台。1688 早年定位为 B2B 电子商务平台，逐步发展成为网上批发及采购市场，其业务重点之一是满足淘宝平台卖家的采购需求。

3. 全球速卖通（http://seller.aliexpress.com/）

全球速卖通创立于 2010 年 4 月，是全球领先的消费者电子商务平台之一，集结不同的小企业卖家提供多种价格实惠的消费类产品。全球速卖通服务数百万名来自 220 多个国家和地区的注册买家，覆盖 20 多个主要产品类目，其目标是向全球消费者提供具有特色的产品。

4. 淘宝网（http://www.taobao.com/）

淘宝网成立于 2003 年 5 月，是中国最受欢迎的 C2C 购物网站，致力向消费者提供多元化且价格实惠的产品选择，截至 2013 年 3 月，约有 7.6 亿条产品信息。根据 Alexa 的统计，淘宝网是全球浏览量最高的 20 个网站之一。在截至 2013 年 3 月 31 日，淘宝网和天猫平台的交易额合计突破人民币 10 000 亿元。

5. 天猫（http://www.tmall.com/）

天猫是中国领先的平台式 B2C 购物网站，致力提供优质的网购体验。天猫由淘宝网于 2008 年 4 月创立，于 2011 年 6 月独立于淘宝网的 C2C 交易市场，自行运营。自推出以来，天猫已发展成为日益成熟的中国消费者选购优质品牌产品的目的地。根据 Alexa 的统计，天猫是中国浏览量最高的 B2C 零售网站。

截止 2013 年 3 月，超过 70 000 个国际和本地品牌已在天猫上开设官方旗舰店，当中包括优衣库、欧莱雅、Adidas、宝洁、联合利华、Gap、Ray-Ban、Nike、Levi's 等。天猫设有多个专注不同行业的垂直商城，包括"电器城"、"书城"、"家装馆"、"名鞋馆"及"美容馆"等，针对个别行业的特性提供合适的客户服务。于 2012 年 11 月 11 日的特别推广期间，天猫和淘宝网创下了单日交易额人民币 191 亿元的新高。

6. 聚划算（http://ju.taobao.com/）

聚划算是中国全面的品质团购网站，由淘宝网于 2010 年 3 月推出，于 2011 年 10 月成为独立业务，其使命是结合消费者力量，以优惠的价格提供全面的优质商品及本地生活服务选择。

7. 一淘（http://www.etao.com/）

一淘是中国全面覆盖商品、商家及购物优惠信息的网上购物搜索引擎，由淘宝网于

2010年10月推出，于2011年6月成为独立业务。一淘旨在为网上消费者打造"一站式的购物引擎"，协助他们做购买决策，并更快找到物美价廉的商品。

一淘的功能和服务包括商品搜索、优惠及优惠券搜索、酒店搜索、返利、淘吧社区等。

一淘的搜索结果涵盖多个B2C购物网站和品牌商家的商品和信息，包括淘宝网、天猫以及亚马逊中国、当当网、国美、一号店、Nike中国及凡客诚品等。

8. 阿里云计算（http：//www.aliyun.com/）

阿里云计算于2009年9月创立，现为云计算与数据管理平台开发商，其目标是打造互联网数据分享第一服务平台，并提供以数据为中心的云计算服务。阿里云计算致力向淘宝系平台卖家以及第三方用户提供完整的互联网计算服务，包括数据采集、数据处理，和数据存储，以助推动阿里巴巴集团及整个电子商务生态系统的成长。

9. 支付宝（https：//www.alipay.com/）

支付宝成立于2004年12月，是中国最多人选用的第三方网上支付平台，致力为上亿计的个人及企业用户提供安全可靠、方便快捷的网上支付和收款服务。在2012年11月11日，支付宝完成了超过1亿笔交易，创下了单日交易量的新高。

支付宝是中国互联网商家首选的网上支付方案，它提供的第三方信用担保服务，让买家可在确认所购商品满意后才将款项支付给商家，降低了消费者网上购物的交易风险。

支付宝与多个金融机构包括全国性银行、各大地区性银行以及Visa和MasterCard合作，为国内外商家提供支付方案。除淘宝网和天猫外，支持使用支付宝交易服务的商家已经涵盖了网上零售、虚拟游戏、数码通讯、商业服务、机票、公用事业等行业。支付宝同时提供有助全球卖家直销到中国消费者的支付方案，支持14种主要外币的支付服务。

1.5 本章小结

本章主要介绍电子商务的基本概念，包括定义和分类方法，以及电子商务的组成与框架，探讨了电子商务和传统商务模式之间的区别和联系，并深入分析了电子商务引发的商务新变革。电子商务将促进所有企业业务流程和经营策略的变革，学习电子商务知识的目的之一就是要研究并促进这些变革，而不是消灭这些传统的企业。本章还对电子商务的功能与特点及优越性进行介绍，追述了电子商务产生的历史以及发展状况，特别给出由中国互联网信息中心（CNNIC）发布的权威统计数据，这些数据也是研究我国以及某个企业电子商务发展的重要依据。

学习本章的主要目的是对电子商务的内涵和重要性有比较全面、深刻的理解，为学习后续章节打下基础。

思考与练习1

1. 思考题

（1）什么是电子商务？通过阅读参考文献，查找几种电子商务的定义，分析其中的区别和联系。

（2）按交易对象，可将电子商务分为哪几类？请解释B2B的含义。

(3) 简述电子商务系统的构成。

(4) 简述电子商务的一般框架。

(5) 电子商务与传统的商业模式相比,有哪些优点?

(6) 电子商务适合在哪些领域应用?请举出至少五种。

(7) 举例说明什么产品或服务特别适合电子商务的业务流程?

(8) 电子商务如何实现高效率的商品交易?

(9) 简述政府在电子商务中的重要作用。

2. 选择题

(1) 企业与消费者之间的电子商务,简称为( )。
　　A. B2G　　　B. B2B　　　C. B2C　　　D. C2B

(2) 下列选项,属于交易型电子商务的是( )。
　　A. 发布产品信息　B. 网上购物　　C. 查询商务信息　D. 网上浏览

(3) 电子商务发展的核心和关键问题是商品交易的安全性。由于Internet本身的开放性,使网上交易面临着种种危险。"订货和付款的信息被竞争对手获悉"这种情况,说明以下( )种安全控制没有做好?
　　A. 信息保密性　　　　　　　B. 交易者身份的确定性
　　C. 不可否认性　　　　　　　D. 不可修改性

3. 填空题

(1) EC是英文单词_____的缩写,中文含义是_____。

(2) 电子商务包含3种基本的"流":物流、资金流和_____。

(3) 电子商务一般框架中的3个层次是指网络基础设施、消息和信息传播的基础设施和_____;两个支柱是指公共政策法律法规及_____。

(4) _____是一个包含证书持有人、个人信息、公开密钥、证书序号、有效期、发证单位的电子签名等内容的_____。

(5) _____主要是指资金的转移过程,包括付款、转账、兑换等过程。

(6) 中国互联网络信息中心(CNNIC)决定于每年_____和_____发布"中国互联网络发展状况统计报告"。

(7) 电子商务运作所需要的两类支持环境包括:_____和外部经营环境,其中后者包括政策法规环境、_____、信用体系、技术标准、物流配送体系、安全认证等。

(8) 按照交易对象分类,电子商务可以分为_____、_____、B2G、C2G、_____、复合型电子商务、企业内部电子商务。

4. 上机练习题

(1) 搜集我国以及本地区目前电子商务发展的数据和趋势,并做出分析。

(2) 通过自己网上购物和在传统商店购物的过程,写出比较和分析。

(3) 进入易趣网(www.ebay.com.cn),体验一次在线拍卖活动。

(4) 进入中国石油化工股份有限公司电子商务网站(www.sinopec-ec.com.cn),体验B2B电子商务。

(5) 进入当当书店(www.dangdang.com)和亚马逊书店(www.amazon.com),进行以下操作:

① 进入亚马逊书店时,查找关于电子商务的图书,并找到其中一本书的评论。

② 对比当当和亚马逊的服务,并描述你能得到的所有好处。

③ 为了赢得潜在客户,当当和亚马逊做了哪些努力?

实践环节——网上信息查询

【目标】 对于不同类型的信息,进行网上信息查询。

【思路】 电子商务本身是建立在因特网环境之上的商务模式,在网上搜集信息本身是电子商务的重要环节,更是学习电子商务的重要方法。因此,要求同学逐渐掌握有关电子商务的网上操作,网上搜集信息是第一项也是最基本的内容,必须熟练掌握。

【步骤】

步骤1:确定搜索信息的内容目标。

步骤2:选择搜索引擎,例如可选择google,baidu或一些著名网站的搜索引擎。

步骤3:上网搜索。

步骤4:筛选和记录搜索的信息。

步骤5:对不同搜索引擎的功能、使用的便捷程度以及信息的多少和命中率等方面做出比较。

步骤6:写出实验报告。

步骤7:课堂讨论交流搜索引擎的使用体会。

【归纳】 在实验和交流的基础上对目前常用的搜索引擎及使用的方法和技巧进行归纳。

【实验环境】 具备一台可以上因特网的计算机。

第 2 章 电子商务技术简介

电子商务的发展离不开技术,电子商务技术就是应用于电子商务方面的网络和信息技术。利用 Internet 技术,可以构建出纵横交错的网络,而计算机通信技术和电子数据交换(EDI)技术实现了网络中信息的可靠交流,数据库技术解决了大规模信息在网络中存储、共享的难题,网络安全技术为网络信息的交换提供了安全屏障,电子支付技术使资金流在网络中的畅通成为可能。同时,电子商务的应用开发技术,则更为直接地提供了实现电子商务应用系统的工具和方法。

本章简要介绍计算机网络基础、Internet 技术中与电子商务密切相关的理论与技术、Web 与数据库技术,以及电子商务应用系统的开发技术。

2.1 计算机网络基础

计算机网络就是将在地理上分散的、具有独立功能的多台计算机,通过通信线路和通信设备互相连接起来,在通信协议和网络软件的支持下,实现彼此之间的数据通信和资源共享的系统。

本节从计算机网络的基本结构、计算机网络类型与拓扑结构,以及网络协议和网络体系结构等方面,讲解计算机网络的基础知识。

2.1.1 计算机网络的基本结构

计算机网络的主要功能是数据通信和数据处理。因此,它在结构上必然分为两大部分,一是数据通信系统(通信子网),二是数据处理系统(资源子网),如图 2.1 所示。

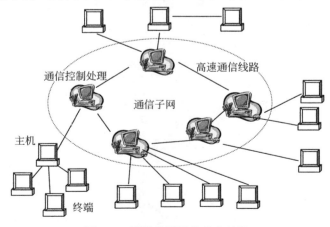

图 2.1 计算机网络的基本结构

通信子网由通信控制处理机、通信线路与其他通信设备组成;资源子网由主计算机系统、终端控制器、连网外部设备、各种软件资源与信息资源组成。通信子网负担全网数据传输、通信处理工作,而资源子网代表网络的数据处理资源和数据存储资源,负责全网数据处理和向网络用户提供网络资源和网络服务工作。

通信子网和资源子网,都是通过相应的硬件资源和软件资源来完成上述功能的。在此,通过讲解计算机网络的硬件和软件,来说明计算机网络的基本结构。

1. 计算机网络的硬件

计算机网络的硬件,可从局域网硬件和常用的网络互连设备,这两部分来分析。

(1) 局域网硬件　它是指局域网内使用的硬件,主要包括网络服务器、网络工作站、网络适配器和通信介质等。

① 网络服务器是为网络提供共享资源并对这些资源进行管理的计算机。它主要有两个功能:一是网络资源的主要提供者;二是负责网络的管理和提供网络服务。网络服务器又分为文件服务器、通信服务器、打印服务器等。

② 网络工作站是用户在网上操作的计算机。计算机都可作为工作站使用,但与一般独立工作的计算机不同,网络工作站具有通信功能。

③ 网络适配器,俗称网卡,其功能是将服务器、工作站连接到通信介质上并进行电信号的匹配,实现数据的传输。

④ 通信介质,也称传输媒介,是网络中用于通信的线路。通信介质决定了网络的传输速率、网络段的最大长度、传输的可靠性及网卡的复杂性。

常用的通信介质主要有两类:有线介质和无线介质。有线介质包括双绞线、同轴电缆和光缆;无线介质包括微波、卫星、激光和红外线等;另外,还有大气,它携带微波和光。

(2) 常用的网络互连设备　网络互连设备有多种,常用的网间互连设备有中继器、集线器、交换机、网桥、网关和路由器等6种。

① 中继器(Repeater)是网络中最简单的设备,用于两个相同拓扑结构的局域网段间的电器连接,工作于物理层,其作用是放大、延伸传输介质。图2.2是其功能示意图。

图 2.2　中继器示意图

② 集线器(hub),又称集中器,它相当于多口的中继器,是连接网络上各个计算机结点的一种装置,图2.3是其功能示意图。

目前常见的集线器的传输速率有10Mbps、10/100Mbps 和 100Mbps 等几种,其特点是当 n 台计算机同时使用集线器时,各自只能获取 $1/n$ 的传输速率。

③ 交换机(Switch Hub 或 Hub Switch),又称交换式集线器。随着网络用户

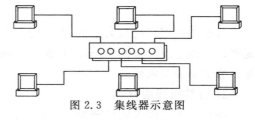

图 2.3　集线器示意图

的增多,局域网中有更大的数据量,使得网络的数据传输速率成为整个网络的瓶颈,使用交换机可以明显地提高局域网的性能。

交换机的主要特点是:所有端口平时都不连通。当工作站需要通信时,交换机能连通许多对端口,使每一对相互通信的工作站像独占通信媒体那样,进行无冲突地传输数据,通信完后断开连接。

对于普通的10Mbps集线器而言,若共有 n 个用户同时使用网络,则每个用户占有的平均带宽只有总带宽(10Mbps)的 $1/n$。而在使用交换机时,虽然数据率还是10Mbps,但由于每个用户在通信时是独占的,因此整个局域网总的可用带宽就是 $n\times 10$Mbps。

④ 网桥(Bridge)是一种实现局域网互连的存储转发设备,可实现两个同类网络的连接,其功能是放大、数据分组转发和格式变换。转发前,网桥可以在数据帧之前增加或删除某些字段,但不进行路由选择,因此网桥具有隔离网段的功能。

网桥的功能在延长网络跨度上类似于中继器,然而它能提供智能化的连接服务。在网络上适当地使用网桥可以起到调整网络的负载、提高整个网络传输性能的作用。图2.4是其功能示意图。

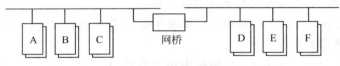

图2.4 网桥示意图

⑤ 网关(Gateway)用于连接两个异构网络,其功能是协议转换和简单的路由选择。对于局域网和广域网而言,若其结构差异比较大,则它们之间的沟通将十分复杂,因而习惯上都采用网关进行互连。

⑥ 路由器(Router),它的主要工作是为经过该路由器的数据包寻找一条最佳的传输路径。它是一种从一个物理网向另一个物理网发送数据包的装置,具有异构网互连、判断网络地址和选择路径的能力。它的主要功能是路径选择、数据转发和数据过滤。

路由器在Internet中起着数据转发和信息资源进出的枢纽作用,是Internet的核心设备,图2.5是其功能示意图。

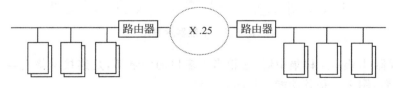

图2.5 路由器示意图

路由器和网桥的最大差别,在于网桥实现网络互连是发生在数据链路层,而路由器实现网络互连是发生在网络层,并且路由器的异构网互连能力、拥塞控制能力和网段的隔离能力等都要强于网桥。

2. 计算机网络软件

网络上的软件大致可分为3个层次:网络操作系统(NOS)、网络数据库管理系统和网络应用软件。

(1) 网络操作系统　网络操作系统指的是管理网络上的软硬件资源的系统软件。目前国内用户熟悉的网络操作系统有 Windows NT（适用于小型网络）、UNIX、Novell 和 Linux。

(2) 网络数据库管理系统　目前国内用户比较熟悉的网络数据库管理系统有 Access、Visual FoxPro、SQL Server、Oracle、SyBase、Informix 等。

建立网站常用的操作系统、Web 服务器软件与数据库管理系统的组合方案，参见表 2.1。

表 2.1　建立网站的组合方案

操作系统	Web 服务器软件	数据库管理系统
Windows NT	Microsoft IIS	SQL Server、Access、Visual FoxPro
Linux	Apache	MySQL
UNIX	UNIX Web Server	Oracle、DB2

(3) 网络应用软件　网络应用软件是根据用户的需要，利用开发工具开发出来的在网络环境下运行的用户软件，如电子商务系统、电子政务系统等。

2.1.2　计算机网络类型与拓扑结构

计算机网络是由多个互连的结点组成的，结点与结点之间的距离视网络类型而定。同时，结点与结点之间的链路结构也不同，将结点与链路抽象成点和线而构成的几何图形，称为网络的拓扑结构。

1．计算机网络类型

计算机网络按其地理分布范围，可以分成局域网（Local Area Network，LAN）、广域网（Wide Area Network，WAN）和城域网（Metropolitan Area Network，MAN）。

(1) 局域网　局域网是指在有限的地理区域内的计算机网络，其分布范围一般在几米到几千米之间，通常以一个单位或一个部门为限，一般容纳有限数量（几台或几十台）的计算机。

(2) 广域网　广域网分布范围可达几千千米乃至上万千米，它是一种涉及远距离的计算机网络，即一个城市、一个地区、一个省、一个自治区、一个国家甚至全世界建立的计算机网络，因此又将广域网称为远程网，例如国际互联网（Internet）。

(3) 城域网　城域网分布范围一般在十几千米到上百千米，它介于局域网与广域网之间，一般为一个城市或一个地区范围内建立起来的网络。城域网设计的目标是要满足几十千米范围内大量的企业、机关、公司等多个局域网互联的需要，以实现大量用户之间的数据、语音、图形与视频等多种信息的传输。

2．网络拓扑结构

所谓"拓扑"，是几何的分支，它将实物抽象化为与其大小无关的点、线、面，然后再来研究这些点、线、面的几何特征。

计算机网络的拓扑结构是指将网络单元抽象为结点,通信线路抽象为链路,计算机网络由一组结点和连接结点的链路组成。

根据通信子网中通信信道的类型,可将计算机网络的拓扑结构分为点到点线路通信子网的拓扑类型和广播信道通信子网的拓扑类型。前者指的是每条物理线路连接一对结点,其基本拓扑结构包括星状拓扑结构、环状拓扑结构、树状拓扑结构和网状拓扑结构等。后者指的是一个公共的通信信道被多个网络结点共享,其基本拓扑结构包括总线型拓扑结构、星状拓扑结构、树状拓扑结构、无线通信与卫星通信拓扑结构等。

下面简单介绍几种典型的网络拓扑结构。

(1) 总线型网络结构　总线型网络结构指的是一根中央主电缆,将相互之间以线性方式连接的工作站连接起来的布局结构,如图2.6所示。

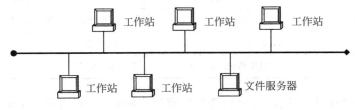

图2.6　总线型网络结构

从图2.6可以看出,在总线型结构网络上的所有工作站或计算机都通过相应的硬件接口直接连在一根中央主电缆上,任何一个结点的信息都可以沿着总线向两个方向传输扩散并且能被总线中任何一个结点所接收,其传输方式类似于广播电台,所以总线网络也称为广播式网络。

(2) 环状网络结构　环状网络结构指的是在网络中的各结点通过环路接口连在一起,首尾相接的闭合环状通信线路中,环路上的任何结点均可以请求发送信息,请求一旦被批准,便可以向环路发送信息。环状网络结构如图2.7所示。

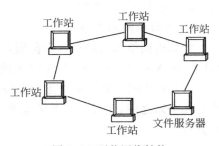

图2.7　环状网络结构

从图2.7可知,在环状结构网络上的所有工作站都通过一条环状线首尾相连,环网中的数据按照事先约定好的方向,从一个结点单向传送到另一个结点,没有路径的选择问题。由于环线是公用的,所以一个结点发出的信息必须穿越环中所有的环路接口,信息流中目的地址与环上某结点地址相符时,信息被该结点的环路接口所接收,而后信息继续流向下一环路接口,一直流回到发送信息的环路接口结点为止。在整个收发信息的过程中,任何一个接口损坏,将导致整个网络瘫痪。

(3) 星状网络结构　星状网络结构是以中央结点为中心与各个结点连接组成的,各结点与中央结点通过点对点的方式连接,其结构如图2.8所示。

从图2.8可知,在星状网络结构上的所有工作站都通过中央结点,中央结点又称为中心转接站,中央结点控制全网的通信,任何两结点之间的通信都要通过中央结点。中央结点相当复杂,负担比各结点都重。由于中央结点的故障可能造成全网瘫痪,所以对中央结点要求相当高。

现有的数据处理和数据通信网络,大多采用的是星状结构。

(4) 树状网络结构　树状网络结构是总线型网络结构的扩展,它是在总线型网络上加上分支而形成的,该结构与 Windows 中的资源管理器目录树结构相似,其传输介质可有多条分支,但不形成闭合回路,如图 2.9 所示。

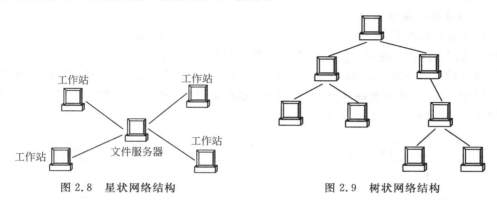

图 2.8　星状网络结构　　　　图 2.9　树状网络结构

从图 2.9 可知,树状网络结构是层次结构,它是一种在分级管理基础上的集中式网络,主要通信是在上下级结点之间,最上层的结点称为根结点,具有统管全网的能力,下层的结点称为子结点,又具有统管所在支路网部分结点的能力。一般一个分支结点的故障不影响另一个分支结点的工作,任何一个结点发出的信息都可以传遍整个传输介质,该网络也是广播式网络,树状网上的链路相对具有一定的专用性,无须对原网作任何改动就可以扩充工作站。

综上所述,目前符合广播式布线系统的星状网络拓扑结构将会成为 21 世纪局域网最流行的趋势。

值得注意的是,在实际组建网络时,其拓扑结构不一定是单一的,通常是这 4 种拓扑结构的综合利用,特别是微型计算机局域网互连技术得到大力发展后,会出现多种拓扑结构的复合形式。

2.1.3　网络协议和网络体系结构

局域网中的结点可能是在一间房屋与另一间房屋之间,也可能是在一幢大楼与另一幢大楼之间,而广域网中的结点可能是在一个城市与另一个城市之间,也可能是在一个国家与另一个国家之间。因此,结点之间交换数据和控制信息时,每个结点都必须遵守一些事先约定好的规则,这些规则明确地规定了所交换数据的格式和时序,这些为网络数据交换而制定的规则、约定和标准称为网络协议。例如 OSI 网络协议、IEEE 802 网络协议、TCP/IP 网络协议等。

一个网络协议主要由语法、语义和时序三要素组成。语法指的是用户数据与控制信息的结构与格式;语义指的是需要发出何种控制信息,以及完成的动作与作出的响应;时序指的是对事件顺序的详细说明。

网络体系结构指的是网络层次结构模型与各层次协议的集合。也就是说,为了完成计算机间的通信,人们把每个计算机互连的功能划分成定义明确的层次,规定同层进程通信的协议及相邻层之间的接口及服务,将这些层、同层进程通信的协议及相邻层之间的接口统称为网络体系结构。

以下简要介绍 OSI(Open Systems Interconnection,开放系统互连)网络体系结构及其网络协议。TCP/IP 网络协议将在 2.2 节讲解。

1. OSI 参考模型

OSI 通信标准是由 ISO(International Standards Organization,国际标准化组织)于 1983 年颁布的,其目的在于使所有计算机网络都具备互连的能力,并最终开发成全球性的网络结构。具体地说,OSI 标准是将整个网络的通信功能划分为 7 个层次,每层各自完成一定的功能,由低层至高层分别为物理层、数据链路层、网络层、运输层、会话层、表示层和应用层,其结构如图 2.10 所示。

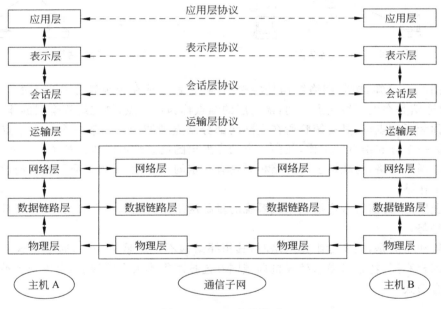

图 2.10　OSI 参考模型

(1) 物理层　物理层处于 OSI 的最低层,该层主要功能是利用物理传输介质为数据链路层提供物理连接。它按照传送介质的电气机械特性的不同而有不同的格式,传送主要是以比特为单位,并将信息按位逐一从一个系统经物理通道送往另一个系统。

(2) 数据链路层　数据链路层位于第二层,该层主要功能是负责信息从传输到目标的字符编码、信件格式接收和发送过程等,检测和校正在物理层上传输可能发生的错误,其网络产品最多的是网卡。数据链路层主要解决的问题是,发送方把需要发送的数据分别装在多个数据帧里,然后顺序地发送每一帧,并且处理接收方回送的确认帧。由于物理层只是接收和发送比特流,并不考虑比特流的意义和结构,因此数据链路层需要产生和识别帧界,这是通过在帧的前头和末尾附加上特殊的二进制编码来实现的。

(3) 网络层　网络层位于第三层,该层主要功能是负责网络内任意两个通信子网间的数据交换,为信息所走的路径提供选择方案。网络层主要解决的问题是,对主机发来的报文进行检查,并且给予认可,然后把报文转换成报文分组,确定从源地到目的地的路径,再把报文分组按照选定的路径发向目的地。网络层负责引导数据正确地穿过网络,其功能是找到通过网络的最优路径,即路由。网络设备利用网络层的编址机制决定数据通过网络时的目的地。

(4) 运输层　运输层位于第四层,该层的主要功能是负责接收高层的数据,将数据分成较小的信息单位传送到网络层。该层主要解决的问题是,接收从会话层发出的数据,根据需要把数据划分为许多很小的单元,即报文,传送给网络层。

(5) 会话层　会话层位于第五层,该层的主要功能是负责不同计算机上用户的会话关系。该层主要解决的问题是,把要求建立会话的用户所提供对话的用户地址,转换成相应的传送开始地址,以实现正确的传送连接。

(6) 表示层　表示层位于第六层,该层的主要功能是负责对用户进行各种转换的服务。该层主要解决的问题是,用标准编码方式对数据进行编码,对该数据结构进行定义,并管理这些数据。

(7) 应用层　应用层位于第七层,是 OSI 的最高层,该层主要负责各用户访问网络的接口,为用户提供在 OSI 环境下的服务。它主要解决的问题是,实现网络虚拟终端的功能与实现用户终端功能之间的映射,依照不同应用环境,提供文件传送协议、电子邮件、远程任务录入、图形传送协议、公用电信服务及其他各种通用的或专用的功能。

2. OSI 网络协议

OSI 网络通信标准中的 7 层结构大致可分为两大部分:下面的 4 层(物理层、数据链路层、网络层、运输层)和上面的 3 层(会话层、表示层、应用层)。其中下面 4 层主要提供电信传输功能,以结点间通信为主;而上面 3 层则以提供用户与应用程序间的处理功能为主,即下面 4 层完成通信功能,而上面 3 层完成处理功能。

目前对于局域网来说,物理层和数据链路层完全由硬件来实现,并规定了传输介质的类型、网络拓扑结构和介质访问控制方式等。物理层由网络电缆、连接器和网卡上的收发电路实现,数据链路层由网卡上的协处理器来实现。从网络层到应用层中的各层标准化工作,没有物理层和数据链路层那样统一。

由于在 OSI 标准出现以前已有很多网络体系结构,并且有相当一部分的协议已被许多厂商利用和用户认可,因此,在每一层上出现了多个协议并存的局面,如表 2.2 所示。

表 2.2　常见网络协议

OSI 层次	网 络 协 议	开 发 单 位
物理层 数据链路层	Arcnet Ethernet 802.3 TokenBus 802.4 Token Ring 802.5 StarLAN	Datapoint IEEE IEEE IEEE AT&T

续表

OSI 层次	网络协议	开发单位
网络层 传输层	XNS(Xerox 网络系统) TCP/IP(传输控制协议/网际协议)	Xerox 多家支持
会话层	APPC(高级程序间通信) DAN 会话控制 NETBIOS RPC(远程过程调用)	IBM DEC IBM Sun Microsystems
表示层 应用层	NCP(NetWare 核心协议) NFS(网络文件系统) SMB(服务信息块)	Novell Sun Microsystems Microsoft

2.2 Internet 技术与服务

Internet 是一个遵循一定协议自由发展的全球性计算机网络,它利用覆盖全球的通信系统,使各类计算机网络及个人计算机连通,从而实现智能化的信息交流和资源共享。

Internet 技术包括 Internet 网络协议、IP 地址与域名系统等,目前在 Internet 上提供了各种各样的服务,包括 E-mail、FTP 和 BBS 等。

2.2.1 Internet 网络协议

Internet 网络协议主要是 TCP/IP 协议,该协议是美国国防部早期开发的 ARPANET 的一部分,提供连接不同厂家计算机主机的通信协议。该协议是 OSI 网络协议中最早的协议之一,是 20 世纪 90 年代世界上应用最为广泛的网络互连的标准协议。

TCP/IP 来自最重要的两个协议:TCP(Transmission Control Protocol,传输控制协议)和 IP(Internet Protocol,网际协议)。这两个协议,主要用在包交换技术中。所以,在此先讲解包交换技术的工作原理,然后讲解 IP 协议、TCP 协议和 TCP/IP 协议套件。

1. 包交换

在 Internet 的内部,数据不是直接从源主机传送到目的主机,而是被分解成小包,即数据包。比如说,用户要传送一个很长的邮政信息给国内另一端的朋友,TCP 就把这个信息分成很多个数据包,每一个数据包用一个序号和一个接收地址来标定。此外,TCP 还插入一些纠错信息。然后,IP 把它们传送到目的主机。在目的主机上,TCP 接收到数据包并核查错误。如果有错误发生,TCP 可以要求重发这个特定的数据包。当所有的数据包都被正确地接收到,TCP 将用序号来重构原始信息。

换句话说,IP 的工作是把原始数据(数据包)从一地传送到另一地;TCP 的工作是管理这种流动并确保其数据是正确的。这就是包交换技术,即在两点之间传输数据时,将一个很大的数据分解成若干个小数据单元然后进行交换的技术。分解过程在发送端(数据源)进行,组装过程在接收端(数据目的地)进行,其工作示意图参见图 2.11。

把数据分解成数据包有很多好处。首先,它允许 Internet 让很多不同的用户在同一时间使用同一个通信线路。因为这些数据包不必一起输送,所以通信线路可以载着所有类型的数据包按它们自己的路径从一地传到另一地。就如一条高速公路上,各个汽车(即使它们开向不同的地方)都在公共道路上行驶。

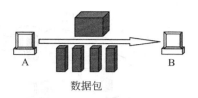

图 2.11　数据包技术

当数据包传输时,它们沿规定的路由从主机到主机,直到它们到达最终目的地。这就意味着 Internet 很具有灵活性。如果一个特定的连接中断了,控制数据流动的计算机通常可以找到另一条路径。事实上,在单一数据传输中,各个数据包完全可能按不同的路径传输。这也意味着:当条件改变时,网络可获得当时最好的连接。例如,当网络的某一特定部分过载,数据包可以改变路线去走那些比较空闲的线路。

用数据包传输的另一个好处是,当某处出错,只需重新传送单个数据包,而不是整个信息,这样会大大加快 Internet 的传输总速度,所以这种灵活性提供了很高的可靠性。通常,TCP/IP 都能保证数据到达目的地。尽管所有数据包都必须通过很多计算机,但它只需几秒钟就可以把一个文件从一个主机传输到另一主机,哪怕它们相距上千千米。

2. IP 协议

Internet 上使用的一个关键的底层协议是网际协议,通常称为 IP 协议。IP 非常详细地规定了计算机在通信时应遵循的规则,包括规定的全部细节,例如,分组包的组成、如何传送、如何接收等问题。连接到 Internet 上的每台计算机都必须遵守 IP 协议,所产生的分组必须使用 IP 规定的格式。为此使用 Internet 的每台计算机都必须运行 IP 软件,以便时刻准备发送或接收分组。IP 协议只能保证计算机发送和接收分组数据,但 IP 不能解决数据传输中可能出现的问题,而 TCP 协议很好地解决了这个问题。

3. TCP 协议

TCP 即传输控制协议,是端对端传输层内最重要的协议之一。TCP 为通信两端的应用程序提供了一个连接导向可靠的位元资料流导向的服务,与 UDP(User Datagram Protocol)同为担负应用层与网络层间资料传输工作的重要协议。

由于 TCP 常与 IP 搭配进行资料传输工作,因此合称为 TCP/IP 协议,它是把计算机和通信设备组织成网络的协议大家庭。其中,IP 将数据从一地传输到另一地,而 TCP 保证它们都正确地工作。也就是说,Internet 中有上千个网络和以百万计的计算机,而 TCP/IP 协议是把它们结合成为一个有机体的黏结剂。TCP/IP 的作用示意图如图 2.12 所示。

4. TCP/IP 协议套件

TCP/IP 协议套件实际上是一个协议簇,每种协议采用不同的格式和方式传送数据,它们都是 Internet 的基础。一个协议套件是相互补充、相互配合的多个协议集合。TCP/IP 体系结构只有 4 层,TCP/IP 协议套件中主要成员及其各层中的分布情况参见表 2.3。

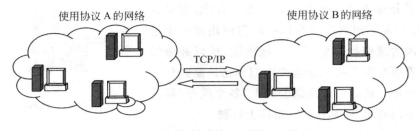

图 2.12 TCP/IP 作用示意图

表 2.3 TCP/IP 协议套件一览表

协议名称	英文全名	中文名称	作用
SMTP	simple mail transfer protocol	简单邮件传输协议	应用层协议,用于传输电子邮件
DNS	domain name system	域名系统	应用层协议,用于域名服务,提供了从名字到 IP 地址的转换
NSP	name service protocol	域名服务协议	负责管理域名系统
FTP	file transfer protocol	文件传输协议	应用层协议,用于控制两个主机之间文件的交换
TELNET	telecommunication network	远程通信网络	远程登录协议
WWW	world wide web	万维网	万维网协议
TCP	transmission control protocol	传输控制协议	运输层协议,负责应用程序之间的数据传输
UDP	user datagram protocol	用户数据报协议	运输层协议,负责应用程序之间的数据传输,但比 TCP 简单
NVP	network voice protocol	网络语音协议	运输层协议,用于传输数字化语音
IP	Internet protocol	网际协议	网络层协议,负责计算机之间的数据传输
ICMP	Internet control message protocol	因特网控制报文协议	运载网络错误信息,并报告其他的状态信息
IGMP	Internet gateway message protocol	因特网关报文协议	网络连接的内外部网关的协议
ARP	address resolution protocol	地址转换协议	网络地址转换
RARP	reverse arp	反向地址转换协议	反向网络地址转换

2.2.2 IP 地址与域名

Internet 从创建至今,已经成为一个遍布全球的信息网,它将世界上大大小小的网络组合起来,使网络的每台计算机都能在它上面交换各种信息。但是尽管 Internet 上连接了无数的服务器和个人计算机,但它们却并不是处于杂乱无章的混乱状态。保证 Internet 上的计算机井井有条地实现网络通信和信息共享的关键技术就是 IP(Internet

Position)地址。

而 Internet 的域名系统(Domain Name System,DNS)是一个分布式的关于主机信息的数据库,现已成为一种国际协议,它为 Internet 上主机命名的结构制定了一个标准。域名系统提供了在 Internet 中识别、管理和映射域名的方法,其功能为:映射主机名到 IP 地址,以便于计算机处理;提供在 Internet 上任何地方进行远程查询的手段;实现域名信息的分布式管理。

故在此,先讲解 IP 地址的有关知识,包括 IP 地址的含义、分类等;然后讲解域名的含义及其构成。

1. Internet 的 IP 地址

现在的 Internet 最早起源于 20 世纪 60 年代末期美国国防部的 ARPANET(阿帕网),该网络最初采用的是 8 位(1B)的网络寻址方案,网络可以连接的计算机不是很多。后来,产生于 20 世纪 70 年代中期的 TCP/IP 协议将网络地址从原来的 8 位扩充到了 32 位(4B),从而使网络可连接的计算机数目大大增加了。当前 IP 协议有两种版本:IPv4(全称是"网际协议第 4 版")和 IPv6(即"网际协议第 6 版"),本文主要阐述 IPv4。

IPv4 共有 32 位,分为 4 组,每组 8 位(也即 1B)。若用十进制数表示,每组可取值 0~255,各段之间用一个点号"."分开,这种格式的地址称为点分十进制(Dotted Decimal)地址,例如:202.96.0.97。

IPv4 的每个 IP 地址由网络号和主机号两部分组成,其中网络号表明主机所连接的网络,主机号标识了该网络上特定的某台主机。例如:202.96.0.97 中,202.96 是网络号,0.97 是主机号。

通常,网络号用以确认网络,如果该网络是因特网的一部分,其网络号必须由 InterNIC 统一分配。一个 Internet 服务提供者(Internet Service Provider,ISP)可以从 InterNIC 那里获得一块网络地址,然后按照需要自己分配地址空间。主机号确认网络中的主机,它由本地网络管理员分配。

对于一个要开通 Internet 信息服务器的用户来说,必须申请一个在 Internet 上合法的 IP 地址。用户可以选择具有此项业务的 ISP 代理进行 IP 地址的申请,申请的过程和申请域名(参见 3.1 节)类似。

2. IPv4 地址分类

按 TCP/IP 规定,IPv4 的地址长 32 位,由于网络号与主机号的位数决定了整个 Internet 中能包含多少个网络,以及每个网络中能容纳多少台主机,而在 Internet 中的网络数是难以确定的数字,所以只能估计每个网络的预期规模。按照网络规模的大小,可将 IPv4 的地址分为 3 种基本类型,由网络号的第一组数字决定。

(1) A 类地址的格式　第一组数字为 1~126。注意,数字 0 和 127 不作为 A 类地址,数字 127 保留给内部回送函数,而数字 0 则表示该地址是本地宿主机,不能传送。该类地址范围为:1.0.0.0~126.255.255.255。

(2) B 类地址的格式　第一组数字为 128~191。该类地址范围为 128.0.0.0~191.255.255.255。

(3) C 类地址的格式　第一组数字为 192~223。该类地址范围为 192.0.0.0~

223.255.255.255。

例如,上例的网络号是 202.96,它的第一组数字为 202,因此 202.96.0.97 是 C 类地址,而 159.266.1.1 则是 B 类地址。

3 类 IP 地址的容量如表 2.4 所示。

表 2.4 3 类 IP 地址的容量一览表

类　型	网络号位数	网络规模/个	主机号位数	主机规模/个
A	7	126	24	16777216
B	14	16384	16	65536
C	21	2097152	8	256

3. 动态 IP 地址与静态 IP 地址

随着 Internet 的发展,Internet 上可用的 IP 地址数量越来越少了。为了解决这个问题,对于一般的拨号用户,ISP 采用了一种动态分配 IP 地址的方法。假设一个 ISP 有 1000 个用户,那它只需要申请 100 个 IP 地址来满足用户的上网需要。因为 1000 个用户同时上网的概率是非常小的,当某个用户想上网时,就分配一个给他使用,一直到他下网时,再收回这个 IP 地址。使用这种"谁想用就分配给谁"的动态机制,100 个 IP 地址就可满足 1000 个用户的上网需要了。这种以动态形式分配给用户的 IP 地址就是动态 IP 地址。

而对于一个有静态 IP 地址的 Internet 上的主机,其 IP 地址是不变的,已经永久地分配给它使用,这就是静态 IP 地址的含义。对于 Internet 上网站的配置,一般采用静态 IP 地址。

4. IPv4 与 IPv6

IPv4 的地址是 32 位编码,而 IPv6 的地址是 128 位编码,能产生 2^{128} 个 IP 地址,其资源几乎是无穷的。

我国于 1998 年由中国教育和科研计算机网 CERNET 率先建立了 IPv6 试验床,并获得国际组织认可,于 1999 年开始分配 IPv6 地址。2001 年,CERNET 提出建设全国性下一代互联网 CERNET2 计划。2003 年 8 月,CERNET2 成为国家发展与改革委员会等八部委联合领导的中国下一代互联网示范工程核心网的重要组成部分。全球 IPv4 地址数已于 2011 年 2 月分配完毕,自 2011 年开始我国 IPv4 地址总数基本维持不变(参见图 2.13),截至 2014 年 12 月,共计有 33 199 万个。

截至 2014 年 12 月,我国 IPv6 地址数量为 18 797 块/32,年增长 12.8%(参见图 2.14)。IPv6 地址长度为 128 位,/32 就意味着前 32 位为网络号,由国际互联网相关管理公司分配给各个国家或企业整体使用,每个企业获得一个/32 的 IPv6 地址,由于还剩余 96(即 128−32)位长度,这个长度意味着可再分配给约 2^{96} 个接口(通常一个接口代表一个计算机终端;若地址数过多,也可一个终端使用多个接口),用于联网。

与 IPv4 相比,IPv6 主要具有以下 5 个优势。

(1) IPv6 具有更大的地址空间。IPv4 中规定 IP 地址长度为 32,最大地址个数为

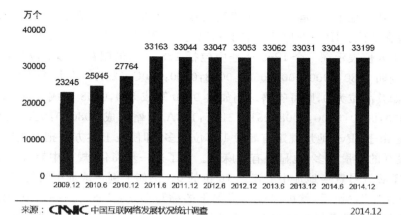

图 2.13 中国 IPv4 地址数及其增长率

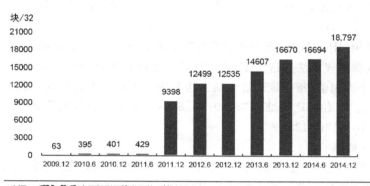

图 2.14 中国 IPv6 地址数及其增长率

2^{32}；而 IPv6 中 IP 地址的长度为 128，即最大地址个数为 2^{128}。与 32 位地址空间相比，其地址空间增加了 $2^{(128-32)}$ 个。

（2）IPv6 使用更小的路由表。IPv6 的地址分配一开始就遵循聚类（Aggregation）的原则，这使得路由器能在路由表中用一条记录（Entry）表示一片子网，大幅度减小了路由器中路由表的长度，提高了路由器转发数据包的速度。

（3）IPv6 增加了增强的组播（Multicast）支持以及对流的控制（Flow Control），这使得网络上的多媒体应用有了长足发展的机会，为服务质量（QoS，Quality of Service）控制提供了良好的网络平台。

（4）IPv6 加入了对自动配置（Auto Configuration）的支持。这是对 DHCP（Dynamic Host Configuration Protocol，动态主机配置）协议的改进和扩展，使得网络（尤其是局域网）的管理更加方便和快捷。

（5）IPv6 具有更高的安全性。在使用 IPv6 网络中用户可以对网络层的数据进行加密并对 IP 报文进行校验，在 IPv6 中的加密与鉴别选项提供了分组的保密性与完整性。

现有的 IPv4 地址中，是用 4 段十进制的数字，用"."隔开来表示，每一段如果用二进制表示则包含 8 位。IPv6 的地址在表示和书写时，用冒号将 128 位分割成 8 个 16 位的段，这里的 128 位表示在一个 IPv6 地址中包括 128 个二进制数。每个段包括 4 位的 16 进制数字，例如 1080:0000:0000:0000:0008:0800:200C:123A。在每个 4 位一组的十六进制数中，如其高位为 0，则可省略。例如将 0800 写成 800，0008 写成 8，0000 写成 0，所以 1080:0000:0000:0000:0008:0810:213C:123A 可缩写成 1080:0:0:0:8:810:213C:123A。但是由于 IPv6 地址规定有 8 段 128 位之多，即使按上述方法把 0 的写法简化了，如果各小段 0 的数量一多，也显得有点麻烦。为了进一步简化，规范中导入了重叠冒号的规则，即用重叠冒号置换地址中的连续 16 位的 0。例如上例在地址中间仍有 3 段为 0，将连续 3 个 0 用"："置换后，就可以表示成如下的缩写形式：1080::8:810:213C:123A，这样就更加简化了。重叠冒号规则在一个地址中只能使用一次，也就是说在不连续段中不能重复合作它来替换其中的多个 0。例如有这样一个 IP 地址：0:0:0:AB98:123C:0:0:0，按上述冒号置换原则，可缩写成::AB98:123C:0:0:0 或 0:0:0:AB98:123C::，但却不能写成::BA98:7654::。

另外，可以用"IPv6 地址/前缀长度"来表示地址前缀。这个表示方法类似于 CIDR 中 IPv4 的地址前缀表示法。这里 IPv6 地址是上述任一种表示法所表示的 IPv6 地址，前缀长度是一个十进制值，指定该地址中最左边的用于组成前缀的位数。假如一个 IP 地址它的地址前缀为 16 位，IP 地址为"1080::8:810:213C:123A"，则用地址前缀法表示就为：1080::8:810:213C:123A/32。

5. Internet 域名

IP 地址作为 Internet 上主机的数字标识，对计算机网络来说是非常有效的。但对于使用者来说，很难记忆这些由数字组成的 IP 地址。为此，人们研究出一种字符型标识，在 Internet 上采用"名称"寻址方案，为每台计算机主机都分配一个独有的"标准名称"，这个用字符表示的"标准名称"，就是现在广泛使用的域名(Domain Name, DN)。

主机的域名和 IP 地址一样，也采用分段表示的方法，其结构一般是如下样式：主机名.中间域名.顶级域名(机构域名或者地理域名)。例如，www.blcu.edu.cn 就代表了 202.112.192.131，它的中文意思是北京语言大学的公众开放主机域名。

有了域名标识，对于计算机用户来说，在使用上的确方便了很多。但计算机本身不能自动识别这些域名标识，于是在 1984 年人们采用域名管理系统(Domain Name System, DNS)，将难记的 IP 地址转化成易记的"域名"。

所谓 DNS，就是以主机的域名来代替其在 Internet 上实际的 IP 地址的系统，它负责将 Internet 上主机的域名转化为计算机能识别的 IP 地址。这样用户访问 Internet 中的任何计算机时就不用记住那些很难记的 IP 地址，而直接在浏览器中输入域名即可。

从 DNS 的组织结构来看，它是一个按照层次组织的分布式服务系统；从它的运行机制来看，DNS 更像一个庞大的数据库，只不过这个数据库并不存储在任一计算机上，而是分散在遍布于整个 Internet 上数以千计的域名服务器中。

DNS 的核心是分级。Internet 被分成了几百个顶层域，每个域又被划分成子域。顶层域中分成两个大类：一般的(3 个字符)和国家的(2 个字符)。实际上，几乎所有的美国组织都处于一般域中,非美国组织都列在自己所在国家的域下。每个域按照从它本身向上至顶层域的路径命名,中间用句点分隔。域名对大小写不敏感,每个子域名最多不能超过 63 个字符,路径全名不能超过 255 个字符。每个域能够控制如何分配它下面的子域,要创建一个新的域必须征得它所属域的同意。

Internet 域名的命名方式采用层次型结构,即在主机命名中加入了层次型的结构,名字的层次对应于层次名字空间的管理机构层次,其规则如下。

(1) 最高一级的名字空间划分是基于"国名",即地理位置或机构组织,例如,cn 表示中国。值得注意的是,美国的域名通常不包含国名,这是因为 Internet 是以美国为发源地。在 Internet 中约定,如果该域名没有地理位置域,那么就默认为在美国。

(2) 第二级的名字空间划分是基于"组织名",例如,edu 表示教育组织。

(3) 第三级的名字空间划分是基于主机的"本地名",例如,blcu 表示北京语言大学。

(4) 第四级的名字空间划分是基于"主机名"。

从技术上讲,域名只是 Internet 中用于解决地址对应问题的一种方法,可以说只是一个技术名词。但是从商界看,域名已被誉为"企业的网上商标",没有一家企业不重视自己产品的标识——商标,而域名的重要性和其价值也已经被全世界的企业所认识。

按照顶级域名的形式,一般把我们国内的域名分为两种:国际域名与国内域名。以 .com、.net 等形式结尾的域名称为国际域名,其一般表现形式为 www.yourname.com。而以 .cn 结尾的域名称为国内域名,其一般表现形式为 www.yourname.com.cn。

对用户来讲,它们只有字面的不同,实质是一样的,在全世界都可以访问到。但国际域名更容易记忆,更国际化,也更珍贵,所以许多公司都愿意申请国际域名。也有的公司为体现更好的形象,同时注册国际和国内两个域名。

如果顶级域名为 2 个字母,它代表着某个国家或地区,这种类型的域名就称为地理区域域名。表 2.5 列举了普及的地理区域域名。

有经验的用户在通过 Internet 查询信息时,根据得到的信息资源的网络域名就能判定该资源所在的国别或地区,甚至还能判断出提供该资源的机构。

表 2.5 地理区域域名一览表

区域域名	国家或地区	区域域名	国家或地区
.cn	中国	.mx	墨西哥
.fr	法国	.my	马来西亚
.xb	英国(官方)	.ni	尼加拉瓜
.gr	希腊	.nl	荷兰
.hk	中国香港	.tw	中国台湾
.jp	日本	.uk	英国(通用)
.kr	韩国	.us	美国(可以省略)
.mo	中国澳门		

如果顶级域名为 3 个字母,代表一个机构名称,称为机构组织域名。它的代码标明机构的类型,如表 2.6 所示。

表 2.6　常用机构组织域名一览表

机构组织域名	机构的类型
.gov	政府机构
.edu	教育机构
.int	国际组织(如北大西洋公约组织 NATO)
.mil	军事部门
.com	商业机构
.net	网络中心
.org	社会组织、专业协会

6. 总结

通过 IP 地址、域名 DN 和域名管理系统 DNS,就把 Internet 上面的每一台主机给予了唯一的定位。三者之间的具体联系过程如下:当连接网络并输入想访问主机的域名后,由本地机向域名服务器发出查询指令,域名服务器通过连接在整个域名管理系统中查询对应的 IP 地址,如找到则返回相应的 IP 地址,反之则返回错误信息。

比如,通常在浏览时,浏览器左下角的状态条上会有这样的信息:"正在查找 xxxxxx"、"xxxxxx 已经发现,正在连接 xxxxxx",其实这就是域名通过 DNS 转化为 IP 地址的过程。当然域名通过 DNS 转化为 IP 地址需要等待一段时间,因为如果使用的域名服务器上没有所需域名的对应 IP 地址,它就会向上级域名服务器查询,依此类推,直至查到结果,或返回无效信息。一般而言,这个查询过程非常短。但有时候,由于层层查询的缘故,会使这个过程花费的时间比较长。

因此,若能在自己的主机硬盘上建立类似域名服务器上的数据库,这样浏览器将首先在自己的主机硬盘上查询,在无法查到相应域名——IP 地址映射时,才向域名服务器发出查询申请,必然能大大减少对域名服务器的需求,也就能提高浏览效率。事实上,目前广大计算机爱好者所使用的很多网络加速工具就是这么做的,如 Surf Express、SpeedNet 等,都提供这样的功能。

2.2.3　Internet 连接

要想使用 Internet,必须首先使用自己的主机或终端通过某种方式与 Internet 进行连接。Internet 连接实际上只要将自己的主机与已经在 Internet 上的某一主机进行连接就可以了。一旦完成这种连接过程也就与整个 Internet 接通了。

ISP 是为用户提供 Internet 接入和 Internet 信息服务的公司和机构。由于接入国际互联网需要租用国际信道,其成本对于一般用户是无法承担的。Internet 接入提供商作为提供接入服务的中介,需要投入大量资金建立中转站,租用国际信道和大量的当地电话线,购置一系列计算机设备,通过集中使用、分散压力的方式,向本地用户提供接入服务。

从某种意义上讲,ISP 是全世界数以亿计的用户通往 Internet 的必经之路。

现在各地的电信部门和 ISP 所提供的入网方式大体可分为通过调制解调器(Modem)拨号上网、ISDN(Integrated Services Digital Network,综合业务数字网)、ADSL(Asymmetric Digital Subscriber Line,非对称数字用户线路)、吉比特以太网、Cable Modem(电缆调制解调器,又名线缆调制解调器)上网、通过分组网上网方式、通过帧中继上网、通过 DDN(Digital Data Network,数字数据网络)专线上网和通过微波无线上网 9 种方式。下面分别简要介绍这几种 Internet 接入方式。

1. 通过调制解调器拨号上网

到目前为止,最常用的 Internet 连接方式是通过调制解调器拨号上网。现在的高速 Modem 提供 56kbps(每秒传输 56kb 数据)的连接速度。这种连接对于偶尔使用 Internet 的用户来说已经足够了,但商业用户通常需要更快的连接速度,因为对于视频会议、多媒体、大的文件传输等应用来说,56kbps 的速度还是太慢。

这种接入方式的优点是便宜,且随处能提供可用连接;缺点是,在可用连接中,是速度最慢的一种连接类型。

2. ISDN

早在 1972 年,国际电报电话咨询委员会推出 ISDN 时,人们就预言它将迅速发展成为网络主流。过了十多年 ISDN 慢慢发展壮大起来,尤其是因特网在 20 世纪 90 年代走红,ISDN 便宜的终端设备,低成本、高带宽的因特网接入,使它越来越受欢迎。

电信局称 ISDN 为"一线通",它是在电话网基础上发展起来的新一代的电信业务,在一个网络平台上同时实现语音、视频、数据通信,是电话网朝着多功能、多业务、高通信质量方向发展的必然产物。经过二十多年在全球的推广,ISDN 已经是一种在技术上很成熟、产业标准得到统一的电信服务。

ISDN 在接入网络里实现了数字连接。ISDN 有两种接口,一种是 BRI(又称作 N-ISDN,中文叫"窄带 ISDN"),另一种叫做 PRI(又称作 B-ISDN,中文叫做"宽带 ISDN")。

根据接入终端的不同,ISDN BRI 目前有三种接入方式:其中 TE1 为第一级终端,是 ISDN 标准终端;TE2 为第二级终端,是 ISDN 的非标准终端;NT1 是网络终端,是用户传输线路的终端装置。目前 PRI 有两种接入方式:一种是光缆接入方式,另一种是 HDSL(high-rate DSL,高速 DSL)方式。

对于普通用户来说,ISDN 有以下几方面应用。

(1) 同时接两部电话,彼此独立拨打市话、国内、国际长途电话,计费方式和普通电话一样,即一线带两机。

(2) 一个信道上因特网,一个信道打电话,互不干扰,即一"芯"可以两用。

(3) 城域网或广域网互连,费用远比 DDN 便宜,或者作为这些链路的备份。

(4) 安装可视电话,让远在天涯的亲友展现在眼前,或者作为远程监控。

(5) 开展电视会议、远程教学、远程医疗等。

ISDN 最大的优点就是成本低、用户方设备的安装比较容易。但 ISDN 的带宽日益满足不了用户接入网络的需求了。

3. ADSL

光纤到户是用户网今后发展的必然方向,但由于光纤用户网的成本过高,在今后的十几年甚至几十年内大多数用户网仍将继续使用现有的铜线环路,于是近年来人们提出了多项过渡性的宽带接入网技术,包括 N-ISDN、Cable modem、ADSL 等,其中 ADSL 是最具前景及竞争力的一种,将在未来十几年甚至几十年内占主导地位。

DSL(Digital Subscriber Line,数字用户线路)是以铜质电话线为传输介质的传输技术组合,它包括 HDSL(High-rate DSL,高速 DSL)、SDSL(Symmetrical DSL,对称 DSL)、VDSL(Very-high-bit-rate DSL,甚高速数字用户环路)、ADSL 和 RADSL(Rate Adaptive DSL,速率自适应 DSL)等,一般称之为 xDSL。它们之间主要的区别就是体现在信号传输速度和距离的不同以及上行速率和下行速率对称性的不同这两个方面。

ADSL 接入服务能做到较高的性能价格比。下面是 ADSL 与其他接入服务的比较。

(1) ADSL 与 Cable Modem 的比较 Cable Modem 的 HFC(Hybrid Fiber Coax,混合光纤同轴电缆)接入方案采用分层树状结构,其优势是带宽比较高(10MB),但这种技术本身是一个较粗糙的总线型网络,这就意味着用户要和邻近用户分享有限的带宽,当一条线路上用户激增时,其速度将会减慢。而 ADSL 接入方案在网络拓扑结构上较为先进,因为每个用户都有单独的一条线路与 ADSL 局端相连,它的结构可以看作是星状结构,它的数据传输带宽是由每一用户独享的。

(2) ADSL 与普通拨号 Modem 及 N-ISDN 的比较 比起 ISDN(128kbps)的速率,ADSL 的速率优势是不言而喻的;与 ISDN 相比,ADSL 更为吸引人的地方是,在同一铜线上分别传送数据和语音信号,数据信号不通过电话交换机设备,减轻了电话交换机的负载,并且不需要拨号,一直在线,属于专线上网方式。这意味着使用 ADSL 上网不需要缴付另外的电话费;ADSL 由于不占用电话线,没有电话使用费用,所以 ADSL 一般是不断网的,比一般的 DDN 专线速度还要快许多,快得足以进行"视频点播",可以上网看 VCD;ADSL 支持的主要业务是 Internet 和电话,其次是点播电视业务。它的最大特点是无须改动现有铜缆网络设施就能提供宽带业务;ADSL 上下路速率的"非对称",避免常规对称传输系统的用户端干扰问题,提高了传输速率,延长了传输距离。

ADSL 接入类型有专线接入方式和虚拟拨号入网方式这两种。专线接入的用户拥有固定的静态 IP 地址,24 小时在线。虚拟拨号入网方式,并非是真正的电话拨号,而是用户输入账号、密码,通过身份验证,获得一个动态的 IP 地址。

4. 吉比特以太网

吉比特以太网又叫千兆以太网,它是建立在标准的以太网(Ethernet,局域网的一种)基础之上的一种带宽扩容解决方案。它和标准以太网以及快速以太网技术一样,都使用以太网所定义的技术规范。同时,吉比特以太网本身作为以太网络的一个组成部分,也支持流量管理技术。

吉比特以太网原先是作为一种交换技术设计的,采用光纤作为数据链路,而用于中长距离的楼宇之间的连接。后来,在服务器的连接和骨干网中,吉比特以太网获得广泛应用,由于 IEEE 802.3ab 标准(采用 5 类及以上非屏蔽双绞线的吉比特以太网标准)的出台,吉比特以太网的逐渐普及已经不再遥远。

5. Cable Modem

Cable Modem 是随着网络应用的扩大而发展起来的,主要用于有线电视网中的数据传输。Cable Modem 与以往的 Modem 在原理上都是将数据进行调制后在 Cable(电缆)的一个频率范围内传输,接收时进行解调,传输机理与普通 Modem 相同。不同之处在于它是通过有线电视 CATV 的某个传输频带进行调制解调的,普通 Modem 的传输介质在用户与交换机之间是独立的,即用户独享通信介质,而 Cable Modem 属于共享介质系统,其他空闲频段仍然可用于有线电视信号的传输;Cable Modem 彻底解决了由于声音图像的传输而引起的阻塞,其速率已达 10Mbps 以上,下行速率更高,而传统的 Modem 虽然已经开发出了速率 56kbps 的产品,但其理论传输极限为 64kbps,再想提高已不大可能。

Cable Modem 接入技术在全球尤其是北美的发展势头很猛。它是电信公司 xDSL 技术最大的竞争对手。在未来,电信公司阵营鼎力发展的基于传统电话网络的 xDSL 接入技术与广电系统有线电视厂商极力推广的 Cable Modem 技术将在接入网市场(特别是高速 Internet 接入市场)展开激烈的竞争。

CATV 网的覆盖范围广,入网户数多;网络频谱范围宽,起点高,大多数新建的 CATV 网都采用 HFC 网,使用 550MHz 以上频宽的邻频传输系统,极适合提供宽带功能业务。Cable Modem 技术就是基于 CATV 网的网络接入技术。所以 Cable Modem 虽然有些不足,但今后仍有相当的发展空间。

6. 通过分组网入网

分组网指的是基于分组交换的公用数据通信网,如 CHINAPAC。对于 CHINAPAC 的分组用户,可以有以下两种情况。

(1) 申请一个 CHINANET 的电话拨号账号进行连接。在申请一个 CHINANET 的账号后,用户便从 CHINAPAC 的分组用户变为 CHINANET 用户,并可以通过 CHINANET 上的 UNIX 主机入网,同时可使用的 Internet 服务功能与普通拨号入网的用户完全相同。

(2) 经分组网以 TCP/IP 协议入网的局域网用户。这些用户除了要具备分组网的权限外,还需要配置支持 TCP/IP 协议的路由器和运行 IP 软件的主机或网络,同时,用户也要为其网上的所有设备申请 IP 地址域名,这样用户网上的所有终端均是完全的 Internet 用户,可以享受 Internet 的全部服务。

7. 通过帧中继入网

通过帧中继(Frame Relay,FR)入网,网络将用户接入 CHINANET,效果类似于专线上网。

帧中继除了可以用于高分辨率图形数据传输、长文件传输、字符交互式通信和支持多个低速率复用之外,还可以通过路由器用帧中继来互连局域网、广域网。它与租用专线业务相比,可以大大节省开支。另外,帧中继网络与协议无关,用户可以不必考虑使用哪种网络协议。

8. 利用 DDN 专线入网

利用 DDN 专线入网,主要是通过租用专线将用户接入 Internet。通常,用户将自己的相关计算机接到一个局域网上,再通过一个路由设备经专线与 Internet 相连。

该连接方式需要投入大量资金,利用专用的光缆构成一条高速的专用通信链路来进行连接;它需要建立自己的 Internet 网关,它的专用通信链路通过 ISP 建立,从而实现用户的网络与 Internet 连接。这类连接的优点是可以得到最大的 Internet 的信息流量,一般可以随时访问、按需访问,通信是即时的和连续的;缺点是费用高。

9. 无线上网

有线上网毕竟要在家里或办公室才能进行,不能随时随地浏览网上信息。无线上网可以不需要传统的电话线、电视线和电力线而实现上网。

无线上网的方案目前有两大类。一类是使用无线局域网的方式,用户端使用电脑和无线网卡,服务器端则使用无线信号发射装置(AP)提供连接信号。这种方式速度快,一般在机场、车站等公共场所安装有无线信号的地方可以上网,但每个 AP 只能覆盖数十米的空旷空间。

第二种方案就是直接使用手机卡,通过移动通信设备上网。这种上网方式,用户端需要使用无线 Modem,服务器端则是由中国移动或中国联通等服务商提供接入服务。目前,中国移动使用的是 GPRS 接入技术,中国联通使用的是 CDMA 技术。这种方法的优点是没有地点限制,只要有手机信号(当地应该开通数字服务),其缺点是速度相对慢一些。

无线局域网因其速度快是大势所趋,但目前接入点没有建立起来,难以突破。GPRS/CDMA 上网虽然速度不高,但却切实有效。

上述 9 种入网方式,各有优缺点,用户可视具体情况选择。一般来说,业务较少的单位和个人多通过电话拨号接入,或 ISDN、ADSL 等方式,业务量大的单位或要求数据传输快而精确的可采用 DDN 专线入网。

2.2.4　Internet 服务

在 Internet 上提供了各种各样的服务,表 2.7 是 Internet 提供的服务列表。这些服务有的使用非常频繁,例如 WWW 浏览、E-mail 等,也有的使用很少,如 Archive、Gopher 等。这些服务绝大部分都是按照一种叫做客户机/服务器(Client/Server)的模式运行的。下面先介绍客户机和服务器的概念,然后介绍几种常用的 Internet 服务。

表 2.7　Internet 服务一览表

资　　源	说　　明
电子邮件(E-mail)	传送和接收信息
远程登录(Remote Login)	连接并使用一台远程主机
指名服务(Finger Service)	显示用户情况
友思网(USENET)	巨大的讨论组系统
匿名文件传送协议(Anonymous FTP)	公众获取数据档案
Archive 服务	检索匿名文件传送协议档案

续表

资　　源	说　　明
Gopher 服务	菜单型信息
白页目录(White Page Directories)	检索用户的地址
广域信息服务器(Waiswide Area Information Service)	查询检索型数据库
WWW(World Wide Web)	访问超文本信息
邮政名单(Mailing Lists)	用邮件发布信息
电子杂志(Electronic Magazines)	杂志、刊物、通讯稿
电子公告牌服务(BBS)	共享信息和消息
游戏娱乐	娱乐和消遣
MUD(Multiplayer User Dungeon)	多人虚拟现实

1. 客户机和服务器

网络的主要用途之一是允许共享资源。这种共享是通过相呼应的两个独立程序来完成的。每个程序在相应的计算机上运行,一个程序在服务器中,提供特定资源;另一个程序在客户机中,它使客户机能够使用服务器上的资源。例如,用户正在计算机上用一个文字处理程序进行工作,用户告诉程序要编辑一个存储在网络上的另一台计算机中的特定的文件。用户的程序将给那台计算机发送一个信号,请示它把这个文件传输过来。在这种情况下,用户的文字处理程序是客户机,此时接受这种请求并发出文件的程序叫服务器,更确切地说,它是一个文件服务器。

在局域网上,硬件就在附近并且看得见。通常人们用"服务器"这个词来称呼运行服务器程序的这台计算机。在 Internet 上,硬件却通常看不到,这里的"客户机"和"服务器"一般是指分别载有相应程序的计算机,一个是要求服务的计算机,另一个是可提供服务的计算机。

也就是说,客户机指的是帮助用户制作一个请求、将请求发送到某个服务器,然后把请求所得的结果报告给用户的那台计算机;服务器指的是接收请求、检查请求的合法性、针对请求获取并制作数据,最后把信息发送给提出请求的客户机的那台计算机。

2. WWW 服务(Web 服务)

WWW 是 World Wide Web 的简称,也可称 3W,Web 是其简写,中文译作万维网,是近年来 Internet 上最流行、最具魅力的服务。在互联网发展的早期,用户必须记住繁琐的操作命令,所以那时只有专业人员才能熟练使用。WWW 的出现使得 Internet 的易用性大大改善,极大地推动了 Internet 的发展。

与 Web 相关的概念和开发技术,参见 2.3~2.5 节。

3. 电子公告牌服务(BBS)

BBS(Bulletin Board Service,电子公告牌服务)是 Internet 上的一种电子信息服务系统,它提供了一块电子白板,每个用户都可以在上面书写,并发布自己的信息或看法。它包括很多的服务,如讨论区、信件区、聊天区、文件共享区等。

讨论区中包括了各类学术讨论区以及各类话题讨论区,在该区中可以挑选自己感兴趣的话题发表文章。

信件区可以收发信件。由于 BBS 的用户邮件系统可以和 Internet 的邮件系统接轨,故也可以用 BBS 的信箱收发邮件。

文件共享区的作用类似于 FTP 的作用,不同的是它可以让普通用户将文件复制到这里,与其他用户共享,但这样很容易感染病毒,故有些 BBS 系统不提供此服务。

目前,大部分的 BBS 是由教育机构、研究机构或商业机构创建并管理的。

4. 远程登录服务

Telnet(远程登录服务)协议是 TCP/IP 协议的一部分,它定义了远程登录客户机与远程登录服务器之间的交互过程。Telnet 是一个独立的程序,文件名为 Telnet.exe,可以在本地运行 Telnet,访问远程计算机。在远程计算机上登录执行命令,如同在本地登录执行命令一样,丝毫感觉不到与远程计算机间隔了很远的距离。当然,要实现 Telnet 连接,远程计算机必须安装远程登录服务程序,同时客户机的 Telnet 客户程序要与它兼容。

5. 文件传输服务(FTP)

FTP(File Transfer Protocol,文件传输协议)是 Internet 上最广泛的应用之一,是专门为简化在网络计算机之间的文件存取而设计的。借助于 FTP,可以在远程计算机的目录之间移动、查看目录中的内容、从远程计算机上取回文件,也可以将用户的文件放到远程计算机上。这一点与 Telnet 不同,Telnet 只能取回文件,一般不设上传文件的功能。FTP 非常适合于传输大量文件的情况,例如地质、天文、气象部门等。传输的文件可以包括电子报表、声音、图片、程序、文本、编译后的程序以及 HTML 文档文件等。

6. 电子邮件服务(E-mail)

E-mail(Electronic Mail,电子邮件)实际上就是在网络上以电子化的手段传递信息,从而达到传递邮件的功能。在 Internet 应用中,电子邮件是使用最多的服务之一。

通过 Internet 发送和接收电子邮件的过程十分简单,它是一种通过计算机连网与其他用户进行联络的快速、简便、廉价的现代化通信手段。通常,可以使用电子邮件与朋友、商业伙伴进行联系,也可使用电子邮件进行数据库查询并将结果寄回。

使用电子邮件时,用户可以不受时间、地点的限制,而且信息传递迅速、快捷。另外,随着技术的发展,电子邮件的功能也越来越强。在电子邮件中不但可以传送文本文件,还可以发送图形、声音或程序、软件等各种文件。

通过电子邮件发送信息无论是从时间、费用还是功能上都比传统的信件要优越得多。

(1) E-mail 地址格式及含义 在现实生活中,要写信件给对方,必须要知道对方的地址,这个地址称为邮政地址。同样,通过 Internet 发送电子邮件,也必须知道对方在 Internet 上的邮政地址,这个地址称为电子邮件地址,或称为 E-mail 地址、E-mail 信箱、电子信箱等。每一个 E-mail 地址都是独一无二的,唯一对应着 Internet 上的一个用户。

电子信箱实际上就是在 ISP 的 E-mail 服务器上,为用户开辟的一块专用磁盘空间,用来存放用户的电子邮政文件。例如,新浪、网易和雅虎等 ISP 提供的免费 E-mail。E-mail 地址的格式是固定的,例如 lisa@sina.com.cn。

(2) E-mail 的原理 Internet 上的电子邮件系统的工作过程采用客户机/服务器模

式(参见图 2.15)。发送方把一封电子邮件发给收件人时,发送方的客户机发送邮件到自己的邮件服务器上,该邮件服务器再把此 E-mail 发送到对方的邮件服务器,对方邮件服务器收到电子邮件后,先将其存在收件人的电子信箱中,并告知收件人有新邮件。每当收件人的计算机连接到服务器上后,就会看到服务器的通知,进而打开自己的电子信箱查收邮件。这样,ISP 的电子邮件服务器就起了网上"邮局"的作用,它管理着众多用户的电子信箱。

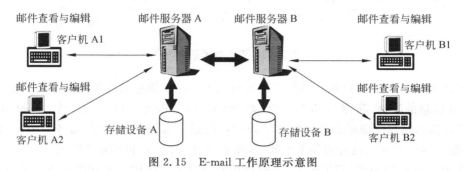

图 2.15　E-mail 工作原理示意图

2.3　Web 基础知识

Web 是一种把所有 Internet 现有资源全部连接起来,采用图形界面,融网络技术、超文本技术以及多媒体技术为一体的信息服务系统。Web 允许用户通过跳转或"超级链接"从某一页跳到其他页。若把 Web 看作是一个巨大的图书馆,Web 结点就像一本本的书,而 Web 页好比书中特定的页面,页面中可以包含新闻、图像、动画、声音、3D 世界以及其他任何信息,而且能存放在全球任何地方的计算机上。

由于 Web 具有良好的易用性和通用性,使得非专业的用户也能非常熟练地使用它。另外,它制定了一套标准的、易为人们掌握的超文本标记语言 HTML、信息资源的统一定位格式 URL 和超文本传输协议 HTTP。所以说,Web 是建立在客户机/服务器模型之上,以 HTML 语言和 HTTP 协议为基础,能够提供面向各种 Internet 服务的、一致的用户界面的信息浏览系统。

本节主要讲解 Web 的技术基础、HTTP 协议和 HTML 网页和网站中的有关概念,HTML 网页制作的有关技术,参见第 4 章,HTML 语言参见第 5 章。

2.3.1　Web 技术基础

Web 是 Internet 提供的一种服务,其内容保存在 Web 服务器中,用户通过浏览器来访问,这种结构人们称为浏览器/服务器(Browse/Server)模式。

Web 服务器向浏览器提供服务的过程是,由客户浏览器向 Web 服务器发出 HTTP 请求,Web 服务器接到请求后,进行相应处理,并将处理结果以 HTML 文件的形式返回到浏览器,客户浏览器对其进行解释并显示给用户。

通常,Web 服务器需要查询与编辑数据库服务器上的信息。数据库的有关知识,请参见 2.4 节和第 6 章。

Web 服务器要与数据库服务器进行交互,必须通过中间件方能实现,其工作原理及交互过程参见图 2.16。

图 2.16 Web 技术结构图

图 2.14 中,Web 客户机指的是客户端浏览 Internet 信息的主机,而在客户机上显示 Internet 信息的软件,简称 Web 浏览器,如 Internet Explorer、Netscape 等。Web 服务器指的是计算机信息资源的存放主机。中间件指的是可以调用的 Web 服务器中的数据库数据、超文本内容和其他应用程序的软件,如 CGI、JSP、ASP 和 WebAPI 等。

Web 以其使用简便、费用低廉、可跨越所有平台等突出优点而获得了飞速发展,并迅速进入商业领域。同时,它所覆盖的技术领域和层次也在不断深化,Web 系统设计技术的发展也日新月异。现阶段,Web 系统设计的基本技术主要有以下几种。

(1) 服务器技术 服务器技术主要是 Web 服务器建构的基本技术,包括服务器策略与结构的设计、服务器软硬件的选择以及相关应用服务器的建构技术。

(2) HTML 技术 HTML(Hyper Text Markup Language,超文本标记语言)是 Web 页面设计语言,是 Web 的基础,相关知识请参见第 4 章和第 5 章。

(3) 动态网页技术 这是近年来发展最为迅速的重要的 Web 设计技术,包括 CGI 技术、Java 技术、JavaScript 技术、VBScript 技术、ASP 技术、JSP 技术等,相关知识请参见 2.5 节、第 7 章和第 8 章。这些技术的出现极大地丰富了 Web 实现的功能,推动了 Web 的商务应用。

(4) VRML 技术 Web 已经由静态步入动态,由二维走向三维。VRML(Virtual Reality Modeling Language,虚拟现实建模语言)的出现丰富了网上多媒体信息的内容,将用户带入一个拟实世界。许多电子商务系统已经开始采用虚拟现实技术在网上展示商品的形态、房屋的结构、酒店的装饰、展馆的布置等,收到了很好的效果。

尽管 Web 创造了奇迹,但仍然有很多不足,有待进一步发展。例如,从电子商务的角度看,当前的 Web 存在着浏览器功能薄弱、交互式应用支持比较困难、搜索引擎不能令人满意、数据库操作能力不强、安全技术仍不够成熟等问题。

2.3.2 HTTP 协议

HTTP 是一个用于超文本的通信协议,属于 TCP/IP 协议集中的一个成员(应用层协议)。它支持浏览器和服务器之间的通信,以利于相互传送数据。一次 HTTP 操作称为一个事务,它由以下 4 步组成:

- 浏览器与服务器建立连接;

- 浏览器向服务器提出请求；
- 若请求被接收，则服务器返回所请求的信息（包括状态码和所需要的文件）；
- 浏览器与服务器断开连接。

HTTP 的工作过程如下：Web 服务器上有一个服务器进程来监听 TCP 端口（默认为 80），以便同前来建立连接的浏览器客户取得联系。连接建立后，客户发送一个请求，服务器返回一个响应，然后就释放连接。

HTTP 是基于文本的简单协议，没有采用隐式编码，具有很好的可读性，但存在安全性方面的问题。HTTP 的另一个重要特征是采用无状态机制。HTTP 采用 TCP 连接，该连接仅在此次事务中保持，浏览器和服务器都不会记忆上次的连接状态。访问 Web 站点时，浏览器与服务器之间建立连接，以便将服务器上的 HTML 文件下载到浏览器上。浏览器收到文件后，立即断开此次连接。如果浏览器发现还需要某些文件（HTML 文档上常常包含图形、声音等文件）时，必须重新建立连接。

HTTP 采用无状态机制是为了提高服务器的工作效率，其缺点是协议对事务处理没有记忆能力，若后续事务处理需要前面处理的有关信息，则这些信息必须在协议外面保存。

注意：通常 index.html 文档中会包含一些图像、声音等文件，对于页面中的每一个文件，浏览器都必须与相关服务器建立一次 TCP 连接，获取文件然后释放连接。当这样的文件比较多时，HTTP 协议的效率问题就显得突出了，因此在设计制作网页时，不要在同一页面上放置过多的图像。

2.3.3 HTML 网页与网站

在 Web 系统中，设计 HTML 语言的目的是为了能把存放在一台计算机中的文本或图形与另一台计算机中的文本或图形方便地联系在一起，形成有机的整体，而人们不用去考虑具体信息是在当前计算机上还是在网络的其他计算机上。这样，只要使用鼠标在某一文档中单击一个图标，Internet 就会马上转到与此图标相关的内容上去，而这些信息可存放在网络的另一台计算机中。用 HTML 格式书写的文件，不论在何种平台上，Web 服务器都会正确地告诉 Web 浏览器如何显示信息，如何进行链接。

在 Web 系统的设计与使用过程中，需要建立与开发网站，而网站是由网页构成的，网页上包括有超文本，使用时需要用到超文本链接技术。

1. 基本概念

（1）超文本（Hyper Text）　超文本是一种特殊的文本，与一般文本不同之处在于用户阅读超文本时，可以按非线性的方式，在不同的文本之间随机地转来转去，随心所欲地进行阅读。例如，当用户在阅读一份超文本时，若需要查看文本中的有关图片，则直接单击该图片名称就可获得，而这些图片可能放在不同的文本中，也可能放在地理位置很远的另一台计算机中。

（2）超文本链接　HTML 文档中包含有特殊的标记，它使得该文档元素能指向其他 HTML 文档或其他某个图片、某个站点等，这一现象称为超文本链接。通过超文本链接技术,用户不必知道网络的任何知识,就能随心所欲地在 Internet 上冲浪。

2. 静态网页与动态网页

HTML 是一种语言,但并不是"程序"语言,它所定义的范围仅局限于表现文字、图片以及建立文件之间的链接。由纯 HTML 所构成的网页不会按某种控制流程而使显示的结果产生变化,所以又称静态网页。

为了让网页具备动态变化的能力,浏览器和 Web 服务器制造厂商竞相研制相关技术,推出了许多产品,支持动态网页设计技术,即允许将程序(如 VBScript、JavaScript 等)嵌入到纯 HTML 文件中,其有代表性的是 ASP、JSP、PHP 等。

动态网页中的程序分为 Web 服务器端执行和客户浏览器端执行两种。Web 服务器在解释网页过程中,如果判断出程序是定义在服务器上执行的,则 Web 服务器解释执行嵌入的程序段,并将执行结果下传给浏览器;如果 Web 服务器判断出程序是定义在客户浏览器上执行的,则直接把嵌入的程序代码下传给浏览器,由浏览器解释执行。

HTML 网页的编辑制作工具有很多种,如 FrontPage、Dreamweaver 等,只要使用自己最熟悉的网页制作工具就可以轻松制作出不错的网页来。但是对于高级网页设计人员来说,需要学习和了解 HTML 的语法,在设计动态网页过程中,往往要用到 HTML 语法。例如,第 8 章讲解的动态访问数据库,就需要把利用 ASP 技术从数据库中读取的数据,用 HTML 显示在用户的浏览器上。

3. 主页(home page)

主页通常是用户使用 Web 浏览器访问 Internet 上任何一个 Web 服务器时,看到的第一个页面,用户可通过主页访问有关的信息资源,并可下载有关的内容。

4. 电子商务网站

在 Internet 中引入电子商务的概念,不仅使网站成为企业的代言人,超越地域、时间、空间的限制,忠实地向世界各地介绍企业的产品、企业的服务和企业的文化,而且能够给企业带来实实在在的经济效益,使网站成为永远不会关门的商店,每天 24 小时迎候往来的客户,为他们提供实体商店中的商业服务。

电子商务网站,可以从多个角度进行分类。

(1) 从技术角度,可分为静态网站和动态网站。静态网站是电子商务网站建设初期经常采用的一种形式,网站建设者把内容设计成静态网页,访问者只能被动地浏览网站建设者提供的网页内容。动态网站综合利用静态网页、中间件和数据库技术,实现网站与用户之间的交互操作。根据用户的不同要求,网站能够提供不同的信息,使访问者与网站之间能够进行信息交流。

(2) 从商业角度,可分为商业网站、门户网站和宣传网站。商业网站是从事商业活动,主要以销售商品为手段的营利型网站。世界最著名的商业网站是美国的亚马逊书店(http://www.amazon.com),它的崛起给电子商务树立了榜样,使商业网站大量涌现。北京零售业中最早出现的商业网站是北京城乡华懋网上商场。

门户网站是以向大众提供信息服务为主要功能,以提高访问率和站点知名度,并以广告收入作为赢利主体的站点,如雅虎(http://www.yahoo.com)。国内知名的门户站点有搜狐网站(http://www.sohu.com)、百度网站(http://www.baidu.com)等。

宣传网站是在 Internet 上树立企业形象，以宣传为目的的网站，企业在网站上不进行商业活动。如德国最大的软件供应商 SAP 公司的网站(http://www.sap.com)就是宣传网站。

上述 3 类网站一般都属于动态网站。

5. 统一资源定位器(URL)

统一资源定位器(Uniform Resource Locator,URL)是定位 Internet 上信息的一种方式，它使用一个短的字符串来标识某一特定资源的所在，是一种访问 Internet 资源的方法。这种方式简洁明了，能准确地描述信息所在的位置。

URL 主要用在各种 Web 客户程序和服务程序上，当用户选中某信息资源时，客户/服务程序自动查找该资源所在的服务器地址，一旦找到，即将资源调出，供用户浏览。Web 浏览器使用 URL，与 Web 服务器进行连接。服务器上的每一个 Web 网站和一个 Web 网站的每一个 Web 页面都必须有一个不同的 URL。

URL 的一般语法格式为：protocol://host:port/path。各部分含义如下。

(1) protocol　它表明 TCP/IP 的具体协议，如"http://"表示 WWW 服务，"ftp://"表示 FTP 服务，"telnet://"表示 Telnet 服务，"gopher://"表示 gopher 服务，"news://"表示新闻组(newsgroup)等。

(2) host　是主机号，用于标识在 Internet 上注册地址的主机。

(3) port　该部分可选。对某些资源来说，需给出相应的服务器提供的端口号。默认情况下，WWW 服务的端口是 80，FTP 服务的端口是 21。

(4) path　该部分可选，它指明服务器上某资源的位置，通常由目录/子目录/文件名这样的结构组成。

例如，若使用 HTTP 协议的 URL 格式为 http://www.blcu.edu.cn/index.html，其意义是为用户连接到名为 www.blcu.edu.cn 的主机上，采用 HTTP 方式读取名为 index.html 的超文本文件的内容。

若使用 FTP 协议的 URL 格式为 ftp://ftp.pku.edu.cn/pub/dos/readme.txt，其意义表示用户要通过 FTP 连接来获得一个名为 readme.txt 的文本文件。

2.4　Web 与数据库

人们使用计算机的主要目的就是利用它的数据处理能力。现实生活中，往往有庞大的数据需要借助计算机系统进行运算和处理。在数据处理过程中，数据的管理是一个关键问题，它涉及数据的分类、组织、编码、存储、检索和维护等。

几十年来，数据管理随着计算机软硬件技术的飞速发展而得到不断发展，经历了手工管理阶段、文件系统阶段、数据库系统阶段和数据仓库阶段。数据库技术正是数据处理技术发展比较成熟后的产物，顺应人们对合理管理及共享工作中日益增多的数据的迫切要求。

Web 系统中有海量数据需要管理,数据库技术是其重要的支撑技术之一。下面从数据模型的概念、关系数据库的特点、数据查询语言 SQL,以及 Web 与数据库的关系,来简述 Web 系统中数据库技术的基础知识。

1. 数据模型

数据模型是数据库系统中用于提供信息表示和操作手段的形式构架,它由数据结构、数据操作和数据的约束条件三部分组成。其中数据结构包括了数据对象及其相互关系;数据操作主要指对数据的检索和更新;数据的约束条件是完整性规则的集合,即在给定的数据模型中数据及其联系所具有的制约和依存规则。

在数据库系统中,主要的数据模型有层次模型(Hierarchical Model)、网状模型(Network Model)和关系模型(Relation Model)。其中,应用最为广泛和最为重要的当属关系模型。

关系模型概念简单、清晰易懂,可以理解为一张二维表,表格中的每一行代表一个实体,称为记录,规定不能出现相同的记录;每一列代表实体的一个属性,它是同性质的,称为数据项,规定属性之间不能重名。记录的集合称为关系。在关系中数据项不可再分,即不可表中套表;关系中列的顺序不重要;每个关系都有一个主键,它能唯一地标识关系中的一个记录。

2. 关系数据库

关系数据库是以关系模型为基础的数据库。如前所述,关系模型由数据结构、关系操作集合和关系的完整性三部分组成。在关系模型中,无论是实体还是实体之间的联系均由单一的结构类型即关系来表示。

关系操作是指关系代数中并、交、差、选择、投影、连接等。关系操作方式的特点是集合操作,即操作的对象和结果都是集合,以一次一个集合的方式,而不是一次一条记录的方式。

关系的完整性包括实体完整性、参照完整性和用户自己定义的完整性,实体完整性保证数据库中记录的唯一性,每个记录的主键不能为空值也不能与其他记录的主键相同。参照完整性保证表与表之间语义上的完整性,当一个表引用在另一个表中定义的实体时,要保证这个实体的有效性。用户自己定义的完整性反映了用户的要求,是用户自行定义的。

关系模型诞生以后,很快就成为深受用户欢迎的数据模型,目前市面上最为流行的数据库系统,如 Oracle、Sybase、SQL Server、MySQL、Access 等均为关系数据库。

3. 结构化查询语言 SQL

结构化查询语言(Structured Query Language,SQL)由美国国家标准局(ASNI)和国际标准化组织(ISO)先后批准为关系数据库语言的美国及国际标准,并最终成为了现在关系数据库的标准语言。由于关系数据库均支持标准 SQL 语句,不论是大型的 Oracle 和 Sybase 等,还是小型的 Access、FoxPro 等关系数据库产品,人们都可以使用标准 SQL 语句完成对数据库的操作,从而减少开发和使用的负担。

SQL 语言有两种使用方法,一种是在数据库管理平台上执行,另一种是将 SQL 语句嵌入某种高级语言(详见第 6 章和第 8 章),这种方式下使用的 SQL 称为嵌入式 SQL(Embedded SQL)。许多流行的编程工具都支持嵌入式 SQL 语句。

SQL 语言的两种使用方法在语法结构上是统一的,在程序设计工作中还可以利用控件来操作数据库。控件,也即对象,一般是由第三方设计者提供的,针对某一特定功能编写的程序集并封装成公共模块,同时提供调用命令和接口参数,供用户使用。例如,在 VBScript(详见第 7 章)中使用 ADO 对象来操作数据库中的数据(详见第 8 章)。使用时,只要把连接参数和命令传递给 ADO 对象即可。实际上 ADO 对象是按照第二种方法使用 SQL 语句的。

SQL 语句具有使用方式灵活、简单易学、高度非过程化等突出优点。用户使用 SQL,只需要定义好语句内容,不用去理解实现的细节,复杂的过程均由系统自动完成。

4. Web 与数据库

电子商务是以计算机技术和网络技术替代传统方式进行的生产经营活动,所以它离不开数据库技术的支持。数据库技术在电子商务中的作用主要表现在下述几方面。

(1) 存储和管理各种商务数据　这是利用数据库集中管理数据的基本功能,电子商务过程中产生的客户信息、商品信息、订单信息、成交记录等大量数据需要借助数据库系统来管理。

(2) 基于数据库的商务应用系统　在数据库结构设计的基础上,围绕数据库中的商业数据,可以设计许多具体的电子商务系统,如网上购物、拍卖、招标等 B2C、B2B 形式的应用系统。

(3) 决策支持　随着分布式数据处理、数据仓库和数据挖掘技术的产生和发展,企业可以利用 Internet 更加广泛地收集客户资料和挖掘商务信息,可以科学地对数据库或数据仓库中海量的商务数据进行组织、分析和统计,从而更好地服务于企业的决策。例如,利用客户在数据库中的购物记录,建立企业的客户关系管理系统(Customer Relationship Management,CRM),可以作为商场组织进货的依据。

数据库技术是电子商务的一项支撑技术,在电子商务的建设中占有重要的地位。

通常,对数据库的操作有两种实现方式,一种是通过数据库自身提供的专用驱动接口,另一种则是通过公用数据操作接口。一般地,在管理信息系统(Management Information Systems,MIS)等类的客户/服务器模式的应用系统中,可以通过各个数据库产品自身提供的专用驱动接口操作数据库,以获取最高的执行性能。但在 Web 系统中,采用的是浏览器/服务器模式,其应用环境难以提供对各个数据库专用接口的支持,所以对数据库的访问大多数是通过 ODBC(Open Database Connectivity,开放数据连接)通用接口进行的。

微软环境下的 Web 系统,是在 ASP、JSP 代码中调用 ADO 对象实现数据的存取,ADO 实际上封装进了 ODBC API 函数,通过 ODBC 操作数据库(详见第 8 章);UNIX 或 Linux 系统下的 Web 应用中,可以在 JDBC 的辅助下采用 JDBC-ODBC 桥接方式,通过 ODBC 访问数据库。

2.5　Web 应用系统开发的主流技术

Web 应用系统是由一系列网页及相关的网页素材,通过有机地组合而成的。客户浏览器端的标记语言 HTML,是构成网页的最基本的元素,已成为一种广泛接受的格式。

HTML是一种标记语言，并不是一种程序语言，其所定义的范围仅局限于如何表现文字、图片以及如何建立文件之间的链接。因此由 HTML 构成的语言不会因时、因地、因机等产生变化。

纯粹由 HTML 构成的网页为静态网页。若需要产生动态网页，则需要编写程序。程序的可执行端分为客户浏览器端和 Web 服务器端两种。如果程序在浏览器端执行，则服务器必须把程序代码传下来，同时浏览器也要能够执行服务器传下来的程序。

客户端程序设计技术包括 Java Script 和 VBScript，还有嵌入式的软件组件（plugins），如 Java Applet、Java Beans 和 ActiveX Controls 等，这些技术都极大地改善了用户界面。

但是客户端的设计技术受到安全性、功能限制等问题的制约，作为整个动态网站来说是不够的。于是，出现了一些服务器端动态网页技术，如 CGI、JSP、ASP 和 PHP 等。下面对这 4 种技术作一简单介绍和比较。

1. CGI

CGI（Common Gateway Interface，公共网关接口），是专门为 Web 服务器定义的一种外部应用程序交互、共享信息的标准。

CGI 的工作原理是：用户在客户浏览器端请求激活服务器端的一个 CGI 程序；CGI 程序将交互网页中用户输入的信息提取出来，传给外部应用程序（如数据库查询程序），并启动外部应用程序；外部应用程序的处理结果，通过 CGI 程序传给 Web 服务器；Web 服务器以 HTML 形式传给客户浏览器，并结束 CGI 进程。

CGI 程序可用多种语言编程实现，例如 C++、Perl、VB 等，CGI 程序一般将编译好的可执行程序放在一个目录下。调用 CGI 程序的方式有两种，一是通过交互式网页进行调用，用户在网页上填入一些信息后，单击"确认"或"提交"按钮，就可以启动或调用服务器端的 CGI 程序了；二是用户在浏览器的 URL 地址栏下直接调用 CGI 程序，如输入 http://www.tsinghua.edu.cn/cgi-bin/stsrty.cgi，就可直接调用服务器中的 CGI 程序了。

虽然 CGI 能很好地实现浏览器和服务器的动态交互，但有如下两个致命缺点。

（1）对每个请求，CGI 都会产生一个新的进程，同一时刻发出的请求越多，服务器产生的进程就越多，耗费掉的系统资源也越多，这样在用户访问的高峰期，网站就会表现出响应时间长、处理缓慢等情况，严重时会导致整个网站崩溃。

（2）创建和修改 CGI 程序相当困难，这是因为 CGI 程序没有被集成到 HTML 中，而是需要专门的语言（如 Perl 和 C）来编制。对于大多数网页开发人员来讲，要掌握和精通这些语言要花很长的时间。

2. ASP

ASP（Active Server Pages）是 CGI 的改进版，与 CGI 程序一样是在服务器端执行的。ASP 是 Microsoft 公司推出的 IIS（Internet Information Service，Internet 信息服务）的一个组件，也是新一代动态网页开发方案。利用 ASP 可以开发动态、交互、高性能的 Web 服务器端的应用程序，并且能够实现复杂的 Web 应用。

ASP 由于其简单、易学、实用等方面的原因，受到广大技术人员的欢迎，再加上

Microsoft 公司的强有力地支持，目前已经成为中小型电子商务网站设计中最为流行的语言。另外，借助 Microsoft 公司的 COM+等新技术，ASP 几乎可以实现在客户/服务器模式下能够实现的全部功能，从而体现出相当的竞争力。具体来说，ASP 技术有如下优点。

（1）简单易学　ASP 以 VBScript 为脚本语言，有最广泛的开发基础。

（2）安装使用方便　通常在 Windows 操作系统下，配置好 IIS 后，ASP 就可以使用了。

（3）开发工具强大且多样　编写 ASP 程序，既可用任何文本编辑器（如"记事本"），也可用专用的 ASP 开发工具，如 FrontPage、Dreamweaver、Visual InterDev 6 等。

（4）对计算机条件要求不高　ASP 在安装有 Windows 系统的 PC 或服务器上均能运行，并且能体现出较高的运行效率，符合广大中小企业的需求。

ASP 的缺点如下。

（1）安全性和健壮性方面存在不足　由于与 Windows 操作系统捆绑应用，深受 Windows 系统存在的漏洞或缺陷所影响，在安全性、稳定性等方面的问题较为突出。用户必须随时注意 Microsoft 公司发布的补丁程序，及时更新系统。

（2）处理能力受制约　ASP 是一种 Script 语言，由服务器解释执行，除了大量使用组件外，没有很好的办法提高其工作效率。

（3）系统移植性较差　ASP 目前几乎只能运行在 Microsoft 的平台上，无法实现跨操作系统的应用。

不过，借助第三方服务器扩展组件，ASP 也可以运行在 UNIX 或 Linux 等操作系统上。

ASP 的上述特点表明它的适用对象是熟悉 Microsoft 架构的技术人员和系统管理人员。对于一些希望用简单而且快速的方式完成设计的电子商务项目，适合采用 ASP 技术。

ASP 常用的开发工具可以从 Visual InterDev、Dreamweaver、FrontPage 等流行设计工具中，根据项目的实际情况进行选择，开发环境则可以选择 Windows 操作系统，其 IIS 作为 Web 服务器，数据库选 Microsoft Access 或 Microsoft SQL Server 比较理想。

3. PHP

PHP(Personal Home Page)最初是为了实现在多种操作系统下迅速设计一个小型 Web 应用而诞生的。它是一种跨平台的服务器端的嵌入式脚本语言，它大量地借用 C、Java 和 Perl 语言的语法，并结合 PHP 自己的特性，使 Web 开发者能够快速地写出动态页面。它支持目前绝大多数数据库。

PHP 是完全免费的，用户可以自由下载，甚至可以不受限制地获得源代码，从而加进用户自己需要的特色。它的优点是易于学习、跨平台、有良好的数据库交互能力，有良好的安全性；其缺点是数据库访问接口不统一、安装复杂、缺少企业级的技术、缺少正规的商业支持，商品化应用方面存在不足。

4. JSP

JSP(Java Server Pages)是由 Sun Microsystems 公司倡导、许多公司参与一起建立的一种动态网页技术标准，它在动态网页的建设中有其强大而特别的功能，它主要用于创建可支持跨平台及跨 Web 服务器的动态网页。

ASP 和 JSP 在技术方面有许多相似之处：两者都是为基于 Web 应用实现动态交互网页制作所提供的技术环境，都能够替代 CGI，使网站系统设计变得简便与快捷。但是它们之间也存在着本质的不同：两者来源于不同的技术规范组织，其实现的基础(Web 服务器平台)也不同。JSP 技术基于的平台和服务器相互独立，其支持来自广泛的、专业的各种工具包、服务器的组件和数据库产品。相比之下，ASP 技术主要依赖 Microsoft 的技术支持。

总的来说，JSP 是在 ASP 之后定义的，它借用了 ASP 的许多优点。同时 JSP 使用灵活而强大的 Java 语言，而不是运行效率偏低的 Scripting 语言。ASP 开发者只能使用基于 Windows 平台的技术，而 Java 和 JSP 是跨平台的。但与 VBScript 语言比较，Java 是一个开发效率不太高的语言。所以，本书以讲解 Microsoft 的 ASP 动态网页技术和 Access 数据库管理系统为主。

2.6 本章小结

电子商务的发展离不开网络基础设施的建设。Internet 是一个全球性的互联网络，商家可以方便地与贸易伙伴、雇员、客户传递商业信息和文件，增加商业机会。

计算机网络就是将在地理上分散的、具有独立功能的多台计算机通过通信线路和通信设备互相连接起来，在通信协议和网络软件的支持下实现彼此之间的数据通信和资源共享的系统。它从结构上可分为数据通信系统和数据处理系统。

计算机网络按其地理分布范围，可以分成局域网、广域网和城域网，其基本的拓扑结构包括总线型、星状、环状、树状、网状、无线通信与卫星通信等。

网络中的计算机结点之间交换数据和控制信息时所遵循的规则、约定和标准称为网络协议。网络体系结构指的是网络层次结构模型与各层次协议的集合，如 OSI 网络和 TCP/IP 网络。

Internet 中传输数据是通过包交换技术实现的。IP 协议保证计算机发送和接收分组数据包，TCP 协议解决数据包传输中可能出现的问题。由于 TCP 常与 IP 搭配进行资料传输工作，因此合称为 TCP/IP 协议。

当前 IP 协议有两种版本：IPv4 和 IPv6。IPv4 共有 32 位，分为 4 组，每组 8 位(也即 1B)，IPv4 的每个 IP 地址由网络号和主机号两部分组成，根据网络号中的第一组数字，可将 IPv4 的地址分为 A、B、C 等 3 种基本类型。为解决 IPv4 中 IP 地址的稀缺问题，ISP 采用动态分配 IP 地址的方法，从而将用户的 IP 地址划分为静态 IP 地址和动态 IP 地址。IPv6 的地址是 128 位编码，我国于 1998 年由 CERNET 率先建立了 IPv6 试验床，并获得国际组织认可，于 1999 年开始分配 IPv6 地址。

Internet 域名与 IP 地址相对应。通常用户连接网络并输入想访问主机的域名后，由本地机向域名服务器发出查询指令，域名服务器通过连接在整个域名管理系统中查询对应的 IP 地址。

现在各地的电信部门和 ISP 所提供的 Internet 接入网方式大体分为通过调制解调器

拨号上网、ISDN、ADSL、cable modem、吉比特以太网、通过分组网上网方式、通过帧中继上网、通过 DDN 专线上网和通过微波无线上网等 9 种方式。一般个人可通过调制解调器拨号上网、ISDN、ADSL、cable modem 和微波无线上网，而单位主要选用分组网、帧中继和 DDN 专线等上网方式。

Internet 服务包括两大类，一类称为传统的基本信息应用服务功能，包括 E-mail、Telnet、FTP 等；另一类是查询服务，包括交互式信息服务 Web、电子公告牌 BBS 等。

Web 是 Internet 提供信息服务的一种技术，Web 技术提供了电子商务的应用环境。商务企业将信息由浏览器向 Web 服务器发出 HTTP 请求，Web 服务器接到请求后，进行相应处理，将处理结果以 HTML 文件的形式返回给浏览器，客户浏览器进行解释并显示给用户。

Web 系统中有海量数据需要管理，数据库技术是其重要的支撑技术之一。另外，动态网页开发技术也是其主要的支撑技术。对于中小企业的 Web 网站，一般采用 ASP＋Access 或 SQL Server 技术。

思考与练习 2

1. 思考题

(1) 计算机网络的基本结构中包括哪两大部分？
(2) 什么是网络的拓扑结构？试列举出 3 种以上的网络拓扑结构。
(3) 试比较环状拓扑结构与星状拓扑结构的优缺点。
(4) 试比较网桥、网关和路由器的异同点。
(5) 什么是包交换技术？
(6) 请解释 TCP/IP 协议和 HTTP 协议。
(7) 静态网页与动态网页的区别是什么？含有动画的网页一定是动态网页吗？
(8) 请说明网页、主页与网站这三者之间的关系。

2. 选择题

(1) 下列 IP 地址属于 B 类的是(　　)。
  A. 126.121.25.10   B. 140.117.11.2
  C. 202.120.10.245   D. 193.95.192.1
(2) 国际性政府组织顶级域名为(　　)。
  A. .int   B. .org   C. .net   D. .com
(3) 在全世界范围内，域名呈现(　　)结构。
  A. 网状   B. 星状   C. 树状   D. 无规则
(4) 下面的选项中，不属于网络互联设备的是(　　)。
  A. 集线器   B. 路由器   C. 交换机   D. 卫星
(5) 下列说法中正确的是(　　)。
  A. 静态网页是用户使用浏览器访问 Internet 上 WWW 服务器时所看到的第一个页面
  B. IP 协议又称互联网协议，提供点对点连接的完善功能
  C. URL 完整地描述了 Internet 上超文本链接的地址
  D. TCP 是传输控制协议，它规定一种可靠的数据信息传递服务

(6) 下列关于 IP 地址的说法中,错误的是(　　)。
 A. 在 TCP/IP 网络中,每一台主机必须有一个唯一的 IP 地址
 B. TCP/IP 根据网络规模的大小将 IP 地址分为 3 类
 C. 195.141.15.163 是一个 B 类地址
 D. TCP/IP 协议规定,每个 IP 地址由网络号和主机号两部分组成

3. 填空题
(1) 目前在 WWW 中应用最广的协议是_____协议。
(2) 网络上的主机名既可以用它的域名来表示,也可以用它的_____来表示。
(3) 通用顶级域名中,.gov 是_____部门的域名。
(4) 用户通常通过 WWW 服务器网站的_____进入该网站,访问有关信息资源。
(5) 从技术的角度,电子商务网站可分为静态网站和_____。
(6) 在 http://www.blcu.edu.cn 中,http 表示遵守 HTTP 文本传输协议,WWW 表示 WWW 服务器,blcu 表示北京语言大学,edu 表示_____机构,cn 表示_____。

4. 上机练习题
(1) IE 设置。
- 将 IE 的主页设置为空白页,清空 Internet 临时文件夹,并将 Internet 临时文件夹的可使用磁盘空间改为 200MB。
- 清除 IE 中的历史记录,并把网页在历史记录中保留的天数改为 10 天。
- 设置 www.263.net 为可信站点。

(2) 在 mail.126.com 网站上申请一个免费邮箱,并完成个人签名设置。
(3) 通过搜索引擎,了解中小企业开展电子商务的现状及其常用的技术。

实践环节——企业调查

【目标】 调查本地一个还没有开展电子商务的中小型企业的主要业务流程,或某一个部门的业务流程,分析这些流程,哪些环节适合首先采用电子商务技术来进行改造,并说明理由。

【思路】 电子商务学习的重要目标之一是使用现代信息技术改造传统企业的业务流程和操作方式,给企业带来竞争的优势和利润。这就首先需要对原有企业的业务流程进行分析。

【步骤】
步骤 1:在本地选择并调查一个规模不大的企业。
步骤 2:以小组为单位调查该企业的业务流程。
步骤 3:分析业务流程。
步骤 4:找出最适于使用电子商务技术的业务环节。
步骤 5:和企业的管理人员进行讨论。
步骤 6:写出调研和分析报告。
步骤 7:各小组进行交流。

【归纳】 在调研和讨论的基础上对企业如何开展电子商务的问题进行归纳。
【实验环境】 连网的计算机。

第3章 电子商务网站建立

Internet 的发展,刺激了企业对电子商务的需求。企业开展电子商务,可以实现企业的广告宣传、咨询洽谈、网上订购、网上支付、交易管理等各项商务活动,以及良好的交互管理的网络环境和多种多样的应用服务系统。

目前企业开展电子商务的技术手段,一般是在 Internet 网络上,依托 Web 技术建设自己的电子商务网站。本章主要介绍电子商务网站建设的一般步骤、网站系统的运行平台以及网站开发的方法和原则。

3.1 概　　述

企业的电子商务,主要指利用 Internet 网络实现销售、服务手段的创新,开展 B2B 或 B2C 形式的商务活动,为客户提供产品销售或信息增值服务。若不特殊指明,本书中的"电子商务",是指 B2B 或 B2C 类的企业电子商务。

企业的电子商务网站,是指可供网民访问的企业电子商务应用系统(以下简称电子商务系统),它是企业在 Internet 上建立的门户网站。

3.1.1 电子商务网站的构成

电子商务网站系统的功能可分为前台和后台,前台接受客户的浏览、登记和注册,记录下客户的有关资料,后台进行商品资料和客户资料的管理。通常,电子商务网站由以下 3 部分组成。

(1) 网站域名　在 Internet 上,域名具有唯一性。企业只有有了自己的域名,才能让客户访问到自己。

(2) 网站运行平台　存放各类与电子商务网站有关的信息和数据的计算机、服务器等硬件设备。

(3) 电子商务系统　它是在计算机硬软件的支持下,由用户(包括前台用户和后台用户)、网页、数据库和数据库管理系统(例如 Access)组成的人机交互系统。其中,前台用户指的是网站的浏览者,后台用户指的是网站的管理者;网页是实现前台和后台功能的程序文件;数据库中包括客户资料和商品信息;而数据库管理系统是网页和数据库之间的桥梁,网页通过它管理与查询数据库中的数据。

3.1.2 电子商务网站创建流程

一般地,企业创建电子商务网站,需要进行域名申请、确定网站的运行平台、确定电子商务系统的技术方案、规划与实现电子商务系统、网站的发布与推广,以及电子商务系统的更新维护等,其流程如图 3.1 所示。

1. 域名申请

域名是现代企业 Web 策划中重要的组成部分,和企业的名称一样,举足轻重,不容忽视。域名申请是为企业的 Internet 网站申请名字,以利于网民与企业互动。好的域名与企业形象相辅相成,相互辉映。

域名申请与注册的相关内容,详见 3.2 节。

2. 确定网站的运行平台

要使 Internet 上的网民能访问企业的电子商务网站,企业就需要将自己的电子商务系统,放置到网民能够连接到的平台上,这就是电子商务网站的运行平台。

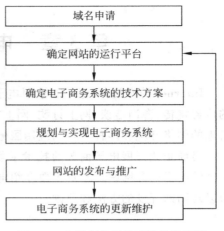

图 3.1 电子商务网站建设的流程图

通常,企业需要根据企业规模、网站预计的访问流量、建站的投资规模及以后网站运营的费用等指标,来选择网站运行平台。目前,常用的网站运行平台有虚拟主机、服务器托管和租用 DDN 专线这 3 种方式。以下仅做简单介绍,3.3 节将进行详细讲解。

(1) 虚拟主机 即通过租用 ISP 硬盘空间来建立自己的 Web 站点。由于 ISP 的一台服务器可能会虚拟出许多主机名称,从而影响对企业网站的访问速度。另外,需要使用数据库的商业网站或其他动态网站也不适合这种方式。

(2) 服务器托管 企业自行购买、配置、安装 Web 服务器后,将其托管在 ISP 等能与 Internet 网络相连的服务提供商处,企业主要通过远程维护的方式管理自己的电子商务系统。

(3) 租用 DDN 专线 企业租用 DDN 专线后,可以把服务器放置在企业内部,可以灵活地建设自己的电子商务系统及其他 Web 应用系统,并且管理和维护最为方便。但其建站费用和运营费用最高。

3. 确定电子商务系统的技术方案

确定电子商务系统的技术方案,需要考虑并确定以下技术因素。

(1) 根据网站的规模和网站的运行平台,选择不同的电子商务系统硬件设备。电子商务系统的硬件主要包括主机服务器(一台或多台运行电子商务系统的计算机)、网络等设备。采用虚拟主机方式时,企业只需要有位于企业内部的测试 Web 服务器,而服务器托管方式,除了需要测试 Web 服务器外,还需要有托管的 Web 服务器,通常这两套服务器的硬件和软件环境是一样的。企业租用 DDN 专线时,通常也需要两套 Web 服务器,只是它们都位于企业内部。

至于网络设备,在采用虚拟主机和服务器托管方式时,企业仅需要能连接上 Internet 网络的设备即可,例如可以利用 Modem、ADSL、ISDN 等网络设备,通过电话线上网,也可以通过使用 Cable Modem 或无线上网卡等网络设备上网。而企业租用 DDN 专线方式,就需要申请 DDN 专线、购买路由器等网络设备。

（2）根据网站的规模和网站的运行平台，选择不同的电子商务系统软件环境。电子商务系统的软件环境包括操作系统、Web服务器软件、数据库和开发工具等。常用的操作系统（包括Windows、Linux和UNIX等）、Web服务器软件与数据库管理系统的组合方案，参见表2.1。

采用虚拟主机方式时，企业需要根据ISP的软件环境，确定自己的软件环境；而采用服务器托管方式和租用DDN专线时，企业可自行确定软件环境。

现在中小企业的动态网站，通常选用运行在Windows和IIS上的ASP开发技术，数据库采用Access或SQL Server。

（3）决定电子商务系统的开发方案，是选购商用软件还是开发电子商务系统。选用商用软件具有周期短、费用低等优点，但其适用性较差，一般需要二次开发以满足企业的特殊需求。另外，选用商用软件还存在运营维护困难、不利于培养企业自己的技术人才等缺点。

开发电子商务系统，可自行开发也可委托开发。自行开发需要企业有相应的系统开发队伍，且周期长，软件的先进性、稳定性，一般不如商用软件和委托开发的软件，但其可维护性较好，而且有利于企业人才的培养。

委托开发，既能保持软件的先进性、稳定性和针对性，又能协助企业培养人才（一般地，企业可抽调技术人员参与系统开发），从而有利于系统的维护，但其费用较高。

（4）确定网站的安全措施，如防止黑客、病毒、商业欺诈等的方案。

4. 规划与实现电子商务系统

企业的电子商务系统规划分为两大部分：企业网上形象识别设计和网站内容结构的整体策划。

网站建设前，需要深入了解和体会企业现状和企业文化，对企业形象做深入分析，并根据网页设计的技术特性，为企业设计出个性鲜明、与传统媒体中的企业形象相匹配的网上形象，使企业传统的形象在网络上得到延伸和渗透。然后结合企业的行业特色和销售方式，对企业网站的架构和内容进行合理的设计和布局，使网站不仅成为企业形象的展示平台，同时也能最大限度地促进企业产品或服务的市场推广。

网站的内容和结构确定下来后，接下来的工作是技术设计与实现，即制作网页和编制程序、实现网站的全部功能。这一部分工作，可以根据技术方案，确定是购买相应的商用软件、由企业的技术部门自行开发完成，还是委托专业公司开发。本章的3.4节详细阐述了委托开发电子商务系统的步骤。

5. 网站的发布与推广

通常，企业在发布网站前，需要在ISP处申请域名解析（即将域名映射成IP地址的转换过程），以使网民可以通过域名，访问到企业的网站。

利用Dreamweaver或其他软件，可将制作完成的网页上传到Web服务器中，从而实现在Internet上发布。但是，网站的建设不是一劳永逸的，企业在不断发展，网站的内容也需要做相应的更新，所以网站信息的发布是一项经常性的工作。

网站发布后，网站推广工作又是一个重要的环节。一个电子商务网站如果不进行推广宣传，一般很难有较大的访问量，这样辛辛苦苦建设的网站便毫无意义。网站的推广一般有以下几种方式：

（1）在各大搜索引擎上注册，让客户可以通过搜索引擎找到企业的网站。

（2）在传统的广告媒体中对网站的内容、网站的地址、网站的优点进行宣传，扩大网站的影响。

（3）在访客量较大的 BBS 上发布广告信息，或开展与企业相关问题的讨论，进一步扩大网站的影响。

（4）通过电子邮件将网站的信息发送给客户和消费者。

（5）通过与其他类似网站建立友情链接，获得双赢。

6. 电子商务系统的更新维护

为保证系统的稳定性，防止黑客和病毒的袭击，企业的网站管理员需要对电子商务系统进行日常维护。如定期对网站的服务器、数据库、网页程序进行测试，对可能出现的故障和问题进行评估，制定出应急方案、解决方法和响应时间，使网站的维护制度化、规范化，从而保持企业对外服务的稳定性，树立良好的企业形象。

另外，电子商务系统更新维护工作还包括对网站内容的管理。及时更新和调整网站对外发布的信息，可以为访问者提供大量有价值的信息，以满足客户的需求，从而提高客户的满意度和忠诚度。

但随着企业的发展和网站技术的更新，在原有的电子商务系统上进行更新和维护将变得越来越复杂，甚至于不可行。这时，企业的网站建设就再一次地进入到网站运行平台的选择、电子商务系统技术方案的选择等步骤。

所以，企业的电子商务网站建设是一个循环的、螺旋式上升的过程。

3.2 域名注册与域名解析

要想在网上建立 Web 服务器发布信息，就必须首先注册自己的域名。只有有了自己的域名才能让别人访问到自己。

由于域名和商标都在各自的范畴内具有唯一性。从企业树立形象的角度看，域名和商标有着潜移默化的联系，它与商标有一定的共同特点。一个著名的域名如同一个著名的品牌、一个著名的商标一样，具有无形资产价值。许多企业在选择域名时，往往希望用和自己企业商标一致的域名。例如 www.microsoft.com 是美国 Microsoft 公司的域名，www.dangdang.com 是中国当当网上书店的域名。确定域名后，企业必须向权威机构申请注册，获得批准后方可使用。

3.2.1 域名申请与注册

注册域名是任何要建立网站的企业必须做的第一步，只有通过注册域名企业才能在互联网上占有一席之地。

1. 域名的管理

为了保证国际互联网络的正常运行和向全体互联网络用户提供服务，国际上设立了国际互联网络信息中心（Internet Network Information Center，InterNIC），为所有互联网络用户服务。由于网络的规模庞大及各国语言的关系,各国纷纷设立自己国家一级的互联网络信息中心,以便为本国的互联网络用户提供更及时和方便的服务。

为了适应我国互联网络的发展,更好地为我国迅速增长的互联网络用户服务,受原国务院信息化工作领导小组办公室的委托,中国科学院在中国科学院计算机网络信息中心组建了中国互联网络信息中心(China Internet Network Information Center,CNNIC),行使国家互联网络信息中心的职责。CNNIC对域名的管理严格遵守《中国互联网络域名管理办法》的规定。

但随着Internet进一步深入到社会、经济、生活等各个领域,域名和商标相比又具有更强的唯一性,因为商标主要在特定的行业内发挥作用,如长城牌的香烟与长城牌的电脑相互影响较小,而域名则跨越了行业和国界。所以没有注册到域名或域名被侵犯,对企业的危害会更为严重。

由于国内很多企业,在早期没有意识到域名的重要性,导致大量的知名企业、驰名商标相关的域名被抢注,造成了很大的负面影响,有些企业不得不高价购回或受制于人。下面是发生在CNNIC的一个真实例子:同样持有Panda(熊猫)注册商标的熊猫电子集团公司和北京日化二厂之间出现过域名注册中的冲突。当时,按照《中国互联网络域名注册暂行管理办法》规定,两家公司都有权以panda为域名注册,但是panda.com.cn只有一个,在域名申请都符合《中国互联网络域名注册暂行管理办法》规定的情况下,CNNIC按照"先来先注册"的原则处理申请。北京日化二厂先申请了panda.com.cn,而熊猫电子集团公司在北京日化二厂已注册成功,并且网站已经开通后,才提交panda.com.cn域名的申请,其结果是熊猫电子集团公司已经无法将panda.com.cn作为自己的域名了。

从上面这个例子不难看出,熊猫电子集团虽然仍旧可以卖他的熊猫牌电器,但是,它恐怕永远也无法让他的用户看到属于他的www.panda.com.cn网站!

2. 域名申请与注册

在我国,2002年12月16日之前,企业需要向CNNIC申请注册域名。现在为方便企业注册域名,各地都出现了域名注册代理机构。根据《中国互联网络域名管理办法》的规定,CNNIC从2002年12月16日起,不再承担域名注册服务机构职责。但登录CNNIC的网站(www.cnnic.net.cn),可以了解有关域名管理和域名注册的法律法规、域名注册代理机构的有关信息,以及现有域名的注册信息。图3.2是CNNIC网站的主页。

现在有许多网站受理"域名"注册业务,图3.3是中国万网(www.net.cn)的"域名注册"栏目的有关信息。域名注册的一般步骤如下:

(1) 查询选择域名;
(2) 用户资料确认;
(3) 购物订单确认;
(4) 域名注册成功。

在中国万网进行域名注册的流程参见图3.4。

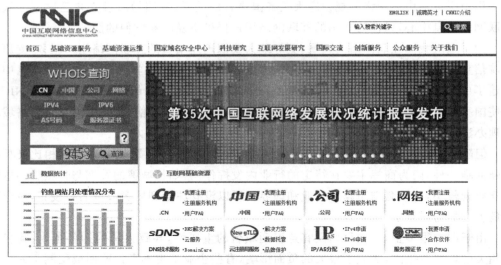

图 3.2　中国互联网络信息中心主页

图 3.3　中国万网的"域名注册"栏目

3.2.2　域名解析

域名注册成功后,需要进行域名解析才能让用户使用。域名解析是将域名映射成 Web 服务器的 IP 地址的转换过程。选择 DDN 专线上网的网站自动获得 IP 地址,选择服务器托管的网站将由托管商(即 ISP)分配 IP 地址。网站 Web 服务器的 IP 地址确定下来后,把 IP 地址和主机名告诉域名管理中心,便可以进行域名解析了。

域名解析费用根据国际、国内的不同类型费用不一样。例如,中国万网的 CN 英文域名(如 www.cnemi.com.cn)注册费用是 100 元/年(含第一年年费),维持(即域名解析)费用 100 元/年(从第二年开始收取,或域名转入时的第一年解析费)。对于一个国

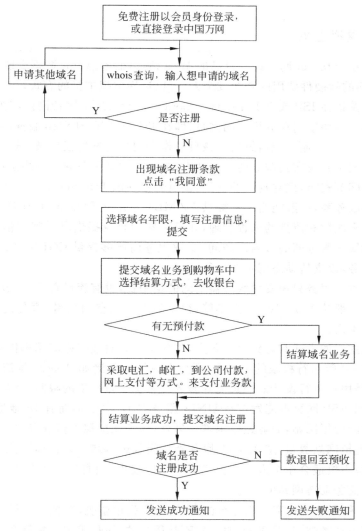

图 3.4 中国万网域名注册流程图

际域名(如 www.cnemi.com),注册费用是 130 元/年(含第一年年费),维持费用为 110 元/年。

随着信息技术的发展,域名维持费用总体上是逐年下降的。

3.3 电子商务系统网络运行平台

企业或用户若仅仅想在 Internet 上浏览信息,而不是发布信息、对外提供信息服务,则不需要建立自己的网站,这时,选择 Modem、ISDN、ADSL 等方式上网即可。对于需要对外发布商业信息的企业,则需要建设自己的网站,并选择接入 Internet 的方式。

将自己的电子商务系统接入 Internet 主要有虚拟主机、服务器托管和租用 DDN 专线等3种方式。

3.3.1 虚拟主机

对于希望在Internet网上拥有自己的Web站点,而不愿支付数据专线通信费用及配置Web服务器的软硬件费用的企业或个人,可以选择虚拟主机的方式。

虚拟主机是指在ISP或ICP(Internet Content Provider,因特网内容提供者)的服务器硬盘上开辟出一块空间存放用户的网页,即在ISP或ICP的Web服务器的根目录下建立用户的私有目录,并通过域名解析把该目录作为用户网站的根目录。这样,用户只需要设计好自己的网页并发布到服务商的网站上,就可以共享服务商的网络出口带宽、网络设备和服务器空间等资源,建立自己的网站,供世界各地的Internet用户访问。

虚拟主机服务商,一般能为用户提供150MB~3GB的硬盘空间,允许企业通过FTP对站点进行不限次数和流量的远程管理,并可免费为企业提供电子邮件信箱。虚拟主机一般是通过附属于服务商的域名来访问,少数服务商能够提供CGI目录、数据库及ASP运行权限等服务,以支持动态网页的运行。

申请虚拟主机服务只需支付服务器空间的租用费,没有流量费用,是成本最低的建网方式。年租费一般从100~10000元不等,视申请的站点空间数量、服务商的网络出口带宽等的不同而不同。

但是虚拟主机的方式有着致命的弱点,首先是难以对数据库应用提供有效的支持,在开通了ASP、CGI等运行权限的主机上,用户也只能运行诸如Access等简单的数据库管理系统;其次是用户自行设计的网页受到服务商系统平台环境的限制,经常遇到不能正常运行的情况,如ASP网页不能发布在UNIX服务器上;由于不拥有IP地址,不能通过独立的域名来访问虚拟网站,商业运作困难。另外,还存在虚拟主机服务提供商为追求经济效益,不控制虚拟网站数量,造成Web服务器访问瓶颈、影响网站访问速度等问题。

所以,虚拟主机适合于个人或企业建立信息量较少、信息管理不复杂的静态网站,不适合用作电子商务动态网站的运行。

现在,ISP和ICP也拓宽了服务范围,允许用户租用整机,即独享主机,其主要特点与"服务器托管"方式类似,只是Web服务器不是用户的,而是租用的托管商的。

3.3.2 服务器托管

服务器托管是指用户将自己的Web Server等服务器设备托放在托管商的机房里,使用托管商提供的IP地址,通过托管商的局域网连上ChinaNet等Internet骨干网。这是托管商针对拥有自己的独立域名和服务器,但没有管理和维护能力或没有租用通信线路的用户所提供的业务。所托管的服务器设备由托管商代为管理和维护,其内容由用户通过远程登录来维护。

托管商一般是各地的数据通信营运部门,他们的网络出口带宽有富余,可以提供给普通用户使用。用户选择服务器托管的目的是共享高速网络传输带宽(如100MB,甚至10GB),花较少的钱提升网站访问速度。由于托管是自行准备服务器设备,用户可以按照需要建设自己的网站,如灵活选用操作系统、数据库系统、动态网页设计技术等,因而适合于中小企业开展电子商务活动。

　　服务器托管的费用要高于虚拟主机服务,但是要低于用户申请使用 DDN 专线的费用。托管商要收取安装调试费、端口费和机位费,具体情况根据网络共享方式、出口带宽和机器尺寸的不同而有很大差异。一般而言,对于 100MB 共享带宽方式,一个标准机位的托管费为 11000 元/年。同时,服务器的外观尺寸也是影响费用的一个因素,托管商一般都是按照标准机架式专用服务器的尺寸来设计机位,每个机位的宽和深度的标准尺寸为 45cm(宽)×51.5cm(深),用户服务器的宽度和深度不得超出这个尺寸。

　　由此可以看出,服务器托管的一个缺点是对服务器尺寸要求严格,一般购买的品牌服务器往往超出了该尺寸,需要付多个机位的费用。很多用户为了降低机位费用,不惜牺牲运行性能,按照机位尺寸组装 PC 充当服务器使用。业务繁忙的商务网站往往需要 3~5 台服务器,费用加起来也不少。

　　与虚拟主机方式相比,服务器托管可以拥有独立的 IP 地址和使用独立的域名。IP 地址由托管商提供,且托管商一般免费为主机托管用户解析一级域名。

　　企业通过服务器托管,可以降低开展电子商务活动的成本,但是在 Web 系统的维护、数据库的管理、数据安全性等方面存在着不便。服务器托管会造成 Web 系统与企业内部信息处理系统的隔离,信息传递和更新不流畅。对于大中型企业来说,这种方式仍然不是开展电子商务的理想形式。

3.3.3　DDN 专线入网

　　企业开展电子商务最理想的接入互联网的方式,是利用 DDN 专线接入 ChinaNet 或其他 Internet 骨干网络。专线入网线路稳定,速度快,管理监控方便,最重要的是可获得真实的 Internet IP 地址,便于企业在互联网上建立网站、树立企业形象、服务广大客户。更进一步,企业可以通过 DDN 专线将内部局域网连入 Internet,提高企业的信息化程度。

　　通过 DDN 专线接入 Internet 网,最常见的做法是企业使用路由器,通过 DDN 专线连入数据局端路由器,从而使企业网站、内部网接入 Internet,享用互联网提供的服务。这种专线接入方式,数据局一般会分配 16 个固定 Internet IP 给用户使用。

　　采用 DDN 专线上网,企业每月需要支付比上述两种方式均贵的通信流量费,但是它克服了由虚拟主机和服务器托管所带来的问题,方便企业对电子商务项目的经营和管理,是大中型企业建立电子商务网站的理想方式。随着通信费用的不断降低,这种方式越来越具有生命力。

　　企业选择 DDN 专线入网,一方面顺利实现了将企业内部网与 Internet 连通,另一方面容易促成企业电子商务系统与传统的 ERP 等信息管理系统的结合,从而全面提高企业的经营管理水平。

　　企业向当地数据通信部门申请开通 DDN 专线时,需要事先准备好的文件和材料依次有:ChinaNet 申请表、数据专线申请表、入网责任书、IP 申请表、公安局备案表、用户网络拓扑图、用户网络用途说明、营业执照复印件(企业单位)、银行委托收款协议书(财务盖章、银行盖章)、线路设备维护协议书(双方盖章)等。

　　办理完 DDN 的申请手续后,用户需要购买路由器或 Cable Modem 等入网设备,每月支付 DDN 月租和 Internet 信息流量费。流量费有计量制和包月制两种，计量制是不分线路速率，根据通信流通量按每 MB 计收，包月制则不论通信流量的多少按固定标准收费。

3.4 电子商务系统开发

如果企业确定电子商务网站实施的技术方案是软件开发而不是购买商用软件,则企业的网站建设就进入了电子商务系统的开发阶段。

3.4.1 开发方法概述

通常,电子商务系统的开发,可以使用系统生命周期法(即瀑布法、结构化生命周期法)、原型法和面向对象的开发方法。

1. 系统生命周期法

系统生命周期法,是指用系统工程的思想和工程化的方法,按照用户至上的原则,自顶向下整体性分析与设计和自底向上逐步实现的系统开发过程。它先把整个系统开发过程划分成若干个相对独立的阶段,如系统规划、系统分析、系统设计、系统实施与系统维护等,再严格规定每个阶段的任务和工作步骤,同时提供便于理解和交流的开发文档。

系统生命周期法强调系统开发过程的整体性和全局性,要求后一阶段工作在前一阶段成果的基础上进行,从而避免开发过程的盲目混乱状态,极大地提高了系统开发的成功率。但它有开发周期长、难以适应迅速变化的环境等缺点。同时,与面向对象的开发方法相比,它要求系统开发者在调查中充分地掌握用户需求、管理状况以及预见可能发生的变化,这有违于人们循序渐进地认识事物的规律性。

必须指出的是,尽管系统生命周期法存在一些缺点,但其严密的理论基础和系统工程方法仍然是系统开发中不可缺少的。随着大量开发工具的引入,开发工作效率大大提高,使得系统生命周期法的生命力越来越强。目前它仍然是一种被广泛采用的系统开发方法,特别是当这种方法与其他方法结合使用时效果更好。

2. 原型法

原型法,是指借助于功能强大的辅助系统开发工具,按照不断寻优的设计思想,通过反复的完善性实验而最终开发出符合用户要求的信息系统的过程和方法。

原型法便于终端用户与系统设计者的信息交流,从而使电子商务系统能更加贴近实际、满足用户的需求,并能在一定程度上降低开发风险及开发成本。但它对开发工具、管理水平要求高,而且不适合于解决复杂系统和大系统的问题。

3. 面向对象的开发方法

面向对象的开发方法,是从面向对象的角度进行系统的分析与设计,它的出发点和所追求的基本目标是使分析、设计和实现一个系统的方法,尽可能接近人们认识一个系统的方法。

从某种意义上讲,面向对象方法比系统生命周期法和其他方法更接近现实世界。但它需要与其他方法,特别是系统生命周期法,综合使用,才能充分发挥其优势。

所以,本节以系统生命周期法为主,来阐述电子商务系统的开发流程,以及在开发过程中应该遵循的原则。

3.4.2 电子商务系统开发流程

企业的电子商务系统,既可以自行设计与开发,也可以委托专业公司设计开发。通常,中小企业更倾向于委托开发。

为便于读者从管理的角度理解与掌握电子商务系统的开发流程,以下从被委托的专业公司的角度,来阐述系统生命周期法在电子商务系统建设项目中的具体应用。

1. 系统立项与需求分析

(1) 系统立项　对于一个技术服务公司,当他接到客户(即企业)的业务咨询或开发意向后,双方即开始不断地接洽和了解。通过基本的可行性论证以后,双方初步达成开发协议,这时就需要将项目正式立项。较好的做法是成立一个专门的项目小组,小组成员包括:项目经理、网页设计、程序员、测试员、编辑及文档等,项目实行项目经理制。

这个过程需要完成的文档是项目的可行性研究报告,参加人员是客户代表、公司的决策层和项目经理。

(2) 需求分析　很多客户对自己的需求并不是很清楚,需要不断地引导和帮助他去分析。需求分析过程中,需要了解客户的业务流程和发展动向,了解客户企业对内和对外的信息传递过程,并综合收集到的材料,仔细分析和挖掘出潜在的、真正的企业对电子商务的需求,最终形成需求说明书。

通常,配合客户写一份详细的、完整的需求说明会花很多时间,但这样做是值得的,而且一定要让客户满意和认可。做好这一点,可以防止很多因为需求不明或理解偏差造成的失误和项目失败。理想的需求说明书应该满足以下几方面的要求。

① 准确性　必须清楚描述需要交付的每个功能。

② 可行性　确保在当前的投资规模、开发能力和系统环境下可以实现每个需求。

③ 必要性　功能是否必须交付,是否可以推迟实现,是否可以在削减开支情况发生时"砍"掉。

④ 简明性　尽量避免使用专业术语,尽可能用非技术性语言描述用户的需求。

⑤ 可测性　系统开发完毕后,客户可以根据需求中的陈述进行验收,做到有据可依。

这个过程需要完成的文档是需求说明书,参加人员是项目经理、负责需求分析的技术人员和客户。

2. 系统总体设计

完成客户的需求说明后,还需要对项目进行总体设计和详细设计,并向客户提交网站建设方案。总体设计是非常关键的一步,在此期间需要确定如下内容。

① 网站需要实现哪些功能。

② 网站开发使用什么软件,需要什么样的硬件环境。

③ 需要多少人、多少时间。

④ 需要遵循的规则和标准有哪些。

通常,完成总体设计的同时,需要提交一份总体设计说明书,它包括以下内容。

① 网站的栏目和版块。

② 网站的链接结构。
③ 网站的功能和相应的程序。
④ 若建立的是动态网站,则需要进行数据库的概念设计。
⑤ 网站的交互性和用户操作界面设计。

在总体设计出来后,一般需要给客户一个网站建设方案。很多网站设计公司在接洽业务之初就被客户要求提供方案。那时的方案一般比较笼统,而且在客户需求不是十分明确的情况下提交方案,往往会和最终确定的结果有很大差异。所以应该尽量取得客户的理解,在明确需求并进行总体设计后再提交网站建设方案,这样才具有可操作性。

网站建设方案一般包括以下几个部分。
① 客户情况分析。
② 网站需要实现的目标。
③ 网站形象策划,包括公司简介、产品介绍和技术状况等。
④ 网站的栏目版块和结构。
⑤ 网站内容的安排,相互链接关系。
⑥ 网站软件环境、硬件设备和开发技术的选型说明,确定服务器、网络设备等硬件设备,网络操作系统、Web 服务器等系统软件以及数据库产品等。
⑦ 开发时间进度表。
⑧ 维护方案。
⑨ 设计及维护费用。

若方案得到客户的认可,就可以开始进行系统的详细设计,以便于制作网站,实现系统的功能。

3. 成本估计与系统定价

如何合理地制定网站设计与开发的价格,是技术服务公司面临的一个主要问题。对于中小企业,价格开得太高,会使他们望而却步,开得太低,又得不到合理的利润。由于行业竞争的无序性,国内技术市场价格比较混乱,有的价格高得离谱,也有的价格低得令人咋舌,曾经有过 2000 元制作整个电子商务网站的事例。

合理的报价应该建立在成本估计的基础上,据此制定系统设计、网站制作等的对外价格。最简单的做法是根据员工工资、各项费用、利润率来计算每工作小时的成本,即总价＝工资＋费用＋利润,下面举例加以说明。

假设某公司软件工程师的月支付工资为 5000 元,管理费用为 5000 元,希望的利润率为 30%,一个月的工作时间为 22×8＝176 小时。根据调查,一般网站设计公司有 20%～40%时间为非工作时间(不妨取 25%作为估算值)。因而,实际工作的时间为：176×(1－25%)＝132 小时。所以,每工作小时的成本是(5000＋5000)×(1＋30%)/132＝98.48 元。

市场上常见的报价方法分三种：计件法、时间法和项目评估法。

(1) 计件法　计件法常用在网页制作的报价方面,指定明确的页面数、图像数、链接数、功能数、栏目数等。这个办法最通用,先确定单价,再按照页面等数目计价。但这个方法执行起来经常出现问题,主要是对一个页面应该包含多少内容双方有争议,页面数目的确定难以统一。

（2）时间法　时间法就是按照每工作小时或每天的工作成本计算。但是这种方法经常会遭到客户的质疑和拒绝，实行起来比较困难。

（3）项目评估法　即将整个项目拆成一个一个小工作，评估工作的技能难度，计算完成时间，再根据每小时成本计价。

4. 系统详细设计

总体设计阶段以比较抽象概括的方式提出了解决问题的办法，详细设计阶段的任务就是把解法具体化，确定应该怎样具体地实现所要求的系统，得出对目标系统的精确描述。

详细设计主要是针对网页开发部分来说的，但这个阶段不是真正制作网页，而是要设计出网页中程序的"蓝图"和详细规格说明，包括网页界面、表单需要的数据等必须要实现的细节功能，以利于网页开发人员可以根据它们写出实际的程序代码。

这个过程需要完成的文档是详细设计说明书，参加人员是系统分析员和技术骨干人员。

5. 网站设计及编程

网站设计与编程的主要工作，包括网站前台和后台网页的设计与开发。

（1）网站的前台设计与开发

① 整体形象设计　在网页开发人员进行详细设计的同时，网页设计师可以开始网站的整体形象设计和首页的设计。整体形象设计包括网站样式设计、LOGO、广告语等。首页设计包括版面、色彩、图像、动态效果、图标等的风格设计，也包括 Banner、菜单、标题、版权等的模块设计。

首页一般设计 1～3 个不同的风格，完成后供客户选择。在客户确定首页风格之后，最好不要再对版面风格做大的变动，否则将影响设计的进度。

② 网页开发与制作　在此阶段，网页开发员和网页设计师同时进入开发与实现阶段。有条件的话，测试人员也可以开始测试网页及脚本程序，发现 Bug 立刻记录并反馈修改，以避免完全制作完毕再测试时造成的时间和精力的浪费。项目经理需要经常了解项目进度，协调和沟通网页开发员与网页设计师的工作。

（2）后台设计与开发　早期的电子商务系统主要通过动态网页实现商务功能，现在的电子商务系统都有后台运算部分，以弥补网页程序功能的不足。大型电子商务系统主要依靠后台软件的强大处理能力，网页只是与广大用户进行输入/输出的交互界面。

一般来说，电子商务系统的后台设计包括如下内容。

① 数据库设计　包括数据库结构的定义，触发器、存储过程等后台程序的设计。

② 服务器应用的组件设计　将业务逻辑设计成组件，利用组件运行性能好、分布式计算能力强的特点，进行复杂商业逻辑计算。

③ 后台管理及维护子系统的设计　可采用 B/S 或 C/S 模式。若采用 B/S 模式，则其功能的设计与开发方法，与前台的相同。

④ 与其他信息处理系统的接口设计　对于开展电子商务的企业来说，电子商务环节是企业生产经营活动的一个环节，需要与其他环节有机地统一起来。电子商务系统需要实现与进销存系统、财务系统等传统计算机管理系统的连接。

6. 测试与完善

在网站设计初步完成后,上传到服务器,就可以开始对网站进行全面的测试。电子商务系统的测试与传统的软件系统的测试有所不同。除了进行功能测试外,还要进行性能方面的测试、安全方面的测试和环境适应性测试等,具体包括执行速度、兼容性、交互性、链接正确性、程序健壮性、超流量测试等,测试时发现问题应及时解决并记录下来。

测试工作开始之初,需要制定一个测试计划,准备好测试大纲和记录表。通常的做法是,用黑盒法(即仅知程序的输入、输出参数)设计基本的测试方案,如等价划分、边界值分析、错误推测法等,再用白盒法(即了解程序设计细节)补充一些方案。

测试完成后,测试小组需要提交测试分析报告。测试过程中记录的文档很重要,它是程序设计人员发现问题的参考,也是评价系统性能的依据。通过不断地发现问题、解决问题、修改和补充设计文档,使系统得以完善,也使系统的开发过程趋向规范、趋向合理。

系统测试工作的参加人员是项目测试小组和用户代表。

在正式的商业运行之前,测试完成的系统还需要经过一个试运行阶段,以便对系统性能作全面考核。在这个阶段中,企业可以着手进行网站的宣传推广工作。与网页设计有关的宣传推广方法,主要有以下几种。

① 网页里设置适当的 META 标签。
② 与同行业电子商务网站进行相互链接,互相宣传。
③ 与其他网站进行广告条交换。

至此,网站项目建设完毕,将有关设计说明书、使用操作说明文档等提交客户验收,并进行下一步的系统维护工作。

7. 系统维护

电子商务网站成功运行后,长期的维护工作就宣告开始,维护工作包括对设计的修正、对系统运行性能的调整和对网站内容的更新等,具体包括如下内容。

① 及时响应客户反馈,即利用系统设计的意见反馈功能,收集客户意见,根据客户的意见决定对系统进行维护的方式。

② 对网站流量统计分析和寻找相应对策,例如当网站访问量大时,可以考虑进一步减少网页中包含的媒体文件的总尺寸,以提高访问速度。

③ 及时调整系统运行参数。根据网络速度和计算速度等实际情况,改变系统超时参数的值,以方便客户的登录和访问数据库。

④ 网站内容的及时更新和维护。网站中的内容,特别是首页内容,需要经常更新,其他栏目的内容也可能需要更新。系统维护中的操作,包括程序更新、设置更改、运行参数改变等,必须详细记录在案。

系统经过一段时间运行后,需要及时整理出系统维护手册,以便规范化、制度化地进行日常管理。

8. 工作流程

本节简要介绍了整个电子商务项目的开发设计过程,现将各个设计阶段的工作内容、参加人员、需要提交的文档,以及它们在时间上的开销,总结在表 3.1 中。

表 3.1 系统开发过程说明

阶段	主要流程	工作内容	参加人员	提交的文档	占用时间量（%）
计划阶段	项目立项	项目的用途定位与商务模式	决策层和客户		1
	可行性研究	技术难易程度，投资规模，前景与效益评估	管理层、项目经理	可行性研究报告、项目开发计划	2
	需求分析	确定系统必须完成的工作，对目标系统提出完整、准确、清晰、具体的要求	项目经理、技术人员、客户	需求说明书	12
	总体设计	进行系统设计，确定系统的具体实现方案；进行结构设计，确定系统的软件结构	项目经理、系统分析员	总体设计说明书	10
	详细设计	确定应该怎样具体地实现所要求的系统，得出对目标系统的精确描述	系统分析员、技术骨干	详细设计说明书、用户操作手册	22
设计阶段	网页制作	网站形象设计、静态网页设计	项目小组	网页制作文档、网页组织文档、文件说明	5
	脚本程序编制	动态网页设计		程序设计报告、程序修改文档、运行环境要求	6
	应用程序编制	数据库应用系统设计、组件设计、接口子系统设计等			12
测试与完善阶段	系统测试	各种类型的测试，并解决出现的问题	测试小组、用户代表	测试计划、测试大纲、测试分析报告	18
	发布试运行	测试系统的综合性能和实际运行状况	项目小组、广大用户	软件运行问题报告	2
	系统维护	使系统满足日常商业运行的需要	维护小组	系统维护手册、系统维护记录	10

3.4.3 网站的结构设计与规范

网站需要由多名设计人员协同工作，最后进行合成。如果毫无规范和约束，这些设计者大多是按照自己的个性进行设计，容易导致结构上的混乱，造成维护上的困难。因此，在网站的整个设计过程中，统一和规范开发人员的设计行为是很有必要的。

1. 网站的目录结构

网站的目录结构是指网站组织和存放站内所有文档的目录设置情况。任何网站都有目录结构，用 FrontPage 建立网站时都默认建立了根目录和 images 子目录，大型网站目录数量多、层次深、关系复杂。网站的目录结构是一个容易忽略的问题，许多网站设计都未经周密规划，随意创建子目录，给日后的维护工作带来不便。目录结构的好坏，对浏览者来说并没有什么太大的感觉，但是对于站点本身的上传维护、内容的扩充和移植有着重要的影响。所以在网站设计中需要合理定义目录结构和组织好所有文档，其相应的技术规范参见本小节后面内容。

2. 网站的链接结构

网站的链接结构是指页面之间相互链接的拓扑结构。它建立在目录结构基础之上，但可以跨越目录。形象地说，每个页面都可以看作一个结点，链接则是在两个结点之间的连线。一个点可以和一个点链接，也可以和多个点链接。从逻辑上看，这些链接可以形成一个立体空间。

研究网站的链接结构的目的在于：用最少的链接，使得浏览最有效率。一般地，建立网站的链接结构有两种基本方式：

（1）树状链接结构 它类似 Windows 的目录结构，首页链接指向一级页面，一级页面链接指向二级页面。立体结构看起来就像一棵倒立的树。这样的链接结构浏览时，一级级进入，一级级退出。优点是条理清晰，访问者知道自己在什么位置，不会"迷"路。缺点是浏览效率低，一个栏目下的子页面到另一个栏目下的子页面，必须绕经首页。

（2）网状链接结构 此类链接结构中，每个页面相互之间都建立有链接。它的优点是浏览方便，随时可以到达自己喜欢的页面。缺点是链接太多，容易使浏览者搞不清自己在什么位置。

通常，在实际的网站设计中，总是将这两种结构混合起来使用。浏览者往往希望既可以方便快速地查到自己需要的页面，又可以清晰地知道自己的位置。所以最好的做法是：首页和一级页面之间用网状链接结构，一级和二级页面之间用树状链接结构。

例如，某网上书店的网站，其一级页面包括首页、计算机书店、经管书店、外语书店、数理化书店和通信书店等导航页面，二级页面包含下一级的子栏目，如外语书店页面下包含英语、日语、法语等。

在这种情况下，首页、计算机书店、经管书店、外语书店、数理化书店和通信书店之间可设计为网状链接，以利于互相单击，直接到达。而外语书店页面和它的子页面之间设计为树状连接，此时浏览完英语书店后，浏览者必须回到外语书店页面，才能浏览经管书店下的子栏目。所以，有的网站为了免去返回一级页面的麻烦，将二级页面直接用新窗口打开，浏览结束后关闭即可。

需要指出的是，在上面的例子中是用三级页面来举例的。如果网站的内容更庞大，分类更明细，需要超过三级页面，那么需要在页面里显示导航条，以帮助浏览者明确自己所处的位置。许多电子商务网站都采取了这方面的措施，在网页的顶部增加类似下面的提示信息：

"您现在的位置是：首页＞外语书店＞英语＞新概念英语"

关于链接结构的设计，在实际的网页制作中是重要的一环。采用什么样的链接结构直接影响到版面的布局。例如主菜单放在什么位置，是否每页都需要放置，是否需要用分帧框架，是否需要加入返回首页的链接。在链接结构确定后，再开始考虑链接的效果和形式，是采用下拉表单，还是用 DHTML 动态菜单等。

随着电子商务的推广，网站竞争得越来越激烈，对链接结构设计的要求已经不仅仅局限于可以方便快速地浏览，而更加注重个性化和相关性。例如，对于一个网上书店，在外语书店的页面上,可以加入相关焦点问题的链接、热销图书的链接、权威出版社的链接等。因为访问者不可能有耐心到每个栏目下去寻找相关信息,他们可能在找到需要的信息后就离开网站了。如何尽可能留住访问者,是网站设计者必须要考虑的问题。

3. 网站制作规范

在网站项目设计过程中,除了要考虑目录结构、链接结构的问题外,还需要制定一些技术标准来统一各个技术小组、技术人员的开发行为。在网站设计的实际工作中,设计人员总结出了许多很有指导意义的"行为准则",现介绍其中一些,供大家参考。

(1) 网站目录规范　建立目录的指导思想是以最少的层次提供最清晰简便的访问结构,具体工作中应该尽量满足下述要求。

① 根目录存放的文件不宜太多,一般只存放 index.html,index.asp 或 default.html,default.asp 等首页文件,以及其他必须的系统文件。因为服务器一般都会为根目录建立一个文件索引。如果将所有文件都放在根目录下,那么即使只上传更新一个文件,服务器也需要将所有文件再检索一遍,建立新的索引文件。很明显,文件量越大,等待的时间也将越长,上传速度也更慢。

② 每个语言版本存放于独立的目录。

③ 按栏目内容建立子目录。建立子目录的做法首先是按主菜单的栏目来建立,例如,企业的电子商务网站可以按公司简介、产品介绍、在线订单、意见反馈等栏目建立相应的目录。其他的次要栏目,如新闻、行业动态等内容较多、需要经常更新的可以建立独立的子目录。而一些相关性强,不需要经常更新的栏目,例如"关于本站"、"联系我们"等则可以合并放在一个统一目录下。另外,所有供客户下载的内容应该放在一个目录下,以方便系统设置文件目录的访问权限。

④ 当页面超过 20 页时,在每个子目录下都建立独立的 images 目录,共用的图片放在根目录下的 images 目录下。

默认情况下,每个站点根目录下都有一个 images 目录,可以将所有图片都存放在这个目录里。但是,当需要将某个主栏目打包供用户下载,或者将某个栏目删除时,图片的管理就相当麻烦。实践证明:为每个主栏目建立一个独立的 images 目录是最方便管理的,而根目录下的 images 目录只是用来放首页和一些次要栏目的图片。

⑤ 所有的样式表单 CSS 文件存放在各语言版本下的 style 目录中。

(2) 目录、文件命名规范　目录和文件命名的指导思想,是以最少的字母达到最容易理解的意义。

① 命名总则。目录和文件命名时,第一不要使用中文,使用中文名称可能对网址的正确显示造成困难,某些 Web 服务器不支持对中文名称的目录和文件的访问。第二不要使用过长的名称,尽管服务器支持长文件名,但是太长的目录名和文件名不便于记忆,也不便于管理。第三尽量使用意义明确的名称,例如,"关于我们"栏目可以用 aboutus 作为名称,"信息反馈"栏目使用 feedback 作为名称等。

② 首页统一使用 index.html 或 index.asp 作为文件名。index.html 文件可以作为"桥页",不制作具体内容,仅仅作为跳转页和 META 标签页。

③ 单英文单词文件名的第一个字母为大写,其余为小写。组合英文单词文件名中每

个单词的第一个字母大写,其余为小写。

④ 所有文件名字母间连线都为下划线。

⑤ 图片等多媒体素材文件的命名原则以其内容的英语单词为名,大小写原则同上。

(3) 链接结构规范　链接结构的设计原则是用最少的链接,使得浏览最有效率。最基本的做法是:首页和一级页面之间用网状链接结构,一级和二级页面之间用树状链接结构。超过三级页面,在页面顶部设置导航条。

3.4.4 电子商务网页的设计原则

确定了电子商务系统的主要内容、组织结构和表现风格后,就可以开始网页的设计。从宏观上讲,网页的设计要围绕企业网站的主题及目标来考虑,根据网站服务的用户群体的需求特性,合理组织和安排网站内容。在具体设计制作的过程中,网页有着自己的特殊要求和规律,需要设计人员好好把握才能收到理想的效果。以下是一些在实际工作中总结出来的一些经验或体会。

(1) 首页最上方应该有企业的 LOGO 标志　LOGO 是企业形象在互联网上的展示。LOGO 的设计应该由美工创作,企业决策层参与。LOGO 需要精心构思,使用尽可能少的颜色的组合,应用简明流畅的图案,来表现寓意,以减少图形文件的体积,缩短下载时间。

(2) 首页和中间页要易于导航　导航是树状链接、网状链接的高层调度者,它有助于保证整个网站的层次清晰。大型电子商务网站一般使用菜单栏目、多层菜单、分层目录树等方法实现导航。

如果网站规模庞大,应该设计站点内的"交通图",该图一般放在首页,包括站点内的链接关系和各链接的内容,以便于浏览者迅速找到他所需要信息的位置。

(3) 设计渐进显示的页面　每个图标或图片都应配有文字说明,显示时图标的文字说明先显示,图标内容后显示。这样可以减少用户的等待时间,因为用户知道了图标的含义后,可以停止文件的下载,继续搜索别的内容。

(4) 忌过长的网页　过长的网页会给用户带来多方面的不便,首先是网页内容太多,造成重心难以突出,增加阅读理解上的困难,重要信息不易引起读者注意。其次是读者需要多次滚动页面才能看到全部内容,造成操作上的不便。还有,因为 Internet 的速度问题,页面下载完毕会费时较长,浏览者可能中途终止页面下载。

(5) 网页要为信息发布服务　国内的网站普遍注重网页的平面设计,有着一大堆非常精美但是没有太多意义的图案、背景和动画效果。而国外网站的网页上往往只有很简洁的图形,整个页面包含着大量的信息内容。

(6) 网页中使用的多媒体素材要用压缩技术处理　一般图形文件多用矢量图或 JPG 格式,声音文件多选用 MIDI 格式或使用 MP3 技术处理,尽量用 Flash 等矢量动画替代视频文件等。

(7) 注意网页在多种浏览器上的适应性　首先在色彩方面,设计网页时要尽量使用与浏览器无关的 216 种色彩。因为不同的系统上色彩效果略有不同。在一种机器上看来鲜明的设计,在另一种机器上就有可能阴暗。另外,网页对不同的屏幕分辨率、不同的浏览器平台和版本下的兼容能力更值得重视。比较好的办法是在网页中加上一段能检测用户浏览器种类等环境参数的 JavaScript 程序,增强网页的智能性。对于暂时不能解决的兼容性问题,应该在首页上注明对浏览器环境的要求。

(8) 界面设计应力求易懂和一致　　网页设计风格一致,也许会觉得有些单调,但是会受到用户欢迎。一个站点或其中某部分的重要元素的尺寸、形状和位置应大体一致。如果有同类按钮在多于一个的网页上出现,就应当保证在哪个页面其功能都是一样的。

(9) 利用状态栏　　在默认情况下,当用户将鼠标指示器放在链接上时,浏览器底部的一个小窗口将显示出链接的 URL。因为用户不能直接根据 URL 指示的信息去了解将要下载网页的内容,可以利用这个宝贵空间显示一些有用的提示信息。具体的做法是在网页中每个链接上包含对 MouseOver 事件的处理,使它能在状态条上显示指定的信息。例如,可以将状态栏默认显示的"http://www.ebook.com/computer/access.html"改为显示"单击这里可到 access 图书专区"。

3.5　本章小结

企业或用户若需要对外发布信息,则需要建设自己的网站。电子商务网站系统主要由网站域名、网站运行平台和电子商务系统这 3 部分组成。

网站域名是企业在 Internet 上的名称,它具有唯一性。企业在使用域名前,需要申请与注册域名。目前,许多网站都受理"域名"注册业务。

通常企业的网站运行平台,可以选用虚拟主机、服务器托管和 DDN 专线等一种或多种方式。虚拟主机是在 ISP 或 ICP 的服务器硬盘上开辟出一块空间,用于存放用户的电子商务系统。现在,有些 ISP 还提供主机租用,其功能介于虚拟主机和服务器托管之间。服务器托管是指用户将自己的 Web Server 等服务器设备托放在托管商的机房里,使用托管商提供的 IP 地址,通过托管商的局域网连上 ChinaNet 等 Internet 骨干网。DDN 专线方式,是指企业向电信部门申请租用通信线路,以实现在企业内部连上 Internet 网络的方式。

电子商务系统,可以使用系统生命周期法、原型法和面向对象的开发方法。系统生命周期法,是指用系统工程的思想和工程化的方法,按照用户至上的原则,自顶向下整体性分析与设计和自底向上逐步实现的系统开发过程。

从技术服务公司的角度,按照系统生命周期方法,开发电子商务系统的主要流程包括项目立项、可行性研究、需求分析、总体设计、详细设计、网页制作、脚本程序编制、应用程序编制、系统测试、发布试运行和系统维护。

在总体设计和详细设计时,需要按照设计规范进行网站的目录结构设计和链接设计,同时还应遵循网页的设计原则。

思考与练习 3

1. 思考题

(1) 请说明企业电子商务网站的组成。

(2) 请解释电子商务网站的创建过程。
(3) 试比较企业网站接入 Internet 的 3 种方式的优缺点。
(4) 按照系统周期法,电子商务系统的开发应包括哪些步骤?
(5) 试比较树状链接结构与网状链接结构的异同。
(6) 网站结构设计时,应注意哪些问题?
(7) 网站目录与文件命名时,应注意哪些问题?
(8) 一般制作网站首页时,应注意哪些问题?

2. 选择题

(1) 在全世界范围内,域名由( )来负责管理。
　　A. Microsoft　　　　B. CNNIC　　　　C. Netware　　　　D. InterNIC
(2) 在中国,域名由( )来负责管理。
　　A. Microsoft　　　　B. CNNIC　　　　C. Netware　　　　D. InterNIC
(3) 采用虚拟主机方式时,企业将自己的电子商务系统放在( )。
　　A. ISP 的服务器中
　　B. 自己的服务器中,并将整个服务器放在 ISP 处
　　C. 自己的服务器中,并将整个服务器放在企业内部
　　D. 自己的服务器中,并将整个服务器放在其他企业中
(4) 采用服务器托管方式时,企业将自己的电子商务系统放在( )。
　　A. ISP 的服务器中
　　B. 自己的服务器中,并将整个服务器放在 ISP 处
　　C. 自己的服务器中,并将整个服务器放在企业内部
　　D. 自己的服务器中,并将整个服务器放在其他企业中

3. 填空题

(1) 电子商务网站系统的功能可分为前台和后台,_____接受客户的浏览、登记和注册,记录下客户的有关资料,_____进行商品资料和客户资料的管理。
(2) 电子商务网站系统主要由_____、_____和_____3 部分组成。
(3) 企业的网站运行平台,主要有_____、_____和_____3 种方式。
(4) 虚拟主机是指在 ISP 或 ICP 的_____上开辟出一块空间存放用户的电子商务系统。
(5) 电子商务系统的开发,应按照_____方法,分阶段、分步骤地进行。
(6) 网站的_____是指页面之间相互链接的拓扑结构。

4. 上机练习题

(1) 规划一个小型书店的电子商务系统,注意应用网站设计规范和网页设计原则。
(2) 规划并制作个人网站,注意应用网站设计规范和网页设计原则。
(3) 搜集虚拟主机、服务器托管和 DDN 专线的有关申请与付费信息,并分析各自的发展趋势。
(4) 了解我国域名注册的申请手续和现状。

实践环节——个人网站发布

【目标】 熟悉一般网站的建设过程。

【思路】 个人网站和电子商务一样,是建立在 Internet 之上的信息沟通渠道。一般地,个人网站是通过虚拟主机发布到 Internet 上,操作过程与小型公司发布其电子商务网

站类似。因此,要求同学首先掌握个人网站虚拟主机注册、申请与发布,并通过该过程了解与掌握企业电子商务网站的建设过程。

【步骤】

步骤1:使用模板建立一个简单的个人网站,相应的技术参见第4章。

步骤2:使用搜索引擎,上网搜索"个人网站免费空间",筛选和记录搜索的信息。

步骤3:选择服务好、提供空间大的网站,申请个人网站空间。

步骤4:使用CuteFTP等工具,上传个人网站的网页文件。

步骤5:通过浏览器查看自己的个人网站。

步骤6:写出实验报告。

步骤7:讨论交流虚拟主机注册、申请的使用体会。

【归纳】 在实验和交流的基础上,对通过虚拟主机建设电子商务的过程和方法进行归纳。

【实验环境】 连网的计算机。

第4章 HTML语言

HTML(Hyper Text Marked Language,超文本标记语言)是 Web 网页文件的基础语言。在使用 Dreamweaver 等网页开发工具制作 Web 网页后,其静态网页都要生成一个 HTML 文件,才能在浏览器看到具体网页内容。在 Dreamweaver 环境中的代码视图下,看到的就是相应的 HTML 文件的内容。由于 HTML 语言的简单易学易用,在 Internet 上迅速地得到了普及,成为了 Internet 信息服务方式的主流。

提示:本章的示例文件源代码以"Tu"+图注编号+". html"为文件名(如"图 4.1"的源码文件为"Tu4_1.html"),存储在清华大学出版社本书的资料文件夹 ebook/chap04 目录下。

4.1 建立 HTML 文件

HTML 文件是文本文件,可以使用任何的文本文件编辑系统来建立 HTML 文件,最方便最常用的是 Windows 中自带的"记事本"软件。HTML 文件的扩展名是 .htm。

首先建立一个基本的网页:
(1) 网页的标题为"欢迎";
(2) 网页的背景为"白色";
(3) 页面文本的颜色为"黑色";
(4) 页面内容为"使用 HTML 语言制作网页"。

启动"记事本"软件,在其中输入具体的内容,如图 4.1 所示。

输入完成后,保存文件,在保存文件的对话框中,选择文件的保存位置、输入文件的名称,文件名称的扩展名为 .htm,如"hello.

图 4.1 使用"记事本"编辑网页文件

htm"。保存后的文件,在 Windows 资源管理器中显示为网页文件的图标 。双击该文件,即可通过 IE 浏览器打开网页文件。

通过浏览器,查看网页的效果。对于不满意的地方,可以执行浏览器中"查看"菜单的"源文件"命令,在"记事本"中对网页进行修改,修改后保存文件(不必关闭"记事本")。切换到浏览器窗口,单击工具栏中的"刷新"按钮,即可查看修改的效果。重复此过程,直到达到满意的效果。

4.2 HTML 文件的结构

4.2.1 语法结构

HTML 文件的结构包括首部和主体两部分,如下所示。

```
<html>
    <head>
        <title>
            网页标题
        </title>
        其他  文件头标签
    </head>
    <body>
        网页内容
    </body>
</html>
```

以上显示的就是 HTML 语言的标记符号。其中,由<html>将整个程序括起来,</html>表示程序的结束。<head>包含的为首部内容,包含标题及数据元的定义。<body>为网页的主体部分,通过浏览器查看网页时,看到的就是主体部分的内容。

4.2.2 结构说明

(1) 标记符号 "< >"为标记符号,分为起始标记和结束标记。如:"<html>"为起始标记,"</html>"为结束标记。

(2) 属性 放置在起始标记中。属性是用来对网页中对象的格式进行设置的,如图 4.1 中在 body 标记里对页面的背景颜色及文本的颜色进行的设置。

(3) 标记可嵌套,不可交叉。

(4) 标记用半角分界符"<"、">"括起来。

(5) 标记不区分大小写。

(6) 标记有单/双边标记。

(7) 某些特殊符号、一些与标记冲突的内容的表示,采用实体引用(参见 4.5 节)。

(8) 注释用<comment>…</comment>或<!－…--!>标记来定义。

4.2.3 网页示例

依照图 4.1 所示的内容建立的网页效果如图 4.2 所示。

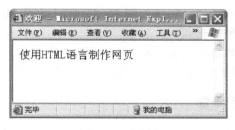

图 4.2 网页效果

在上例中,首部<head>中的<title>标记定义了网页的标题是"欢迎";在<body>的起始标记中定义了页面的属性(白色背景,黑色文本);网页的内容为"使用 HTML 语言制作网页",包含在<body>标记之中。

4.3 文本修饰

文本修饰就是通过使用标记符号来设置文本的字体、字号、字型及颜色等操作,以下介绍一些常用的文本修饰标记。

4.3.1 字体修饰

使用…标记修饰黑体,包含在…标记中的内容在浏览器中以黑体的格式显示。其他的常用文本标记如下:

… 斜体;
<u>…</u> 下划线;
[…] 上标;
_… 下标。

将图 4.1 中的<body>语句进行修改,如图 4.3 所示。产生的网页在浏览器中的效果如图 4.4 所示。

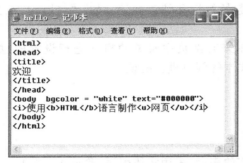
图 4.3 使用文本修饰标记

图 4.4 使用文本修饰标记效果

4.3.2 标题修饰

标题使用 <h1>~<h6> 来进行标记,其中 h1 最大、h6 最小。使用<hn>…</hn>标记时,段落自动换行。

<hn>可以包含对齐属性 align,标识文本的位置(left、right、center)。例如<h2 align=center>你好</h2>,表示使用 2 号标题居中显示。

4.3.3 字号、颜色修饰

使用 <Font>…</Font> 来标记字号、颜色,被标记的文本不换行显示,字号的大小为 1 到 7。颜色的定义方式有两种:一是直接使用英文单词;二是使用三原色 RGB 的方式表示,RGB 分别表示"红"、"绿"、"蓝"三种颜色,每种颜色用两位十六进制的数 00~ff 表示 256 个不同浓度,由三种颜色的不同浓度可以表示出 256^3 种颜色。如下的表示结果是相同的。

- <font size=7 color="red"> 你好 </font>
- <font size=7 color="#ff0000"> 你好 </font>

4.3.4 段落修饰

使用<p>…</p>来定义段落。

使用
来表示换行。在使用"记事本"编辑网页时,人为的使用回车并不能在网页中产生换行效果,只能产生一个空格。而当使用
标记时,即使在编辑环境没有回车换行,在浏览器中也会真正地产生一个换行。

 单独使用,没有结束标记。

4.3.5 水平线修饰

在制作网页时,有时会使用一条水平线来间隔网页上下的内容。

使用<hr>标记来定义水平线。水平线具有如下属性:
(1) align 对齐方式,有 left、center、right 三种表示。
(2) width 长度,有两种表示方法,使用以像素为单位的数值(如 300);使用百分比表示占页面宽度的百分比(如 50%)。
(3) size 高度,以像素为单位的高度值。
(4) color 颜色,表示方法同前。
(5) noshade 实心线。

例如:

<hr size=2 align=left width=75% color=red>
<hr size=6 align=center width=300>
<hr size=8 align=right noshade>

4.4 超 链 接

超链接是网页与网页之间联系的纽带,是网页的另一个重要组成部分。正是有了超链接(HyperLink),才有 Internet 的流行。超链接分为内部链接和外部链接。

4.4.1 内部链接

内部链接是从 HTML 文档的某一位置跳到另一位置。建立内部链接时,首先要在文档中定义一个标记,即"锚点",也就是链接的目标点,例如在文档的开头定义"锚点",其定义方式如下:

<a name="?"></a>

其中,<a>为超链接的标记符号,"?"为锚点名称,如"aaa"。然后在需要产生链接的源点(如网页的最后),输入如下的标记语言。

<a href="♯?">返回</a>

其中,"?"为已定义的锚点的名称,如前面定义的"aaa"。

测试网页的效果,在浏览到网页的结束位置时,将鼠标移至"返回"文字上,会变成链接状态,通过单击"返回"文字,即可实现从网页结束到网页开始位置的定位超链接。

注意:在使用内部链接时,链接点和目标点一定要有一定的距离,在一个页面中不能同时看到,这样才会产生链接效果。

4.4.2 外部链接

外部链接是从当前 HTML 文档跳转到另一 HTML 文档或其他位置,链接的标记为:

<a href="url">链接说明</a>

其中 url 为含有路径的网页文件的名称,当前路径可以省略路径名称;也可以是具体的网站地址。例如:

<a href="hello.htm">文档链接</a>

其中 hello.htm 为另一个网页文档的名称。这里假设文件 hello.htm 与当前文件在一个文件夹中,如果不在同一个位置,需要在 hello.htm 之前指明路径。

<a href="http://www.263.net">263</a>

也可以通过链接直接链接到某个网页具体锚点位置,如:

<a href="hello.htm♯aaa">链接内容</a>

还有一种外部链接,称其为邮件链接,作为向浏览者提供的一种联系手段。

<a href="mailto:emailaddress">与我联系</a>

其中 emailaddress 为提供给浏览者的邮箱地址。

4.5 HTML 实体

4.5.1 问题的提出

"<"、">"作为标记的分界符使用,如何在 HTML 文档的内容中表现"<"、">"以区别分界符呢?例如要在网页当中显示一本书的名称"<HTML>",为了不至于产生混淆,就要用一些特殊的符号来代替,实体就是为此而建立,即使用一些符号替代网页内容中与标记有冲突的符号。

4.5.2 表示方法

在网页文件使用的特殊符号的替代方法见表 4.1。

表 4.1 实体的表示

特殊符号	字符代码	ASCII 代码
<	&lt;	&#60;
>	&gt;	&#62;
&	&amp;	&#38;
"	&quot;	&#34;
®	&reg;	
©	&copy;	

4.6 列　　表

图 4.5 所示的网页，就是列表的效果。列表具有不同的类型，常用的列表为无序列表和有序列表。

4.6.1 无序列表

无序的列表由 3 个标记组成，<ul>说明是无序的列表，<li>标记于各列表项之前，最后加上列表结束符</ul>。无序的列表在每一行的起始是"●"或是"■"标记。要注意若使用不同的浏览器就可能会有不同的效果。

无序列表的语法格式如下：

<ul>
<li>
<li>
</ul>

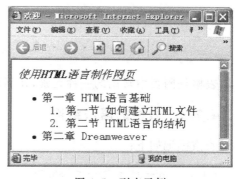

图 4.5　列表示例

4.6.2 有序列表

有序列表的表示方法与无序列表相似，先说明种类<ol>，再加上<li>标记于各项之前，最后加上列表结束符</ol>。在每一行列表的前面显示的是数字。

它的语法格式如下：

<ol>
<li>
<li>
</ol>

列表示例如图 4.5 所示。

列表的 HTML 文件内容如图 4.6 所示。

图 4.6 列表的 HTML 文件

4.7 表　　格

表格是网页中常用的一种元素，在网页中经常使用表格进行页面的布局。

4.7.1 表格的语法结构

表格标记如下：

<table border ＝ ♯ >…</table>

border ＝ ♯表示表格的边框，取像素值，默认时表格没有边框。

表格标题标记如下：

<caption align ＝ ♯> 表格标题 </caption>

表示一个表格的标题，也可不要。align 可选择 top（放在表格上面居中），bottom（放在表格下面居中），默认时标题放在表格上面居中。

表格行标记如下：

<tr>…</tr>

字段名标记如下：

<th>字段名</th>

数据标记如下：

<td>数据</td>

4.7.2 示例

示例 1：表格的 HTML 文件

如图 4.7 所示。

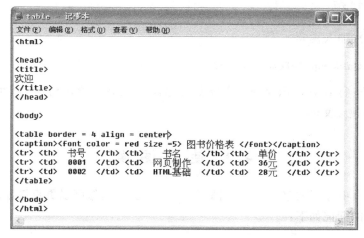

图 4.7　表格的 HTML 文件

示例 2：表格的网页效果

如图 4.8 所示。

图 4.8　表格的网页效果

4.8　视频、音频

在网页文件中可以通过超链接的方式加入音频和视频的链接。这样，在单击超链接时，就会播放具体的音频、视频文件。

4.8.1　音频

使用超链接加入音频：

<a href="02.mid">欣赏音乐</a>

在浏览器进行查看,"欣赏音乐"会变成超链接状态。单击链接,就可以播放名为 02.mid 的音乐。

4.8.2 视频

使用超链接加入视频:

<a href="Quick.mpe">欣赏视频</a>

在浏览器进行查看,"欣赏视频"会变成超链接状态。单击链接,就可以播放名为 Quick.mpe 的视频文件。

4.9 使用图像

图像是网页中除了文字以外,使用最多的元素之一,图像可以更直接地表达一定的信息。图像使用的标记如下:

<img src=图像的URL align=♯ alt=文字 border=♯ height=♯ width=♯ >

其中标记的含义如下:
(1) img 插入图像。
(2) src 指明含有路径的图像的来源。
(3) align 对齐方式,♯ 的内容可以是 top(顶)、middle(中间)、bottom(底)、left(左)和 right(右)。
(4) alt 显示文字,如果图像不能正常显示,将以此文字进行替代;在图像正常显示时,将鼠标移到图像上,会显示提示信息。
(5) border 边框,以像素为单位的数值。
(6) height 高度,图像的显示高度。
(7) width 宽度,图像的显示宽度。

示例:

<img src = a01.jpg align=left alt=文字 border=4 height=200 width=200 >

4.10 滚动文本

滚动的文字是文字在网页中产生滚动的效果,语法标记如下:

<marquee direction=♯> 滚动的文字 </marquee>

其中,direction=♯ 表示方向,♯ = left,right,right,down,没有该属性时为 left。

4.11 实　　例

4.11.1 背景图片

设置背景图片不平铺、居中、不滚动的效果,在<head>标记中添加语句,如图 4.9 所示。

在浏览器中显示上面网页时,将以与网页在同一个文件夹中的 0920.gif 图像文件作为页面的背景,背景图像只有一张,不产生平铺效果,居中显示在页面中,当页面进行滚动时,背景图像位置不变。

4.11.2 禁止网页另存为

在<body>标记中,添加语句,如图 4.10 所示。

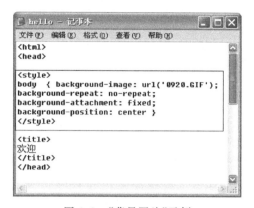 

图 4.9　"背景图片"示例　　　　　图 4.10　"禁止网页另存为"示例

在浏览一个页面时,一般可以通过"文件"菜单对页面进行"另存为"操作。如果在页面的设计时,添加了上述代码,就无法执行该页面的"另存为"操作了。

4.11.3 禁止使用鼠标右键

在<body>标记中,添加语句,如图 4.11 所示。

单击右键是网页浏览者经常使用的操作之一,在页面设计时添加上述代码,就可以禁止浏览者单击右键,并出现相应提示信息。

该段程序使用了另一种网页制作语言 JavaScript,在使用不同的网页制作语言时,可以相互调用,使用方便。

图 4.11　"禁止使用鼠标右键"示例

4.11.4 跟随鼠标文字

在<head></head>标记中加入如下代码：

```
<STYLE>.spanstyle {
COLOR: #0066ff; FONT-FAMILY: 宋体; FONT-SIZE: 12pt; FONT-WEIGHT: normal;
POSITION: absolute; TOP: -50px; VISIBILITY: visible
}
</STYLE>
```

在<body>标记的属性中加入如下代码：

```
<body onload="javascript:pageonload()" bgcolor="#000000">
```

在<body></body>标记中加入如下代码：

```
<script language=javascript>
var message="祝 你 天 天 好 心 情";
var x,y;
var step=12;
var flag=0;
message=message.split("");
var xpos=new Array();
for (i=0;i<=message.length-1;i++) {
xpos[i]=-50;
}
var ypos=new Array();
for (i=0;i<=message.length-1;i++) {
ypos[i]=-50;
}
function handlerMM(e) {
x = (document.layers) ? e.pageX : document.body.scrollLeft+event.clientX+10;
y = (document.layers) ? e.pageY : document.body.scrollTop+event.clientY;
flag=1;
}
function makesnake() {
if (flag==1 && document.all) {
for (i=message.length-1; i>=1; i--) {
xpos[i]=xpos[i-1]+step;
ypos[i]=ypos[i-1];
}
xpos[0]=x+step;
ypos[0]=y;
for (i=0; i<=message.length-1; i++) {
var thisspan = eval("span"+(i)+".style");
thisspan.posLeft=xpos[i];
```

```
thisspan.posTop=ypos[i];
thisspan.color=Math.random()*255*255*255+Math.random()*255*255+Math.random()*255;
}
}
else if (flag==1 && document.layers) {
for (i=message.length-1; i>=1; i--) {
xpos[i]=xpos[i-1]+step;
ypos[i]=ypos[i-1];
}
xpos[0]=x+step;
ypos[0]=y;
for (i=0; i<message.length-1; i++) {
var thisspan = eval("document.span"+i);
thisspan.left=xpos[i];
thisspan.top=ypos[i];
thisspan.color=Math.random()*255*255*255+Math.random()*255*255+Math.random()*255;
}
}
}
</script>
<script language=javascript>
for (i=0;i<=message.length-1;i++) {
document.write("<span id='span"+i+"'class='spanstyle'>");
document.write(message[i]);
document.write("</span>");
}
if (document.layers) {
document.captureEvents(Event.MOUSEMOVE);
}
document.onmousemove = handlerMM;
</script>
<script language=javascript>
function pageonload() {
makesnake();
window.setTimeout("pageonload();", 2);
}
</script>
```

在浏览经过上述设计的页面时,会出现跟随鼠标文字。本段程序中多次调用了 JavaScript 语言的功能。JavaScript 语言也是较流行的网页制作语言之一,在 HTML 中可以直接调用。有关 JavaScript 语言的使用,这里不再叙述。

4.11.5 文本滚动

在<body>标记中添加信息：

<MARQUEE scrollAmount=1 scrollDelay=75 direction=up>
 <DIV align=middle>
  　我已经在这里
  　等了你这么久
  　我的眼泪
  　好像都已经变成了风
  　走了这么远
  　又回到这里
  　渐渐地明白
  　不再有你
  　你是曾经来过
  　还是永不会出现
  　我已经心静如水
  　我会双手空空地死去
 </DIV>
</MARQUEE>

浏览该网页，出现由下向上滚动的文本。

4.12 本章小节

  HTML语言作为一种制作网页的通用语言，简单易学，因而得到广泛的应用。本章主要介绍了HTML语言的一些常用的标记的使用。随着网页制作技术的发展，一些公司开发了一些网页制作的工具，如微软公司开发的Office组件FrontPage；MacroMedia公司开发的Dreamweaver，都是一种"所见即所得"的网页制作工具，使用起来更加方便，不用去记忆HTML的标记，由软件工具自动将制作的网页生成HTML的网页文件。

  但无论哪种工具都不可能实现HTML语言的全部功能，对于专业的网页开发人员，必须学习HTML等网页制作语言的使用。在本章4.11节中的几个示例，都是用工具无法实现的。

  本书的第5章将介绍网页制作工具Dreamweaver，届时可以对比两种网页编辑环境的不同，对于使用Dreamweaver不能实现的功能可以切换到代码窗口，使用HTML语言来完成。

思考与练习4

1. 思考题

(1) HTML语言的基本结构是什么？

(2) 通过浏览器打开网页后,如何查看源代码?
(3) 实体的用途是什么?
(4) 表格在页面中的作用是什么?
(5) 超链接的种类有哪些?

2. 选择题

(1) 设置字体的格式为粗体,使用标记是( )。
    A. <b>   B. <sub>   C. <u>   D. <i>

(2) 使用<h>标记定义标题时,标题共有几种( )。
    A. 2   B. 5   C. 6   D. 7

(3) 以下哪个标记与列表无关( )。
    A. <li>   B. <ul>   C. <hr>   D. <ol>

(4) 使用三原色的方法表示颜色时,哪个不是三原色的成分( )。
    A. 红   B. 黄   C. 绿   D. 蓝

3. 填空题

(1) HTML 含义是_____。
(2) 在页面中,对普通的文字设置颜色和字号使用_____标记。
(3) 常用的两种列表是_____和_____。
(4) 在设计表格时,不想在浏览器中显示表格的边框,应该_____。
(5) 在页面中显示视频文件,使用_____方式实现。

4. 上机练习题

(1) 制作一个个人简介的页面,使用列表显示条目,使用内部链接进行相应信息的链接。
(2) 制作一个页面,通过该页面,可以显示视频文件和播放声音。
(3) 制作一个页面,使用布局表格来进行排版,显示图片及图片的相应说明信息。

实践环节——小型站点的建立

【目标】 所谓站点就是将众多的页面有机地组合起来,合理地使用图片、声音、视频、动画等,整个站点围绕一个主题。现使用 HTML 语言建立小型站点。

【思路】 利用上机练习题中建立的页面,通过链接页面合理组合起来。

【步骤】

步骤 1:明确站点表现的主题。

步骤 2:收集相关的素材(图片、声音、视频等)。

步骤 3:建立各个页面。

步骤 4:建立链接页面,链接到各个页面。

【归纳】 在建立站点的过程中,对建立的方法进行总结和归纳。

【实验环境】 连网的计算机。

第 5 章 网页设计与制作

电子商务是通过 Internet 传播信息，Internet 是通过 Web 技术在浏览器中实现信息的浏览，所以实现电子商务的关键是网页设计。一个成功的网页设计，除了应具有强大的功能外，还应具有美观大方的页面、友好的文档、漂亮的图片和方便灵活的表单等。

电子商务网页设计需要动态视觉化编辑及电子商务功能的网页编辑器。美国 MacroMedia 公司开发的 Dreamweaver 是集网页制作和网站管理于一身的"所见即所得"网页编辑器，它是第一套针对专业网页设计师发展的视觉化网页开发工具，利用它可以轻而易举地制作出跨越平台限制和跨越浏览器限制的充满动感的网页。本章主要介绍 Dreamweaver 8.0 网页编辑器的使用方法与技巧。

5.1 Dreamweaver 概述

Dreamweaver 是 MacroMedia 公司继网络多媒体开发工具 Flash 以后向因特网(Internet)推出的又一梦幻工具。Dreamweaver、Flash 以及在 Dreamweaver 之后推出的针对专业网页图像设计的 Fireworks，三者被 MacroMedia 公司称为"网页三剑客"。

5.1.1 网页编辑器概述

随着 Internet 的家喻户晓、HTML 技术(详见第 4 章)的不断发展和完善而产生了众多网页编辑器。根据网页编辑器的基本性质，可以将其分为"所见即所得"网页编辑器和"非所见即所得"网页编辑器(即原始代码编辑器)，两者各有千秋。

1．"所见即所得"网页编辑器

"所见即所得"网页编辑器的优点就是直观，使用方便，容易上手。但它同时也存在着致命的弱点。

(1) 难以精确达到与浏览器完全一致的显示效果。也就是说在"所见即所得"网页编辑器中制作的网页放到浏览器中很难完全达到真正理想的效果，这一点在结构复杂一些的网页(如分帧结构、动态网页结构)中便可以体现出来。

(2) 页面原始代码难以控制。例如在"所见即所得"编辑器中制作一张表格只需要几分钟，但修改以使其完全符合要求可能需要几十分钟，甚至更多时间。

2．"非所见即所得"网页编辑器

"非所见即所得"的网页编辑器，不存在以上问题，例如在第 4 章中，使用 Windows 中的记事本来编辑网页，但是它的工作效率低。

3．Dreamweaver

Dreamweaver 实现了两者的完美结合，既产生干净、准确的 HTML 代码，又具备"所见即所得"的高效率和直观性。

5.1.2 Dreamweaver 的主要功能和特点

Dreamweaver 8 主要的两大功能是网页制作和网站管理。

1. 网页制作方面的功能和特点

- 在设计网页时,可利用各种浮动面板来调整网页元素的参数,并在不关闭浮动面板的情况下直接看到修改的结果,真正实现了所见即所得的功能。它是一套提供了网页可视化编辑与 HTML 代码编辑同步的网页设计工具。
- 可使用 HTML 标记、HTML 样式、CSS 样式来格式化文本。
- 支持使用表格、布局表格和单元格、层、框架来规划网页的布局。
- 支持使用行为制作各种特殊效果的网页。
- 可使用单选按钮、复选框、列表和文字编辑框制作各种交互式表单,用于信息交流。
- 利用模板建立网页的页面样板,指定样板的可编辑和不可编辑部分,将网页的内容与页面的设计分开,使得网页制作更规范、网站更新更迅速。
- 可以很方便地将 Flash、Fireworks 和 Shockwave 等软件生成的文件插入到网页上。在 Dreamweaver 环境下,可直接启动 Fireworks 和 Flash 来编辑与修改网页元素,从而高效地完成网页制作工作。
- 可使用系统提供的检色吸管工具将网页颜色设定得最合理。

2. 网站管理方面的功能和特点

- 利用网站管理器能建立、复制和编辑修改网站。
- 使用网站地图可以快速设计、更新和重组网页,有效地管理各网页之间的链接关系,改变网页文件的位置和名称。
- 可上传和下载网站的文件,并可同步更新站点内容。

5.2 Dreamweaver 基础

要熟练应用 Dreamweaver 设计网页,需要掌握它的启动与退出的方法,并需要深入了解它的操作环境,包括文档窗口、启动面板、对象面板、属性面板(或属性检查面板)、历史面板、快捷菜单等,以及相关的操作技巧。

5.2.1 启动与退出 Dreamweaver 8

启动 Dreamweaver 8 与启动 Windows 操作系统下一般软件的方法相同,其过程是执行"开始"|"程序"|MacroMedia | MacroMedia Dreamweaver 8 命令,也可以双击桌面上相应的快捷方式图标启动 Dreamweaver 8。首次启动 Dreamweaver 8,出现如图 5.1 所示界面,通过该界面可以进行创建新的文档、打开已有的文档等操作。如果不想使用此界面,可以选择界面左下角的"不再显示此对话框"选项,以后启动 Dreamweaver 8 时就不再出现此对话框。

退出 Dreamweaver 8 主窗口时,既可在 Dreamweaver 8 主窗口中执行"文件"|"退出"

图 5.1 Dreamweaver 8 启动页面

命令,或单击 Dreamweaver 8 主窗口中的关闭按钮⊠。

5.2.2 工作区和文档窗口

1. Dreamweaver 8 工作区

Dreamweaver 8 工作区(参见图 5.2)是非常灵活的,设计者可以根据自己的喜好来定制,因此它可以适应各种工作风格和使用层次。常用的工作区组件如下。

(1) 文档窗口 用于显示创建或编辑的当前文档。

(2) 控制面板 控制面板包括"文件"、"标签面板"、"应用程序"、"CSS"等几个浮动面板,用来对网页进行控制。可以通过"窗口"菜单,打开和关闭这些面板。

(3) "插入"面板 包含一些用于创建不同类型对象(如图像、表格和层等)的按钮。

(4) "属性"面板 显示选定对象或文本的属性,并可以用它来修改这些属性。

(5) 菜单 包含所有操作的命令。

2. 文档窗口

在文档窗口(参见图 5.2)中显示当前文档,其效果大体上与在浏览器中显示的效果一致。文档窗口的"标题"显示的是页面标题。

文档窗口的"状态栏"如图 5.3 所示,含有以下一些组成部分。

(1) 标记选择器 控制选定文本或对象的标记将出现在文档窗口底部左边的标记选择器中。单击这些标记之一,可以在文档窗口高亮显示它的内容。例如,单击<body>标记,可选择文档的全部正文。

(2) 选取工具 编辑网页时的正常工作状态,单击页面中的对象进行选取。

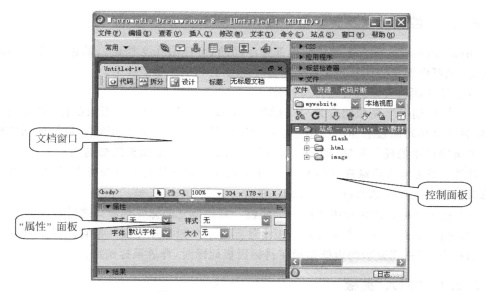

图 5.2　Dreamweaver 8 的工作区

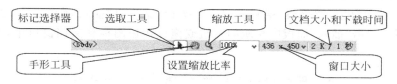

图 5.3　Dreamweaver 8 的状态栏

（3）手形工具　通过该工具，可以进行滚屏控制。

（4）缩放工具　通过该工具，对页面编辑环境进行放大。

（5）设置缩放比率　按固定的比率对页面编辑环境进行缩放。

（6）窗口大小弹出菜单　通过窗口大小弹出菜单改变文档窗口的大小。

（7）文档大小和下载时间　文档大小和页面的下载时间（包括所有独立文件，如图像和 Shockwave 动画），下载时间默认是以 28.8kbps 估算的。

3．网页的设计模式

Dreamweaver 软件，既提供了"所见即所得"的编辑工具，也提供了代码的编辑模式。设计者可以随意切换编辑模式，如图 5.4 所示。

当设计者切换到"代码"模式后，就可以看到在第 4 章介绍的一样的编辑环境，可以在其中直接输入 HTML 的代码，来建立网页。

图 5.4　编辑模式切换按钮

使用 HTML 语言可以实现设计网页的所有功能，而 Dreamweaver 等软件只是使网页的设计更加方便、快捷，同时具有"所见即所得"的效果，但有的功能是无法实现的。所以，对于熟悉 HTML 语言的设计者来说，应该更多地使用代码设计窗口。

5.2.3 控制面板及其设置方法

Dreamweaver 8 中大多数的面板都是浮动的,可停泊在文档窗口的边缘或 Windows 桌面上,也可以把某些面板组合到带有多个标签的单个浮动面板中。

对于控制面板可以进行组合与拆分。

(1) 把两到多个面板组合为一个标签式面板　拖曳一个浮动面板的标签(不是标题栏)到另一个浮动面板上面。当高亮显示的边框显示在目标面板周围时,释放鼠标按键。

单击窗口中的任何标签,即可把对应的面板显示在浮动面板的最前面。

注意:因为对象面板没有标签,所以不能拖曳对象面板到其他面板上面,但可以拖曳其他面板的标签到对象面板上面来组合它们。

(2) 从一个标签式面板中移除一个面板　直接拖它的标签到窗口之外。

(3) 把一个面板从一个标签式面板中移到另一个标签式面板　拖它的标签到其他标签式面板中,当高亮显示的边框显示在目标面板周围时,释放鼠标按键。

5.2.4 "插入"面板

"插入"面板是最常用的面板之一,如图 5.5 所示。通过"插入"面板可以很方便地在网页中插入各种对象,如表格、层和图像等。执行"窗口"|"插入"命令,可以显示或隐藏"插入"面板。单击"插入"面板中相应的按钮或拖曳按钮图标到文档窗口中,即可插入相应的对象。

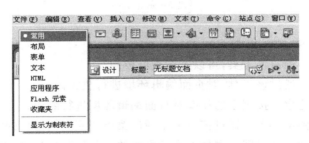

图 5.5　Dreamweaver 8 的"插入"面板

"插入"面板默认包含以下几个嵌板:常用、布局、表单、文本、HTML、应用程序、Flash 元素和收藏夹。

单击"显示为制表符"菜单项,可以显示如图 5.6 的"插入"面板。

图 5.6　Dreamweaver 8"插入"面板的"制表符"显示方式

常用嵌板介绍。

(1) "常用"嵌板　包含最常用的对象,如图像、表格和层。

(2) "布局"嵌板　可以对页面进行布局设置。

(3)"表单"嵌板　包含创建表单和表单元素的按钮。

(4)"文本"嵌板　包含特殊字符,如版权符号、弯曲的双引号和商标符号。

5.2.5 "属性"面板

在 Dreamweaver 8 主窗口选择"窗口"|"属性"命令,可以打开"属性"面板,如图 5.2 所示(也可以单击面板左上角的三角标记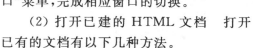,展开和折叠"属性"面板)。"属性"面板显示当前选定的页面元素(如页面上的文本、图像、表格、层等)的属性值。选取的页面元素不同时,"属性"面板的显示内容也跟着变化。设计者可以通过单击页面中的不同对象,来查看"属性"面板的变化,并通过"属性"面板来设置页面中的对象。

"属性"面板初始显示选定元素的最常用属性。单击"属性"面板右下角的扩展箭头,可以看到选定元素更多的属性。单击恢复箭头,"属性"面板恢复原来的大小。

5.2.6 网页的基本操作

1. 网页的创建与保存

网页的创建、打开和存储是制作网页的最基本操作,下面就先来介绍这些操作。

(1)创建空白文档　创建空白文档具体操作如下。

启动 Dreamweaver 8,执行"文件"|"新建"命令,在出现的"新建文档"对话框中,单击"常规"中的"基本页"、"HTML",创建空白文件。创建新文档时,Dreamweaver 8 会启动一个新网页窗口,可在当前窗口中编辑新网页。原来窗口中仍然显示以前的网页内容,该窗口此时被切换到后台。可以通过单击文档窗口标签来进行文档的切换,如图 5.7 所示,或通过 Dreamweaver 8 的"窗口"菜单,完成相应窗口的切换。

图 5.7　文档窗口切换

(2)打开已建的 HTML 文档　打开已有的文档有以下几种方法。

① 在 Windows 操作系统的资源管理器中选中要打开的文件图标,右击,然后从弹出的快捷菜单中选择"使用 Dreamweaver 8 编辑"命令,便可打开该文档。

② 在 Dreamweaver 8 已启动的情况下,执行"文件"|"打开"命令,这时会出现"打开"对话框,选择需要打开的文件,单击"打开"按钮,便可打开该文档。

③ 若要编辑由 Microsoft Word 创建的文件,则可以通过执行"文件"|"导入"|"Word 文档"命令,打开该文件。

④ 在站点管理器中,双击要打开的文件图标,可打开该文件。

用上述 4 种方法打开文件时,系统会启动新的 Dreamweaver 8 网页编辑窗口,载入被打开的文件。若该文件已被打开,则会自动切换到载入该文件的窗口。

(3)保存指定文件　保存文档时有以下几种情况。

① 若当前同时打开了多个 Dreamweaver 8 的窗口,应切换到要保存文件的网页编辑窗口,然后执行"文件"|"保存"命令,或按 Ctrl+S 键,保存文件。

② 若希望当前文档以另外的路径和文件名保存,则可执行"文件"|"另存为"命令,然后输入正确的路径和文件名,保存当前文件。

③ 在网页设计过程中,有时会同时打开了多个 Dreamweaver 8 窗口,编辑多个 Dreamweaver 文件。若希望保存全部文件,可执行"文件"|"保存全部"命令,则可保存所有打开的 Dreamweaver 8 窗口中正在编辑的文件。若某些窗口中的文件尚未保存过,则会出现"另存为"对话框,提示输入文件的路径和名称,然后单击"保存"按钮,即可将其保存。

(4) 关闭文件　关闭文件时,需要切换到要关闭的文件编辑窗口,然后执行"文件"|"关闭"命令,关闭文件。

若文件尚未保存,则会出现提示对话框,提示保存文件。单击"是"按钮则保存文件,单击"否"按钮则不保存文件,单击"取消"按钮则放弃关闭操作。

2. 页面的属性设置

在创建新网页时,默认的页面总是以白色为背景,没有背景图像、没有标题。制作一个网页页面时,一般需要先对网页的页面标题、背景图像和颜色、文本和超级链接的颜色、文件的文字解码方式和文件中各元素的颜色等属性进行设置。

执行"修改"|"页面属性"命令,系统将打开"页面属性"对话框,如图 5.8 所示。

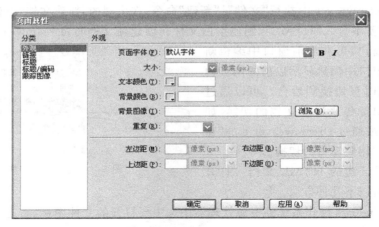

图 5.8　页面属性

设计者可对网页页面的各项参数进行设置,页面属性设置完毕后,单击"确定"按钮保存设置结果。

3. 文本的输入和格式设置

Dreamweaver 8 是一种"所见即所得"的网页设计工具,设计者可直接输入西文字符或汉字,然后用 Dreamweaver 8 的文本格式化工具对文本进行格式化,在网页编辑窗口中能直接见到文本格式化的结果。

(1) 将各种汉字字体添加到字体列表中　开始设置文本的字体时,字体列表中可能并不包含设计者所需要的字体,如图 5.9 所示。可以选择"编辑字体列表"选项,将需要的字体添加到列表中来,以后就可以直接选择该字体了。

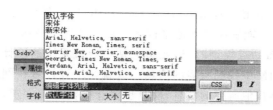

图 5.9 字体列表

（2）插入空格　在编辑网页中文字时，常常要在文档中插入空格。插入空格的操作方法有以下几种。

① 将汉字输入方式设置为全角方式，按 Space 键可输入空格；

② 用与背景颜色相同的字符来完成插入空格；

③ 在"属性"面板中，选择"格式"下拉列表中的"预先格式化的"选项；然后就可在编辑网页时输入空格。

5.3　站点的规划和定义

如前所述，Dreamweaver 8 不仅只用来制作网页，它集网页制作与站点管理两大利器于一体。设计者不只是制作几个网页，还要将网页及构成网页的图片、声音、动画等一系列对象有机地组合起来，构成一个网站。使用 Dreamweaver 8 可以完成这些功能。

用 Dreamweaver 8 创建和管理网站，应该从站点规划和定义本地站点开始。所谓本地站点，就是指本地硬盘中存放远程网站所有文档的地方（文件夹）。建立网站的通常做法是，在本地硬盘建立一个文件夹，用来存放网站的所有文件，然后就在该文件夹中创建和编辑文档。待网页设计和测试好后，再把它们复制到网站上，供浏览者浏览。

5.3.1　站点的规划

在定义站点之前，首先要做好站点的规划，包括站点结构和导航系统的规划，网页模板和库的使用等。

（1）站点结构　如果没有对整个站点的结构进行认真的研究就匆匆上马，日后的维护工作将会很大，网页的布局也会杂乱无章、风格各异。因此，一开始就要精心规划好整个站点，把站点资源分门别类，存于不同的文件夹中，便于日后的维护与管理。图 5.10 就是一个简单的站点结构。

在上述站点结构中，HTML 文件夹用来存放与网页设计有关的网页，IMAGE 文件夹用来存放网页中使用的有关图像，CSS 文件夹中存放样式表文件，FLASH 文件夹存放站点中使用的动画文件。需要时可以建立其他子文件夹。

设计站点结构时要注意，本地和远程站点应该使

图 5.10　简单的站点结构

用相同的结构。这样,当用 Dreamweaver 8 建立本地站点,然后把所有的文档上传到远程站点时,Dreamweaver 8 能确保把本地结构精确复制到远程网站。

（2）站点导航　做站点规划时,还要考虑站点导航系统的设计。浏览者进入网站的主要目的,就是要在网站中找到所需的信息。这就要求设计者在网站设计时合理设置好导航栏,帮助浏览者寻找他所要的信息,而且也要让他清楚地知道,他现在处在网站的什么位置,怎样返回到顶层页面。

此外,在规模较大的网站中,应该设立搜索功能和索引,让浏览者很快找到所需的信息。还要提供一种反馈渠道（如电子邮件反馈表单）,让浏览者能够与网站管理员或与本网站有关的其他人联系。

（3）模板和库　使用 Dreamweaver 8 的模板和库,可以在不同的文档中重用页面布局和页面元素,给网页的维护带来很大的方便。因此,在规划站点时也应考虑模板和库的使用。

例如,如果网站中很多网页使用相同的布局,最好使用 Dreamweaver 8 的创建模板功能为这些布局相同的网页设计一个模板。然后以该模板为基础创建新的网页。当要修改这些网页的布局时,只要修改模板就可以了。对模板的修改将反映到所有应用该模板的网页上,不需要一页一页进行修改,这就大大方便了设计者对网页的维护。

如果有某一页面元素（如一幅图像）将在网站的很多网页中使用,应该先设计好该元素,并把它存入库中,然后在网页上调用它。当要修改该元素时,只要修改库中该元素即可,修改后的元素将出现在所有调用它的网页上,免除了逐页修改的麻烦。

5.3.2　定义本地站点

（1）建立站点结构　在本地的磁盘上,建立一个文件夹,如本例中的 ebook 文件夹。在该文件夹下并列建立几个文件夹 HTML、IMAGE、CSS、FLASH 等。

（2）定义站点　本地站点就是网站文件的本地存储区。定义本地站点要求给站点命名和指定一个计划用于存储所有网站文件的本地根文件夹。

定义站点时要注意,不要使用驱动器作为站点的根,也不要使用 Dreamweaver 8 的文件夹。一个好的组织方法是创建一个名为 Site（或其他名字）的文件夹,然后在该文件夹中创建本地根文件夹。定义本地站点的操作步骤如下。

① 执行"站点"|"新建站点"命令,在弹出的对话框中选择"高级"选项,如图 5.11 所示。

图 5.11　新建站点

② 在本地站点选项中,定义如下内容。
- 定义　站点名称,如 mywebsite。
- 指定　本地根目录文件夹,如前面建立的 ebook 文件夹。

③ 最后单击"确定"按钮。

5.4　网页基本编辑

文字是网页中最重要的元素,通过文字可以最清晰地表达信息。在编辑文字时,可以通过多种方式设置文字的字体、字型、字号及颜色等,这样可以使页面更加美观和有条理。

除了文字以外,丰富多彩的 Web 页面总是少不了图像,所以 Web 页中的图像处理非常重要。不但要求图像的质量,也要求网络的速度,这就要兼顾图像的质量和图像的大小。

超链接(HyperLink)是网页与网页之间联系的纽带,是网页的另一个重要组成部分。有了超链接,才有 Internet 的流行。

5.4.1　编辑文本

网站是由一个个网页构成的,在一个网页中,文本是网页内容的最基本的部分。一般来说,网页中显示最多的就是文字,所以对文本的控制及布局在设计网页中占了很大的比重。

(1) 新建网页　启动 Dreamweaver 8,执行"文件"|"新建"|"基本页"|html 命令。
在网页中添加如图 5.12 所示的内容。

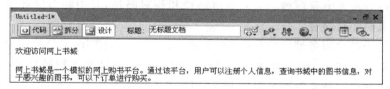

图 5.12　新建网页

输入后,将文件保存在适当的位置,如在前面建立的站点结构中的 HTML 文件夹之下,同时进行文件的命名,如"书城简介"。

文件保存之后,可以在控制面板的"文件"面板中看到该文件。

(2) 格式设置　对于上面建立的文档可以进行格式上的设置,具体操作可以通过菜单或通过"属性"面板来完成。"属性"面板如图 5.13 所示。

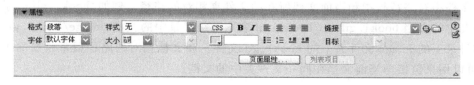

图 5.13　"属性"面板

经过格式的设置,生成的网页如图 5.14 所示。

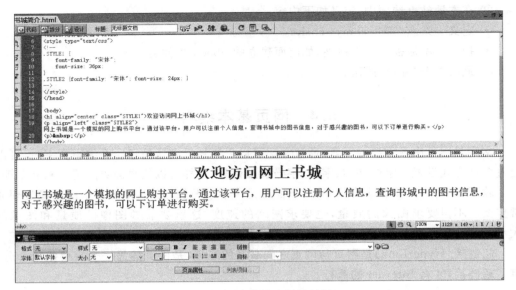

图 5.14　文本格式设置效果

5.4.2　关于路径

在使用图像和创建超链接的过程中,需要指明图像的位置和链接的目标位置,这就是路径,是一个非常重要的内容。

Dreamweaver 8 中有两种路径:绝对路径和相对路径,其中相对路径可分为根目录相对路径和文档相对路径。

绝对路径是包含服务器协议(在网页上通常是 http:// 或 ftp://)的完全路径。绝对路径包含的是精确位置,而不考虑源文档的位置。但是若目标文档被移动,则超链接无效。创建当前站点以外文件的超链接时必须使用绝对路径。

根目录相对路径是从当前站点的根目录开始的。和根目录相对的路径可以使用斜杠告诉服务器从根目录开始。例如,/image/pic01.jpg,表示站点根目录下的 image 文件夹中的 pic01.jpg 文件。在源文档(包含超链接的文档)经常被移动的情况下建立超链接,使用根目录相对路径常常是最佳的方法,源文档在站点内移动,超链接不会中断。但是,该方法不适合在本地查看站点,必须将文件放置到远程服务器,然后通过浏览器查看,或使用文档相对路径。

文档相对路径是指和当前文档所在的文件夹相对的路径。例如,book1.gif 表示当前文件夹中的文档 book1.gif;../book1.gif 表示上级目录中的文档;image/book1.gif 表示当前目录下的 image 文件夹下的 book1.gif 文件。和文档相对的路径通常是最简单的路径,可以用来链接与当前文档在同一文件夹中的文档。

5.4.3　插入图像

图像和文字是网页中最重要的两种元素。在网页设计中恰当运用图像,可以体现出一个网站的风格和特色。

Dreamweaver 8 和大多数浏览器一样支持使用 JPEG 和 GIF 图像。此外，Dreamweaver 8、Microsoft Internet Explorer 4.0 及其更高版本和 Netscape Navigator 4.0 还支持 PNG 图像。

一般来说，JPEG 是存储照片或连续色调图像的较好格式，而 GIF 则是存储非连续色调图像或颜色比较单一的图像。GIF 只支持 256 种颜色，而 PNG 支持 16 兆种颜色。PNG 拥有 GIF 的全部特性（如透明图、GIF 动画等）。PNG 避开了 GIF 的压缩程序专利，而且得到比 GIF 更好的压缩比，不存在专利授权问题，可以用来取代 GIF。PNG 是 MacroMedia 公司的网页图像编辑软件 Fireworks 本身采用的图像格式。

1. 插入图像

当把一幅图像插入 Dreamweaver 8 文档时，Dreamweaver 8 在 HTML 中自动产生对该图像文件的引用。要确保这种引用正确，该图像文件必须位于当前站点之内。如果不在，Dreamweaver 8 会询问是否要把该文件复制到当前站点内的文件夹中。在网页中插入图像的具体步骤如下。

(1) 执行以下操作之一。
- 执行"插入"|"图像"命令；
- 使用"常用"|"插入"面板中的按钮；
- 使用快捷键 Ctrl+Alt+I；
- 将已添加到站点中的图像，从"文件"面板中直接拖到页面中。

(2) 在出现的对话框中，选择一个文件。

2. 修改图像属性

在"属性"面板中可以查看图像的所有属性，并对其进行修改。在文档窗口中选择一幅图像，"属性"面板显示常用的图像属性（参见图 5.15）。单击"属性"面板右下角的扩展箭头，可以查看所有图像属性。

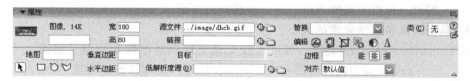

图 5.15　图片属性

通过"属性"面板，也可以对图像进行设置，常用设置如下。

(1) 名称　输入图像名，供使用脚本语言（如 JavaScript 或 VBScript）编写脚本时引用。

(2) 宽和高　指定图像被装进浏览器时所需空间（宽度和高度），默认以像素为单位。可以改变这些值来缩放图像实例的显示大小，但不能减少下载时间，因为在缩放图像之前，浏览器要下载所有图像数据。要减少下载时间，并确保图像的所有实例以同样大小显示，可以使用图像编辑程序（如 Fireworks、Photoshop 等软件）来缩放图像。

(3) 源文件　指定图像的源文件。可以通过以下方法指定源文件。

① 单击文件夹图标,找到想要的源文件。
② 在输入域中直接输入文件的名称(含有路径)。
③ 拖动"指向文件"按钮,直接指向一个已经添加到站点中的图像文件。

(4) 链接　图像指定超链接。使用方法基本同(3)。

(5) 替换　指定显示在图像位置上的可选文字。当浏览器显示网页时,将鼠标移至图片,可以显示这些文字作为提示信息。

(6) 目标　指定链接页面应该载入的目标框架或窗口。如果图像上没有链接则本选项无效。当前文档内的所有框架名都显示在列表中供选择。如果当前文档在浏览器中打开时指定的框架不存在,则链接页面被载入新窗口中。还可以选择以下目标名。

① _blank：将链接文档载入到新的未命名浏览器窗口中。
② _parent：将链接文档载入到父框架集或包含该链接的框架窗口中。如果包含该链接的框架是非嵌套框架,则链接文档将载入到整个浏览器窗口中。
③ _self：将链接文档载入与该链接相同的框架或窗口中。本目标是默认的,所以通常无须指定。
④ _top：将链接文档载入到整个浏览器窗口并删除所有框架。

(7) 低解析度源　指定应在主图像之前载入的图像。许多设计者都喜欢使用主要图像的 2 位(黑和白)版本,因为它载入更快,并且可以让访问者对他们所等待的东西有个大概了解。在此可以使用任何与主图像大小相同的图像。

(8) 边框　设置围绕图像的链接边框的宽度(以像素为单位)。输入 0 则无边框。

(9) 地图　输入映射地图名称,创建客户端映射地图。使用热区工具,可以创建矩形、椭圆、多边形热区。该操作可以在一幅图像上建立多个链接点。使用图像属性栏下方的矩形热点工具、椭圆热点工具、多边形热点工具,在图像上拖动,就可以产生一个热点区域,并进一步定义该区域的链接。具体操作在链接部分加以叙述。

(10) 对齐　设置图像的对齐方式。

(11) 编辑　提供了对图像进行进一步编辑的方法。

3. 调整图像和其他元素的大小

在 Dreamweaver 8 文档窗口,可以可视化地重新调整图像和其他元素的大小(如图像、插件、Shockwave 或 Flash 电影和 ActiveX 控件等),使布局更加合理、美观。

调整 Flash 动画和其他矢量图不会影响图像的显示质量,而调整位图(如 GIF、JPEG 和 PNG 图像)的大小可能会变得粗糙或失真。

调整页面元素大小有以下两种方法。

(1) 在文档窗口中选定元素(如图像或 Shockwave 电影),调整大小手柄将出现在元素底边、右边以及右下角。如果没有出现调整手柄,可先离开想调整大小的元素,然后重选它,或单击标记选择器中的图像标记 <img>,选定该元素。

(2) 拖动手柄,调整元素的大小。如果按住 Shift 键拖动右下角的手柄,可保持元素的宽高比不变。可视化重调元素的大小,最小可达 6×6 像素。要将对象的高度和宽度调整到更小(如 1×1 像素),可以在属性面板中输入数值。

4. 使图像与页面其他元素对齐

可以使用"属性"面板的对齐下拉菜单,使图像与页面其他元素对齐。"属性"面板中对齐下拉菜单的对齐选项及其作用说明如下。

(1) 默认值　通常指定基线对齐(默认对齐方式可能因浏览器不同而不同)。

(2) 基线、底部　将文本基线与选定对象底部对齐。

(3) 顶端　将文本行中最高字符的上部与选定对象的上部对齐。

(4) 居中　将文本基线与选定对象的中部对齐。

(5) 文本上方　将文本行中最高字符与选定对象的上部对齐。

(6) 绝对居中　将选定对象的中部和文本中部对齐。

(7) 绝对底部　将文本的绝对底部(包括下行字母,如字母 g)与选定对象的底部对齐。

(8) 左对齐　将对象置于左边缘,其旁边的文本绕排到右边。如果在一行中左对齐文本先于选定对象,则左对齐文本通常会迫使左对齐对象绕排到新的行中。

(9) 右对齐　将对象置于右边缘,其旁边的文本绕排到左边。如果一行中右对齐文本先于选定对象,则右对齐文本通常迫使右对齐对象绕排到新的行中。

5. 插入"鼠标经过图像"

"鼠标经过图像"是在一个图像的位置,来显示两个图像,当鼠标移到图像之上或之外时,分别显示不同的图像。

插入"鼠标经过图像"可以通过以下两种方法完成。

(1) 通过菜单完成。

① 执行"插入"|"图像对象"|"鼠标经过图像"命令,出现"插入鼠标经过图像"对话框,如图 5.16 所示。

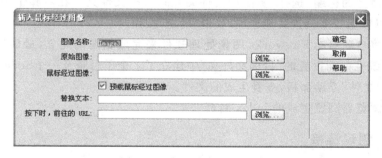

图 5.16　插入鼠标经过图像

② 在对话框中,选择"原始图像"和"鼠标经过图像"图像文件,单击"确定"按钮。

③ 在浏览器中预览,当鼠标经过图像时,图像会发生变化。

(2) 通过"插入"面板完成。

① 执行"常用"|"插入面板"|"插入图像"|"鼠标经过图像"命令,同样出现"插入鼠标经过图像"对话框。

② 在对话框中,选择"原始图像"和"鼠标经过图像"图像文件,单击"确定"按钮。

③ 在浏览器中预览效果。

6. 创建网站相册

Dreamweaver 提供了一条命令，可以用来建立网站相片集。该操作将根目录下某个子目录中的所有图片进行缩小后，在网页中显示出来，并且每一个缩小图片都可以建立超链接。当用户单击缩小的图片后，该图片将进行放大，以原尺寸显示出来。操作过程如下。

① 在网站根目录下建立两个文件夹：

imagesource
photoalbum

② 将用于建立相册的图片复制到 imagesource 文件夹中。

③ 执行"命令"|"创建网站相册"命令，打开"创建网站相册"对话框，如图 5.17 所示。

图 5.17 创建网站相册

④ 输入适当的标题，选择"源图像文件夹"和"目标文件夹"（在步骤①中建立的两个文件夹），可以根据需要设置其他选项，单击"确定"按钮。

⑤ 系统将自动启动 Fireworks 图像处理软件来完成相册的建立，最后提示"相册已经建立"。系统在前面设置的"目标文件夹"中建立了 3 个子目录及一个 index.htm 文件。

⑥ 通过"文件"浮动面板，查看生成的文件。

⑦ 通过浏览器浏览生成的 index 网页。

5.4.4 创建链接

链接（或称超链接）是 WWW 的魅力所在。为了把 Internet 上众多的网站和网页联系起来，构成一个有机的整体，就要在网页上加入链接。

1. 链接的类型

在 Dreamweaver 8 中，可以为文本和图像创建以下几种链接。

① 内部链接   在同一网站文档之间的链接。

② 外部链接   不同网站文档之间的链接。

③ 锚点链接   同一网页或不同网页的指定位置的链接。

④ E-mail 链接   打开书写电子邮件的链接。

⑤ 脚本链接。

2. 创建链接的一般方法

使用"属性"面板,可以把当前文档中的文本或图像链接到另一个文档。具体的操作步骤如下。

(1) 选择窗口中的文本或图像。

(2) 通过"属性"面板建立链接,有以下几种方法。

① 单击链接域右边的文件夹图标,浏览并选择一个文件。链接域中将显示被链接文档名称(包含路径)。

注意:使用该方法创建链接时,可以在弹出的"选择文件"对话框中设置链接的相对路径,具体操作在"相对于"选项中进行设置。

② 在"属性"面板的链接域中,直接输入要链接文档的路径和文件名。要链接到当前站点中的另一个文档(内部链接),输入文档相对路径或根相对路径;要链接到当前站点以外的文档(外部链接),输入包含协议类型(如 http://)的绝对路径。

③ 拖动属性栏中链接域后的"指向文件"按钮 ,直接指向站点内的其他文件。

在创建链接时,可以选择被链接文档的载入位置。在默认情况下,被链接文档打开在当前窗口或框架中。要使被链接的文档显示在其他地方,需要从属性面板的"目标"弹出菜单上选择一个选项,其选项内容如下。

- _blank 将被链接文档载入到新的未命名浏览器窗口中。
- _parent 将被链接文档载入到父框架集或包含该链接的框架窗口中。
- _self 将被链接文档载入与该链接相同的框架或窗口中(本目标是默认的)。
- _top 将被链接文档载入到整个浏览器窗口并删除所有框架。

3. 创建电子邮件链接

在网页上创建电子邮件链接,以方便浏览者反馈意见。当浏览者单击电子邮件链接时,即可打开浏览器默认的电子邮件处理程序,收件人邮件地址被电子邮件链接中指定的地址自动更新,无须浏览者手工输入。

(1) 使用插入邮件链接命令创建电子邮件链接,操作步骤如下。

① 选定希望显示为电子邮件链接的文本(如 connect to us),然后执行以下操作之一。

- 执行"插入"|"电子邮件链接"命令。
- 在"插入"面板的"常用"嵌板上,单击"电子邮件链接"按钮。

② 在对话框的"文本"域,输入或编辑作为电子邮件链接显示在文档中的文本。

③ 在 E-mail 域,输入邮件应该送达的 E-mail 地址。

④ 单击 OK 按钮。

(2) 使用"属性"面板创建电子邮件链接,操作步骤如下。

① 在文档窗口选择文本或图像。

② 在"属性"面板的链接域中,输入"mailto:电子邮件地址"(如 mailto:book@ebook.com.cn)。

4. 设置锚点和创建锚点链接

创建命名锚点(简称锚点)就是在文档中设置位置标记,并给该位置一个名称,以便引用。通过创建锚点,可以使链接指向当前文档或不同文档中的指定位置。

创建锚点链接,首先要设置一个命名锚点,然后建立到命名锚点的链接。

(1) 设置锚点,操作步骤如下。

① 把光标置于文档窗口想要设置锚点的地方。

② 执行以下操作之一。

- 执行"插入"|"命名锚记"命令。
- 按 Ctrl+Alt+A 键。
- 单击"插入"面板中"常用"嵌板的"命名锚记"按钮。

③ 在"命名锚点"对话框的"锚点名称"域中输入锚记名。

注意:命名锚点是区分大小写的。如果锚点标记没有出现在插入点,执行"查看"|"可视化助理"中的"不可见元素"命令。

(2) 创建锚点链接,操作步骤如下。

① 在文档窗口,选择要建立链接的文本或图像。

② 在"属性"面板的链接域,输入一个号码符号(#)和锚点名。例如:

- 要链接到当前文档中称为 top 的锚点,输入"#top";
- 要链向同一文件夹不同文档中称为"top"的锚点,输入"filename.html#top"(例如书城简介.htm#top)。

5. 创建脚本链接

在"链接"后输入脚本,如:JavaScript:alert('您好,欢迎浏览我的主页!'),即可创建一个脚本链接。

6. 使用图像映射

图像映射(Image Map)是指在同一幅图像上定义出许多区域,并对应着不同的链接。当通过 IE 浏览器单击该图片的不同区域时,就可以链接到不同的目标上去。操作如下。

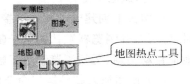

图 5.18 图像映射

(1) 在文档中插入一幅图片,并选择该图片。

(2) 使用如图 5.18 中的地图热点工具,在图片上拖动,以建立链接区域。

(3) 对区域建立链接。

5.5 表格与层的应用

在设计网页时,必须对页面元素进行定位,使页面布局整齐、美观。表格和层是两种常用的定位页面元素的方法。

5.5.1 表格编辑

表格是页面布局极为有用的设计工具。使用表格可以设计页面分栏,定位页面上的文本和图像等。

1. 插入表格

使用"插入"面板或"插入"菜单可以建立新的表格,方法是在文档窗口,把光标定位在想要显示表格的位置,然后执行"插入"|"表格"命令;或在文档窗口,把光标定位在想要显示表格的位置,然后单击"插入"面板上的"表格"按钮。

系统将弹出"表格"对话框,如图 5.19 所示。

在对话框中设置表格:

(1) 在"行数"文本框,输入表格的行数。

(2) 在"列数"文本框,输入表格的列数。

(3) 在"表格宽度"文本框,以像素数或浏览器窗口的百分数指定表格的宽度。

(4) 在"边框粗细"文本框,输入表格线的像素宽度。如果不需要显示表格线,就输入 0。在使用表格进行布局时,经常将表格的边框设置为 0。

最后单击"确定"按钮,建立表格。

2. 添加内容到表格单元

建立表格以后,可以在表格单元中添加文本和图像,使用前面章节介绍的方法完成相应的操作。现建立如图 5.20 所示的网页。

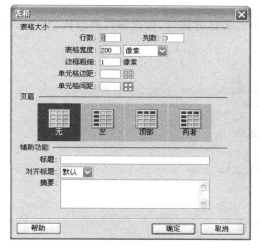

图 5.19 插入表格

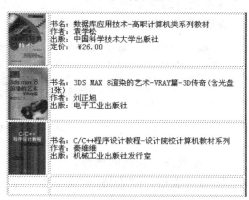

图 5.20 表格页面

从图中可以看出,经过表格的分隔,使页面内容排列得比较整齐。而该页面在 Web 浏览器中显示时,不会出现边框,因为边框的宽度为 0。

3. 选择表格元素

在创建表格和输入表格内容之后,有时需要对表格作进一步的处理,有时需要修改其中的数据,这就要对表格元素进行选择,以便做进一步的操作。

可以选择整个表格,也可以选择一行、一列或多行、多列,还可以选择表格中的连续或不连续的多个单元格。选定表格或单元格之后,可以修改选定单元格及所包含的文本,也可以复制和粘贴连续单元格,但不能复制或粘贴非连续单元格。

(1) 选择整个表格,可以执行以下操作之一。
① 单击表格左上角,或者在表格右边或底边上任何地方单击。
② 在表格中单击一次,然后执行"修改"|"表格"|"选择表格"命令。
③ 把光标置于表格中的任意地方,选择文档窗口左下角的<table>标记。
被选择的表格周围出现选择手柄。
(2) 选择行或列,执行以下操作之一。
① 将光标置于行的左边缘或列的顶端,出现选择箭头时单击即可。
② 在单元格内单击,然后拖动鼠标,选择多行或多列。
(3) 选择多个单元格,执行以下操作之一。
① 在单元格内单击,然后拖动鼠标至另一个单元格。
② 在一个单元格内单击,然后按住 Shift 键单击另一个单元格。矩形区域内的所有单元格被选中。
(4) 选择非连续单元格,执行以下操作之一。
① 按住 Ctrl 键在表格内单击,把单元格、行或列添加到选择中。
② 先在表格中选择多个单元格,然后按住 Ctrl 键单击单元格、行或列,取消个别不想选的单元格。

4. 设置表格属性

为了使所创建的表格更加美观、醒目,需要对表格的属性(如表格线的颜色、整个表格或某些单元格的背景图像、颜色等)进行设置。

表格"属性"面板如图 5.21 所示。

图 5.21　表格的"属性"面板

(1) 设置整个表格的属性。
① 命名表格,在"表格 Id"文本框中输入表格名。
② 设置表格布局属性。
- 在"行"和"列"文本框,输入表格的行数和列数。
- 在"宽"和"高"文本框,输入以像素数(pixels)或浏览器窗口的百分数(%)表示的表格宽度和高度(单击此文本框右边的下箭头可从弹出的菜单上选择表示方式)。表格的高度一般不需要指定。
- 使用"对齐"文本框设置表格与同一段落中的其他元素(如文本或图像)对齐方式。单击此文本框右边的下箭头,弹出"对齐方式"菜单,从中进行具体的选择。也可以选择浏览器的默认对齐方式。
③ 设置表格线属性。
- 在"边框"文本框,设置边框以像素表示的宽度(默认值为1)。大多数浏览器以三

维线显示边框。
- 使用"边框颜色"文本框,选择整个表格的边框颜色。
④ 设置背景属性。
- 使用"背景颜色"文本框,设置表格的背景颜色。
- 使用"背景图像"文本框,设置表格的背景图像。

注意:如果使用表格进行页面布局,应指定边框值为 0。当边框值被设为 0 时,要查看单元格和边框,可执行"查看"|"可视化助理"|"表格边框"命令。

(2) 设置列、行和单元格属性　首先选择单元格的任意组合,然后使用"属性"面板改变单元格、行或列的属性。操作步骤如下。

① 选择表格中单元格的任意组合。
② 参见图 5.22 设置具体的单元格属性。

图 5.22　单元格"属性"面板

(3) 用预置表格设计格式化表格　Dreamweaver 8 已经预置了十几种表格设计,使用这些预置设计(即预先设计好的表格式样)格式化表格,可以大大提高表格的设计效率。使用"格式化表格"命令,可以快速地把预置设计应用于表格,然后再选择有关选项进一步设定。具体步骤如下。

① 选定表格,然后执行"命令"|"格式化表格"命令,打开"格式化"对话框。
② 在出现的"格式化表格"对话框中,从左边的列表内选择一个设计方案,表格被更新并显示出设计示例,对于选择的示例如果不满意,还可以进一步进行设置。

5.5.2　层与"层"面板

层是一种新的网页元素定位技术,使用层可以以像素为单位精确定位页面元素。层可以放置在页面的任意位置。把页面元素放入层中,可以控制哪个层显示在前面,哪个层显示在后面,哪个显示,哪个隐藏。配合时间轴的使用,可同时移动一个或多个层,轻松制作出动态效果!

在进行页面的定位布局时,和使用表格相比,层可以精确定位、插入自如、加速浏览,具有可折叠性。

1. 关于层

在著名的图像处理软件 Photoshop 中有 layer,在 Dreamweaver 8 中也有 layer,但两者含义不尽相同。在 Photoshop 中可以把 layer 翻译成"图层",但在 Dreamweaver 8 中还是翻译为"层"为好,因为在 Dreamweaver 8 的"层"中,并不一定含有"图"。

Dreamweaver 8 的"层"是指存放用 DIV 和 SPAN 标记描述的 HTML 内容的容器。层可以包含文本、图像、表单、插件,甚至层内还可以包含其他层。也就是说,在 HTML 文档的正文部分可以放置的元素都可以放入层中。在 Dreamweaver 8 中,可以使用两种层来定位页面内容。

（1）CSS 层（层叠样式表层） 使用 DIV 和 SPAN 标记定位页面内容。CSS 层的属性由环球网协会（W3C）的"用层叠样式表定位 HTML 元素"定义。

（2）Netscape 层 使用 Netscape 的 LAYER 和 ILAYER 标记定位页面内容。Netscape 层的属性由 Netscape 的专有层格式定义。

Internet Explorer 4.0 和 Netscape Navigator 4.0 及它们的更高版本均支持使用 DIV 和 SPAN 标记建立的层，但只有 Navigator 支持用 LAYER 和 ILAYER 标记建立的层。因此，Dreamweaver 8 预设使用 DIV 创建层，从而解决了浏览器的兼容问题。

2. 设置默认层参数

执行"编辑"|"首选参数"命令，在"首选参数"对话框中选择分类中的"层"，显示如图 5.23 所示的对话框。

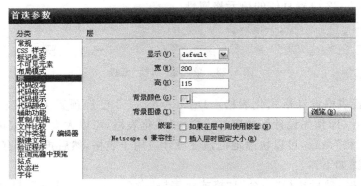

图 5.23 层的设置

在对话框中设置具体参数，之后再创建的新层就会按照此设置出现。

3. 创建层

创建层有以下几种方法。

① 插入层：把光标置于文档窗口中想插入层的地方，然后执行"插入"|"布局对象"|"层"命令。

② 拖放层：首先在"插入"面板中执行"布局面板"命令，把"绘制层"按钮从面板中拖到文档窗口。

③ 绘画层：在"布局"面板中单击"绘制层"按钮，在文档窗口中拖动画出一层。

4. "层"面板

"层"面板是文档中层的可视图。执行"窗口"|"层"命令，可打开"层"面板，如图 5.24 所示。

在"层"面板中，层以堆叠的名称列表的形式显示。先建立的层位于列表的底部，最后建立的层位于列表的上部。使用"层"面板可防止层重叠，改变层的可见性和堆叠顺序。

图 5.24 "层"面板

（1）改变层的可见性，操作方法如下。

① 打开"层"面板。

② 选择要改变可见性的层所在行，单击"眼睛"图标

列,直至设置为想要的可见性。
- 睁开的眼睛表示层可见。
- 闭上的眼睛表示层不可见。
- 如果没有"眼睛"图标,该层继承其父的可见性。当层不是嵌套时,父就是文档主体,它总是可见的。

③ 要一次改变多层的可见性,单击"眼睛"列顶上的"眼睛"图标。

(2) 改变层的堆叠顺序 先打开"层"面板(如果没有打开的话),然后在"层"面板中执行以下操作之一。

① 在 Z 列,单击要改变的层的数字,输入一个比现有的数大的数,把层在堆叠顺序中往后移;输入一个较小的数,往前移。

② 选择和上下拖动层至想要的堆叠顺序。在移动层时,可以看到一条线,当该线显示在想要的堆叠顺序时,释放鼠标按钮。

5. 使用层

创建层之后,在层中添加可以在页面中使用的任何对象,并可以随意调整层的位置、大小,使用起来非常方便。如果对层的设置不满意,还可以通过属性面板进行更准确的设置。层的"属性"面板如图 5.25 所示。

图 5.25 层的"属性"面板

5.6 行   为

Dreamweaver 提供了丰富的内置行为,这些行为的设置是利用简单直观的语句设置手段,为网页对象添加一些动态效果和简单的交互功能,它使不熟悉 JavaScript 或 VBScript 的网页设计者,可以方便地设计出通过复杂的 JavaScript 或 VBScript 语言才能实现的功能。

5.6.1 如何添加行为

添加行为需要通过"行为"面板来完成,执行"窗口"|"行为"命令,可以打开"行为"面板,如图 5.26 所示。

首先在页面中选择一个对象(如文本、图像、层等),单击层面板中的"+"按钮添加行为,可以弹出一个菜单,显示出对于所选对象可以添加的行为。如果所有行为都不能选择,可以在"显示事件"中,选择"IE4.0"或更高版本,就可以添加行为了。

图 5.26 "行为"面板

在添加行为时涉及 3 个概念:对象、事件(时间)、行为(操作)。即对于某一个对象在什么时间执行什么操作。在图 5.26 中,表明对于当前所选的对象在 onClick 时执行"播放声音"的操作,这三个内容缺一不可。

5.6.2 使用行为

下面通过几个具体的实例,来说明行为的使用。

1. 设置状态栏文本

① 在设计页面的状态栏中,选择<body>标记。

② 执行"窗口"|"行为面板"|"添加行为"命令,可以"设置文本"和"设置状态栏文本"。

③ 在弹出的对话框中,输入消息内容,单击"确定"按钮。

④ 设置触发事件为:onLoad(表示在页面载入的时候,执行该行为)。

⑤ 预览,在浏览器的状态栏中会显示输入的消息内容。

2. 调用 JavaScript 制作"欢迎"对话框

① 打开"行为"面板。

② 选择状态栏中的<body>标记。

③ 添加行为"调用 JavaScript"。

④ 输入对话框信息:alert('您好! 欢迎访问我的主页!')。

⑤ 确认触发事件为 onLoad。

3. 显示隐藏层

① 新建一个页面。

② 在其中添加 3 个层,大小为 100×120 像素,命名 3 个层分别为 book1、book2、book3。在每个层中分别放置一幅图书的图片,设置图像与层一样的大小,使其正好显示在层中。排列层的位置。制作的效果如图 5.27 所示。

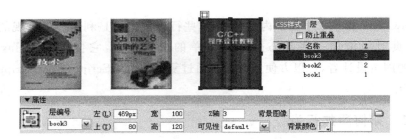

图 5.27 页面效果及设置

③ 再添加 3 个层,分别命名为 info1、info2 和 info3,设置为一样的大小,重叠放置在图书图片的下方。在 3 个层中分别输入相应的图书信息,并设置 3 个层的状态为隐藏。

④ 选择层 book1,添加"显示-隐藏层"行为,如图 5.28 所示。确定后,选择触发事件为 onMouseOver(表示当光标移到该图片所在层时显示相应的图书信息)。

⑤ 选择层 book1,添加"显示-隐藏层"行为。设置层"info1"为隐藏。确定后,选择触发事件为 onMouseOut(表示当光标移出该图片所在层时隐藏相应的图书信息)。

图 5.28 显示-隐藏层

⑥ 同样对其他两个图片所在层添加"显示-隐藏层"行为。制作后的控制面板设置如图 5.29 所示。

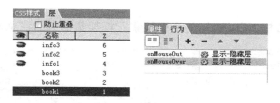

图 5.29 控制面板设置效果

⑦ 预览,测试制作效果。

5.7 框架与表单

框架是页面布局的另一种技术,使用框架有两大优点,一是可以使网页界面变得更加漂亮;二是能使网页结构更加清晰,便于访问者比较方便地浏览到所感兴趣的内容。

框架(Frames)技术是由框架集(Frameset)和框架(Frame)两部分组成。框架集是框架的集合,它定义了各框架的结构、数量、大小尺寸及装入框架中的页面文件名和路径等有关框架的属性。框架集并不在浏览器中显示,只是存储所属框架的有关信息,框架集中的全部框架文件构成一个网页页面。框架是框架集的组成元素,框架的页面是整个网页页面的一部分,是一个矩形区域,它具有网页所有的属性和功能,与框架集中其他框架页面的关系是平等的。

5.7.1 框架处理

1. 框架的创建、调整与删除

用框架技术制作的网页可以将一个页面分割成上下或左右结构的框架,把单页面拓展成多页面,满足浏览者在一个页面内迅速浏览更多内容的需求。

(1) 创建框架 创建框架可以使用以下方法。
① 新建网页文件,在"常规"标签中选择"框架集",在右框中选择一种类型。
② 在已打开的普通网页中,执行"插入"面板中的"布局"面板,单击"框架"按钮。
③ 执行"修改" | "框架页"命令。
④ 执行"查看" | "可视化助理" | "框架边框"命令,拖动框架边框。

（2）如何选择框架及框架集。

① 按住 Alt 键，在具体框架中单击。选择框架后，可以通过"属性"面板看到框架的属性，如图 5.30 所示。

图 5.30　框架"属性"面板

② 执行"窗口"｜"框架"命令，打开框架控制面板，在面板中单击具体框架，可以选择该框架。

③ 单击框架的边框，可以选择整个框架集。框架集的"属性"面板如图 5.31 所示。

图 5.31　框架集"属性"面板

（3）改变框架的大小　操作方式如下。

执行"查看"｜"可视化助理"｜"框架边框"命令，在显示出框架边框的前提下，拖动框架边框即可以改变框架的大小。

（4）设置框架、框架集的属性。

通过如图 5.30 和图 5.31 所示的"属性"面板，进行属性的设置。

2. 框架的保存

框架里的内容主要是 HTML 文档，在一个网页中创建了框架结构后，可在"属性"面板中设置框架页面的超链接。框架结构的网页制作完成后，可以分别保存每个框架文档，也可单独保存框架集文档，还可以将整个框架集与它的各个框架文档一起保存。

（1）保存框架文档的操作步骤。

① 在网页编辑区窗口中，单击要保存的框架。

② 执行"文件"｜"保存框架"命令，就可保存该框架文件。

③ 若该框架文件尚未保存过，则系统会打开"文件存储"对话框，输入正确的文件名和路径，便可保存该框架文档。若该框架文件已保存过，则该操作在原有的基础上保存该框架文档。

（2）保存框架集文档的操作步骤。

① 在网页编辑区窗口中，选中框架集。

② 执行"文件"｜"保存框架页"命令，就可保存该框架集文件。

如果希望将框架集文档用另外的路径或文件名保存，应执行"文件"｜"框架集另存为"命令。

（3）保存框架集中所有文档的操作步骤。

① 执行"文件"|"保存全部"命令(将整个框架集与它的各个框架文档一起保存)。

② 先保存框架集文档,然后再保存框架集中其他框架文档。

若框架集中有尚未保存过的框架文件,则系统会打开"文件存储"对话框,输入正确的文件名和路径后,单击"保存"按钮便可保存该框架文档。若所有框架文件以前都已保存过,则该操作在原有的基础上保存所有的框架文档。

3. 框架的应用

使用框架的目的就是要合理的组织页面,将多个页面显示在一个窗口当中。这里以3个框架为例。

① 首先建立一个具有3个框架的框架集页面,其中一个框架中显示链接页面,可以称其为"导航页面";一个框架显示一些固定的页面信息,如站点信息、徽标等;第三个框架用来显示站点中的其他页面,该框架中的页面是变化的,当单击"导航页面"中的不同链接时,在该框架中显示目标页面。

② 参见图5.30的框架属性面板,添加"框架名称",对3个框架进行命名。如top、left、main,分别对应导航页面、固定信息页面、主页面。

③ 建立导航页面中的链接,在每个链接中,设置"属性"面板中的链接"目标"选项,从弹出的菜单中,选择建立好的框架main。这样,被链接的网页就会在指定的框架main中显示出来。

按上面的结构设计的框架,页面显示合理,站点信息、导航页面始终显示在屏幕中,随着链接的不同,在主窗口中显示不同的页面,浏览方便。

5.7.2 表单处理

表单也是在网页过程中会经常使用到的,例如设计者要做一个电子邮件反馈表,让浏览者填写已设计好的表格,然后通过电子邮件的形式发送到相关信箱中。

1. 插入表单

在"插入"面板中执行"表单面板"|"表单"命令,就可以插入一个表单。也可以执行"插入"|"表单"|"表单"菜单命令,然后文档窗口的相应位置上会出现一个红色的虚线框(刚插入的表单框)。

插入表单后,如果没有出现红色的虚线框,可以检查"查看"|"可视化助理"菜单中的"不可见元素"是否选中。

2. 编辑表单

(1) 表单的属性　单击红线边框,会出现表单的"属性"面板,显示如图5.32所示。

图5.32　表单属性面板

① 表单名称。可以在"表单名称"文本框中输入表单的名字。

② 动作。表单的处理事件,即表单填完后怎样处理填写的资料。

③ 方法。所填写资料的传输方法。共有 POST 和 GET 两种方法，默认为 POST 方法。

(2) 表单域　表单中提供给用户输入信息的对象，称为"域"。表单嵌板包含表单和表单域的按钮。在插入表单域之前，要把插入点置于表单边界之内（在表单之外的表单域在浏览器中不显示）。同时注意，一个表单是一个整体，包含众多的表单域，而不是每插入一个域，就建一个表单。

① ▢文本字段，即在表单中插入一个⬜⬜⬜，单击插入"文本字段"按钮后，首先出现一个对话框如图 5.33 所示。在对话框中可以输入该"文本字段"域的标签，即提示信息，并可以设置标签与域的前后位置。在后面插入其他类型的域时，也会出现相应的"输入标签辅助功能属性"对话框，在此就不再说明了。

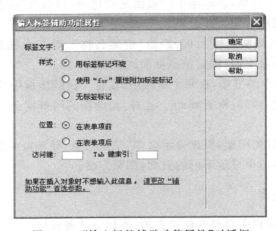

图 5.33 "输入标签辅助功能属性"对话框

插入"文本字段"域之后，选择该域，可以看到"属性"面板如图 5.34 所示。

图 5.34 文本字段域的"属性"面板

- 文本域：该文本框的名字。
- 字符宽度：文本框的宽度，即显示在屏幕上的文本框的长度（整数值）。
- 最多字符数：框中最多能输入的字符数量（仅当"类型"为"单行"或"密码"时有效）。
- 类型：文本框的类型，其中"单行"和"密码"是单行的，而"多行"是可以输入多行信息的。
- 初始值：放在文本框中的初始值。

② ▢命令按钮，即在表单中插入一个 提交 按钮，选中该按钮后可以看到"属性"面板

• 120 •

变成如图 5.35 所示。

图 5.35　按钮的"属性"面板

- 按钮名称：按钮的名字。
- 值：按钮标签值，即显示在按钮上的文字。
- 动作：有 3 个选项，提交表单；重设表单；无。

③ 复选框，即在表单中插入一个□，选中该框后可以看到"属性"面板变成如图 5.36 所示。

图 5.36　复选框的"属性"面板

- 复选框名称：复选框的名字。
- 选定值：复选框所对应的值。
- 初始状态：复选框的初始状态。"已勾选"表示选中，"未选中"表示未选中。

④ 单选按钮，即在表单中插入一个○，选中该框后可以看到"属性"面板变成如图 5.37所示。

图 5.37　单选按钮的"属性"面板

- 单选按钮：单选框的名字。
- 选定值：单选框所对应的值。
- 初始状态：单选框的初始状态。"已勾选"表示选中，"未选中"表示未选中。

⑤ 单选按钮组，在使用单选按钮时，可能会分为不同的组，例如"性别"、"年龄"等应该属于不同的组，在选择时应该互不影响。在区分不同的组时，主要靠单选按钮组的名称。相同组的单选按钮具有相同的名称，不同组的单选按钮具有不同的名称。使用"单选按钮组"功能可以自动分组。单击该功能按钮后，出现如图 5.38 所示的对话框，通过该对话框设置一组单选按钮的值。

⑥ 列表/菜单，即在表单中插入一个　　　　，选中该框后可以看到"属性"面板如图 5.39 所示。

- 列表/菜单：列表/菜单的名字。
- 类型：选择类型（菜单或列表）。
- 高度：列表框的高度（仅当"类型"为"列表"时有效）。

图 5.38 单选按钮组的设置对话框

图 5.39 列表/菜单的"属性"面板

- 允许多选：选中表示允许多重选择（可选多个，仅当"类型"为"列表"时有效）。
- 列表值：下拉列表框中的选项值。单击该按钮，出现如图 5.40 所示的对话框。通过该对话框可以设置"菜单/列表"的内容。

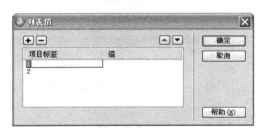

图 5.40 "列表值"对话框

- 初始化时选定：设置下拉列表框的初始值（即在"列表值"中填入的值）。

⑦ 其他域，除此之外还有图像域、文件域等，可以上传图像或文件。

5.8 本章小结

本章主要介绍 Dreamweaver 8 网页编辑器的使用方法与技巧。

Dreamweaver 是美国 MacroMedia 公司开发的集网页制作和管理网站于一身的"所见即所得"网页编辑器。

本章介绍的主要知识点是 Dreamweaver 8 的操作环境，包括文档窗口、"插入"面板、"属性"面板、快捷菜单、网页与网站的创建与编辑、超级链接、表格、层、框架与表单等。

思考与练习 5

1. 思考题

(1) 简述 Dreamweaver 8 的主要功能和特点。
(2) "属性"面板的作用是什么?
(3) 在一个网页中引用其他的图像、声音等文件或者链接到其他文档时,如何使用路径?
(4) 表单的作用是什么?
(5) 如何建立框架,其作用是什么?
(6) 网站和网页有什么区别?

2. 选择题

(1) 在 Dreamweaver 中,(　　)显示的主要有 Dreamweaver 标记、应用程序名、当前正在编辑的文档的标题和名称及最大化按钮等。
　　A. 标题栏　　　　B. 菜单　　　　C. 工具栏　　　　D. 属性栏
(2) 在使用表单时,(　　)文本框中输入的信息是不会显示的。
　　A. 单行　　　　B. 密码　　　　C. 多行　　　　D. 隐藏域
(3) 在使用超级链接时,目标窗口设置为 _blank,表示(　　)。
　　A. 在当前窗口中打开文档
　　B. 在新的窗口中打开新文档
　　C. 在当前窗口的父文档窗口中打开文档
　　D. 打开的网页文档为空
(4) 在创建链接时,可以从页面文档的一个位置链接到另一个位置,这是(　　)。
　　A. 锚记链接　　　B. 邮件链接　　　C. 虚拟链接　　　D. 外部链接

3. 填空题

(1) 在使用图像建立链接时,热点形状工具有_____、_____和_____。
(2) 一个完整的表单应该包括_____、_____。
(3) 通过_____ 行为可以控制层的显示。
(4) 创建一个邮件链接,应该在链接栏中输入_____。

4. 上机练习题

(1) 在自己计算机的 D 盘建立一网站,合理安排站点的结构。
(2) 建立一个框架集网页,包含 3 个框架。一个框架显示一些固定的信息;一个框架作为导航链接,显示链接按钮;另一个框架用来显示不同的网页,当单击第二个框架中的链接时,被链接的网页显示在该框架中。

实践环节——网站建设

【目标】　建立一个个人网站,主要介绍自己的个人信息。

【思路】　建立站点的前期设计工作至关重要,在充分分析的基础上,设计好站点主题,定义合理的站点结构,收集、准备好建立站点所需要的各种素材。然后才进行页面的设计,并反复地进行修改,直到完成整个站点的建设。

【步骤】

步骤1：建立本地站点的结构，分类存放站点中所需要的文件。

步骤2：建立站点中的网页，如个人简介、爱好、反馈信息、相片集等网页。

步骤3：建立合理的框架网页，设置框架中的初始页面。

步骤4：合理建立链接，并设置被链接页面的显示目标框架。

步骤5：各小组进行交流。

【归纳】 在设计和讨论的基础上对建立网站的方法进行归纳。

【实验环境】 连网的计算机。

第6章 Access 数据库管理系统

Access 数据库开发软件是 Microsoft 强大的桌面数据库平台产品，Microsoft Access 及其 Jet 数据库引擎可以说主宰着整个桌面数据库市场。在全世界使用的 Access 软件有上千万份，其应用领域广阔，设计人员众多。Microsoft Access 有很多优点，例如易学、易用、功能强大，面向对象的可视化设计，利用 Web 检索和发布数据，与其他 Office 软件的有效集成，利用宏命令和 VBA 实现复杂问题的处理等。它的强大功能和详尽的帮助使读者很容易上手，读者可以在很短的时间内做出一个与 Windows 系统风格完全一致的数据库应用系统。在国内，使用 Access 数据库的用户越来越多，Access 系列产品将成为市场上的主导产品。

提示：本章的数据库文件，存储在清华大学出版社本书资源的 ebook/database 目录下。

6.1 数据库编程的基本知识

通常，数据库产品的开发过程应该按如下 6 个步骤进行：
(1) 需求分析。
(2) 概念结构设计。
(3) 逻辑结构设计。
(4) 数据库物理设计。
(5) 数据库实施。
(6) 数据库运行和维护。

数据库的开发工作大部分应集中在设计阶段，其中的概念结构设计和逻辑结构设计更显得重要。经过概念结构设计和逻辑结构设计产生相应的数据模型，而不同的数据模型具有不同的数据结构形式。

目前最常用的数据模型有层次模型(Hierarchical Model)、网状模型(Network Model)和关系模型(Relational Model)。其中层次模型和网状模型统称为非关系模型。关系数据库是以关系模型为基础的数据库，它利用关系描述现实世界。一个关系既可以用来描述一个实体和属性，也可用来描述实体间的一种联系。关系数据库所应用的标准语言是结构化查询语言(Structured Query Language，SQL)，该语言在后面将有详细的介绍。

由于关系模型有严格的数学理论基础，因此形成了数据库逻辑设计的一个有力工具——关系数据库的规范化理论。规范化的优点在于：存储空间最小化、消除数据的不一致性、消除数据更新和删除出现的问题、结构化程度高等。

6.2 数据库、表格的创建和设计

Access 数据库包括了表、查询、窗体、报表、页、宏、模块几大部分。数据库的数据来源是数据表，数据表和由数据表生成的查询一起构成了整个数据表中所有对象的基础数据来源。数据库的应用对象窗体、报表、Web 页从数据表或查询中得到数据,在运行过程中通过事件触发器触发和调用宏和模块。宏可以通过其自身的宏命令作用窗体、报表和 Web 页,也可以运行模块中的代码。模块可以通过 VBA 代码作用窗体、报表、Web 页等对象。图 6.1 较好地说明了 Access 数据库中各个对象的相互关系。

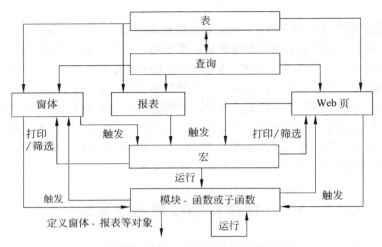

图 6.1 Access 中各对象及其相互关系图

Access 数据库管理系统,内置了几个示例数据库,可以直接使用,也可以作为学习 Access 的参考。

6.2.1 数据库的创建与打开

在 Access 中整个数据库是一个文件,其后缀名为 .accdb,其中包含了表、查询、窗体、页、宏、模块等部分。因此创建一个数据库将是设计工作的第一步,创建数据库的对话框如图 6.2 所示。

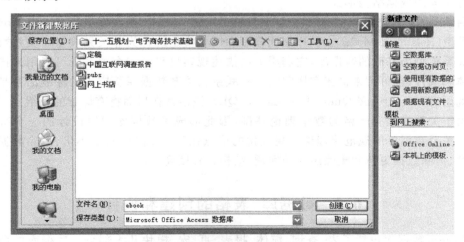

图 6.2 "文件新建数据库"对话框

前面提到数据库的设计是至关重要的,下面就首先进行数据库的设计,下面将以网上书城为例,进行数据库的设计。该数据库是本教材后续示例的基础。

启动 Access(本书以 Office Access 2010 为例),在"文件"选项卡中选择"新建"命令,单击图 6.2 中右边的"空数据库",单击"创建"按钮,在弹出的"文件新建数据库"对话框中,选择文件的存储路径,并命名数据库文件的名称,本书以 ebook 为例。

6.2.2 创建和设计表格

要设计一个良好的数据库,首先是要设计好表的结构,这样不仅可以避免数据冗余等问题,还将给以后的数据库应用设计与开发工作带来方便。所以,在设计数据库的时候不要立即动手,首先应该对数据库的表结构做一定的设计工作,考察表与表之间的关系,这样在开发数据库应用的过程中往往能收到事半功倍的效果,表的设计视图如图 6.3 所示。

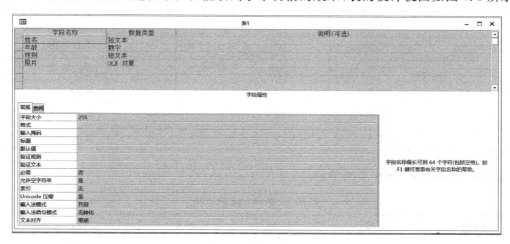

图 6.3 表设计视图

首先,根据网上书城的需求,设计以下的几个表格来存放数据。
- Booktype 表,存放图书类别信息。
- Publishers 表,存放出版社信息。
- Authors 表,存放作者信息。
- Books 表,存放图书信息。
- Employee 表,存放雇员信息。
- Usertype 表,存放读者类型信息。
- User 表,存放用户信息。
- Sales 表,存放用户购书信息。
- Salesdetail 表,存放购书明细。

在确定了所要建立的表以后,就要设计表的具体结构,即每个表都存放哪些具体的信息,以及信息的数据类型及长度等。

依据需求,设计如表 6.1~表 6.9 的表结构。

(1) Publishers　出版社信息。

表 6.1 Publishers 表结构

字段名	类型	长度	要求	含义
pubname	文本	20	唯一	出版社名称
city	文本	20		所在城市
address	文本	40		出版社地址
tel	文本	12		联系电话
zip	文本	6		邮编

（2）Authors　作者信息。

表 6.2 Authors 表结构

字段名	类型	长度	要求	含义
auname	文本	10	唯一	作者名称
city	文本	20		所在城市
address	文本	40		地址
tel	文本	12		联系电话
zip	文本	6		邮编

（3）Booktype　图书类别信息。

表 6.3 Booktype 表结构

字段名	类型	长度	要求	含义
booktype	文本	20	唯一	图书类型

（4）Books　图书信息。

表 6.4 Books 表结构

字段名	类型	长度	要求	含义
bookid	自动编号	6	唯一、自动编号	图书编号
booktitle	文本	40		图书名称
booktype	字符	4	取值于 Booktype 表	图书类型
pubname	字符	4	取值于 Publishers 表	出版社名称
auname	字符	5	取值于 Authors 表	作者姓名
saleprice	货币			售价
buyeprice	货币			进价
pubdate	日期			出版时间

(5) Employee 雇员信息。

表 6.5 Employee 表结构

字段名	类型	长度	要求	含义
empid	自动编号			员工编号
empname	文本	10		员工姓名

(6) Usertype 读者类型信息。

表 6.6 Usertype 表结构

字段名	类型	长度	要求	含义
usertype	文本	10	唯一	读者类型
discount	数字			折扣率

(7) User 用户信息。

表 6.7 User 表结构

字段名	类型	长度	要求	含义
userid	自动编号	6	唯一	读者编号
username	文本	20		读者姓名
usertype	文本	4	取值于 Usertype 表	读者类型
address	文本	40		地址
tel	文本	12		联系电话
zip	文本	6		邮编
useremail	文本	30		邮箱

(8) Sales 用户购书信息。

表 6.8 Sales 表结构

字段名	类型	长度	要求	含义
salesid	自动编号	5	唯一	销售编号
userid	数字	6	取值于 User 表	读者编号
empid	数字		取值于 employee 表	员工编号
salestime	日期			销售时间
money	货币			销售金额

(9) Salesdetail 购书明细。

表 6.9 Salesdetail 表结构

字段名	类型	长度	要求	含义
salesid	数字	长整型	取值于 Sales 表 与 Detail_id 共同唯一	销售编号
bookid	数字	长整型	取值于 Books 表	图书编号
qty	数字	整型		销售数量

1. 表设计

一般而言,创建表的方法有如下几种:通过表向导创建、在"设计视图"中创建、直接在数据表中输入数据、导入和链接外部数据和利用生成表查询创建表。在此将介绍一下通过"设计视图"创建表。

在上述的 9 个表中,存在相互的关系,经分析可知,Books 表要引用 Authors、Publishs、Booktype 3 个表的信息,这样需要先建立 Authors、Publishers、Booktype 3 个表;User 表需要引用 Usertype 表的信息,可以先建立 Usertype 表等。下面以 Publishers 表的建立为例说明表的建立过程。

在数据库窗口中,选择"创建"选项卡,单击"表格"组中的"表设计"按钮(如图 6.4 所示),出现表的设计视图,如图 6.5 所示。

图 6.4 新建表窗口

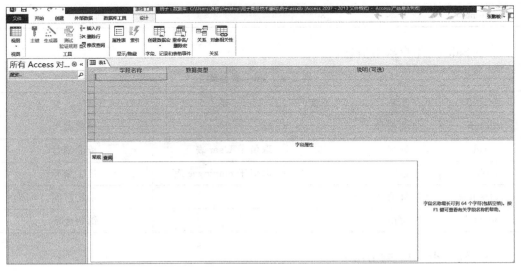

图 6.5 表设计视图

在表设计视图中输入字段名称为 pubname、选择数据类型为"短文本"、输入说明为"出版社名称"。在窗口下部的"常规"页签中,定义"字段大小"为 20,如图 6.6 所示

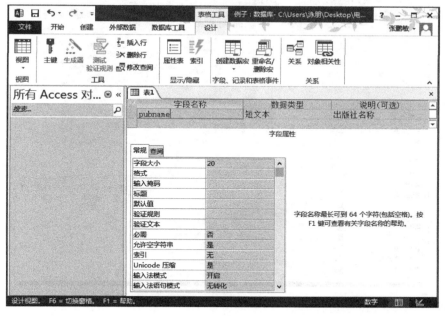

图 6.6　设计表的字段

"字段名称"代表的是表内部给这个字段的标识,在默认情况下,该标识将作为该字段的标题出现,如果需要该字段有另一个标题的话,可以在"常规"页签的"标题"编辑框中输入。

字段数据类型如下:
- 文本型(Text)。
- 备注型(Memo),适用于较长的文本及数字,最长 64000 个字符。
- 数字型(Number),用于计算的数字数据。
- 日期/时间(Date/Time),占 8B。
- 货币型(Currency),小数点前 15 位,后 4 位,占 8B。
- 自动编号型(AutoNumber),添加记录时,自动加 1,占 4B。
- 是/否型(Yes/No),逻辑性数据。如 Yes/No,True/False,On/Off 等,占 1B。
- OLE 对象(OLE Object),大小可达 1GB。
- 超级链接(HyperLink),UNC 或 URL,最长 64000 个字符。
- 查阅向导(Lookup Wizard),使用列表框或组合框从另一个表或列表中选择值。

在定义的字段类型之后,可以进一步定义该字段的属性。"字段大小"规定的是该字段的长度,用户可以通过"输入掩码"来设计输入数据的样式,用"有效性"规则对输入数据加以约束,防止不合法的数据进入。"格式"是用来决定数据的打印方式和屏幕显示方式,如数字类型的数据就有常规数字、货币、科学记数等类型。

继续建立其他的字段,完成 Publishers 表的结构设计。然后关闭表,出现如图 6.7 所

示对话框,单击"是"按钮,以保存建立的表。

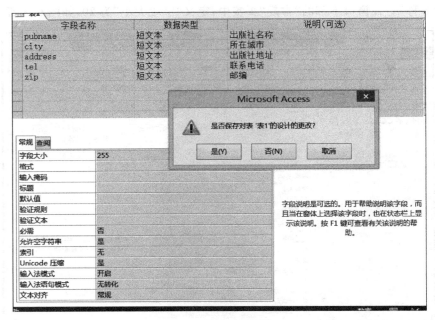

图 6.7 保存表的设计

在出现的"另存为"对话框中,如图 6.8 所示,输入表的名称为 publishers,单击"确定"按钮,在出现的图 6.9 中单击"否"按钮。为了保证表中的数据的唯一性,每个表最好建立主键,目前不定义主键,可以在下面进行自行定义主键。

图 6.8 表的"另存为"对话框

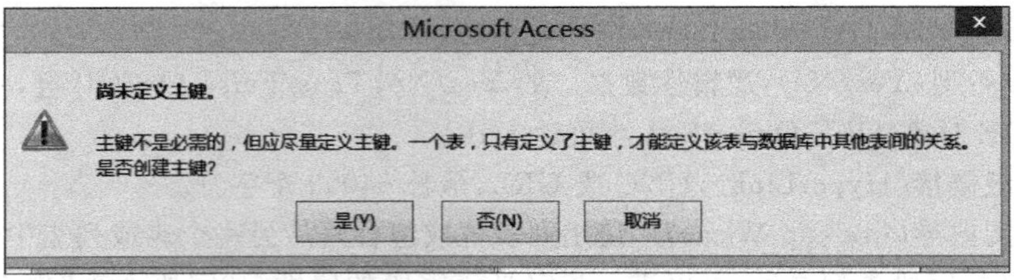

图 6.9 是否定义主键对话框

请同样建立 authors 和 booktype 两个表。

下面建立 books 表。在该表中,bookid 作为记录的唯一标识字段,考虑输入的方便,这里采用自动编号的方式进行定义,自动编号是一种数字类型格式,属于长整型。在定义了表的各个字段之后，分析 booktype、pubname、auneme 3 个字段的值应该来自于 authors、publishers、booktype 3 个表。因此在字段 booktype 的数据类型中，选择"查阅向导"，如图 6.10 所示。

图 6.10　建立查阅向导

依次按照图 6.11 所示进行设计，并单击"下一步"按钮。

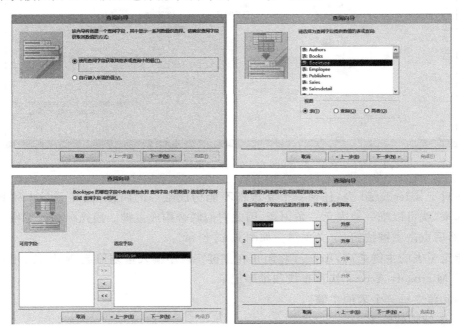

图 6.11　建立查阅向导步骤图

最后，单击"完成"按钮。同样建立 pubname、auneme 两个字段的参照关系。继续定义其他字段，完成表 books 的建立工作。

接下来建立数据库中其他的表。其中表 user 中的 userid、表 employee 中的 empid、表 sales 中的 salesid 均为自动编号类型，而与自动编号类型相匹配的数据必须定义为相应的数据类型，即数字类型的长整型，如 sales 表中的 userid、empid、salesdetail 表中的 salesid、bookid 等字段。如此完成所有表的设计过程。

关系数据库系统（如 Microsoft Access）的强大功能来自于其可以使用查询、窗体和报表快速地查找并组合存储在各个不同表中的信息。为了做到这一点，每个表都应该包含一个或一组这样的字段：这些字段是表中所存储的每一条记录的唯一标识，该信息即称为相应表的主键。下面以 books 表和 salesdetail 表为例说明主键的建立。

打开 books 表的设计视图，该表中 Bookid 是唯一标识，即主键。将光标置于 Bookid 所在的行，单击工具栏中的 主键 按钮，即可建立主键，如图 6.12 所示。

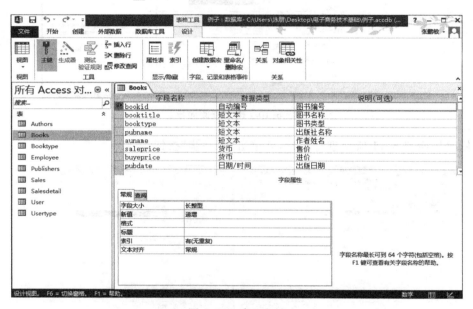

图 6.12　建立主键

而对于 salesdetail 表，任何一个字段都不能构成唯一的属性，但是 Saleid 和 bookid 联合起来，就可以唯一地表示一条记录，因此它们联合构成主键。用光标在行首拖动选择两行，然后点击主键按钮，定义主键。如图 6.13 所示。

指定了表的主键之后，Access 将阻止在主键字段中输入重复值或 Null 值，相应索引有助于 Microsoft Access 快速查找和排序记录。

如此建立每一个表的主键。

2．表结构的修改

在建立了基本的表之后，可以根据需要对表的结构进行修改，修改方法与建立表的过程基本相同，但需要注意以下几点：

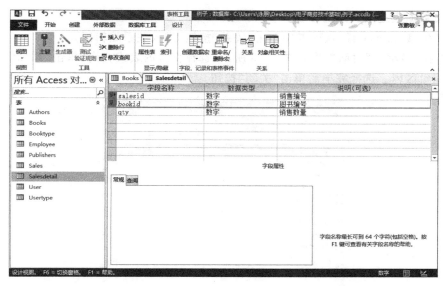

图 6.13 建立联合主键

(1) 打开的表或正在使用的表不能修改。
(2) 关系表中相互关联的字段不能修改。
(3) 修改之前,最好备份。

3. 定义各表之间的关系

使用 Microsoft Access 开发的是关系数据库(RDBMS)。开发一个数据库,表与表的数据之间不可能是相互孤立、毫无关系的,它们之间应该存在一定程度的联系,而这种联系,需要在创建表的同时"通知"数据库,以便于以后对基表的数据进行分析。建立数据表之间的关系如图 6.14 所示。

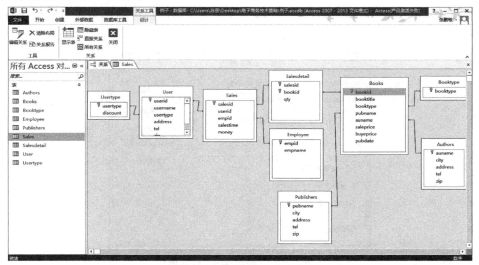

图 6.14 定义字段之间的关系

定义数据表之间关系的步骤：

（1）在"数据库工具"选项卡中单击"关系"按钮，进入关系编辑区。

（2）在"显示表"对话框内如图6.15所示，选择相应的表或查询，单击"添加"按钮，将其加入编辑区内。选择完毕后单击"关闭"按钮。

图6.15 "显示表"对话框

注意：有时不会出现显示表对话框，直接显示了关系对话框，可以直接编辑或右击，从弹出快捷菜单选择"显示表"命令，对编辑区的表进行添加工作。

建立关系时，直接将一个表中的字段拖入另一个表中的相关字段上，这时会弹出"编辑关系"对话框，如图6.16所示。对两个相关字段进行编辑。可选择"联系类型"对关系类型进行设定。选择"实施参照完整性"选项可以防止因用户增加或删除而破坏表间关系的记录。

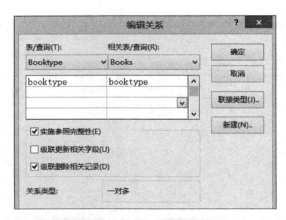

图6.16 "编辑关系"对话框

修改表的关系：双击连线，从弹出的快捷菜单中选择"编辑关系"命令，在弹出的"编辑关系"对话框中，对表的关系进行修改。

6.2.3 表中数据的操作

对表中的数据可以进行许多操作，包括数据添加、数据编辑、数据删除、数据排序、数据筛选等。

1．表中数据的添加

在建立了表的结构之后，就要向表中添加数据。考虑表间有相互关系，应该有先后次序地向表中添加数据。首先添加 authors、publishers 和 booktype 3 个表的数据，然后再添加 books 表中的数据。如图 6.17 为 books 表的输入示意图，由于 bookid 为自动编号，不需要人为输入，booktype、pubname 和 auname 3 个字段由于建立了"查阅向导"，所以可以从列表中进行选择，既方便又保证了数据的参照完整性。

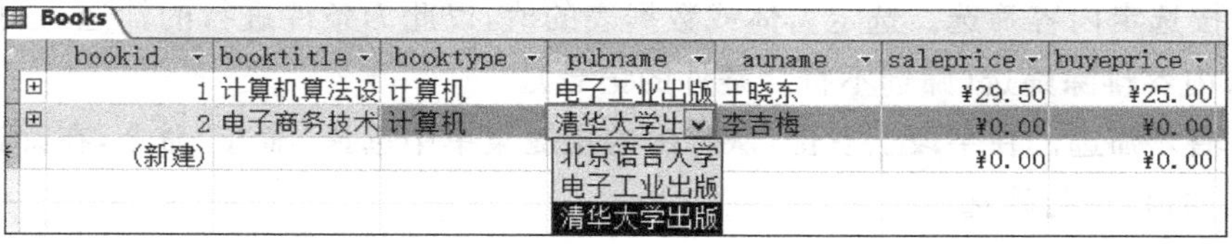

图 6.17 表中数据的输入

2．数据的使用和编辑

输入表中的数据之后，可以对表中的数据进行进一步的编辑和使用，主要可以进行下面的一系列操作：

（1）更改数据表的显示方式。
（2）修改数据表中的数据。
（3）数据的排序。
（4）数据的查找。
（5）数据的筛选。
（6）数据的打印。

其中的部分操作可以通过工具栏中的按钮来完成，如图 6.18 所示。

图 6.18 表中数据操作按钮

这里，主要介绍一下有关筛选的操作。

3．数据筛选

筛选操作，除了可以通过工具栏中的按钮来完成以外，也可以通过菜单来进行操作，如图 6.19 所示。

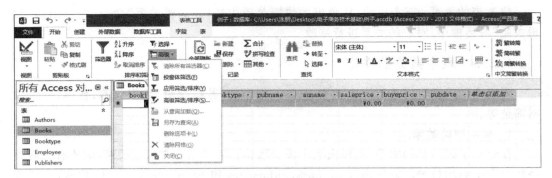

图 6.19　筛选操作菜单

(1) 按窗体筛选。在出现的空记录中,在相应的字段中输入具体要查询的值作为条件,单击工具栏中的 ▼(应用/取消筛选)按钮,进行筛选。

(2) 按选定内容筛选。选定窗体或数据表的值,以此为条件进行的筛选,是按选定内容筛选或内容排除筛选(筛选不符合条件的记录)。

(3) 输入筛选。在字段上右击,从弹出的快捷菜单中选择"筛选"命令,在筛选目标输入要筛选的值,进行筛选。

(4) 高级筛选/排序。可以按一个或多个字段进行复杂的筛选,并可以排序。如图 6.20 所示,就是对 books 表进行高级筛选的条件设置。

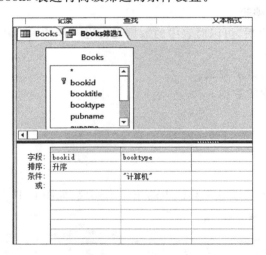

图 6.20　高级筛选操作界面

操作时,可以在图中上部的表字段上双击或拖动将其添加到下部的条件字段中。对于加入的字段,设置具体的条件及筛选结果的排序方式。图中所示表示筛选出"计算机类的图书,筛选结果按图书编号的升序排列"。其中筛选条件写在一行的表示并且的关系,写在不同行的条件表示或者的关系。定义了筛选条件之后,单击工具栏中的应用筛选 ▼ 按钮,执行筛选,结果如图 6.21 所示。

图 6.21 筛选结果

6.3 查询的介绍

数据存入数据库中,其目的就是供用户进行查询,以找到感兴趣的信息,如果没有查询,数据库也就失去了存在的必要。在前面使用筛选就是一种简单的查询,一般情况筛选是对于单表的查询。

查询提供了另外一种浏览数据表的方式,通过查询,用户可以有选择地浏览和编辑自己感兴趣的数据,这些数据可以来自一个数据表的一部分字段,也可以来自各不相同但存在关联的表中的字段。查询为用户提供了一个浏览和使用数据的更方便、灵活的工作空间。

6.3.1 查询的种类

Access 有下列几种查询:选择查询、参数查询、交叉表查询、操作查询和 SQL 查询。其中操作查询又包括删除查询、追加查询、更新表查询、生成表查询 4 类。

选择查询是最常见的查询类型,从一个或多个表中检索数据,并且可以更新原数据表中的数据。

参数查询在执行时会弹出参数输入对话框提示用户输入参数,然后系统可以根据参数来筛选数据。

使用交叉表查询可以计算并重新组织数据的结构,这样可以更加方便地分析数据。

SQL 查询是指用户通过输入 SQL 语言进行查询。实际上,所有在设计视图中创建的查询都会在后台生成等效的 SQL 查询语句,可以通过右键快捷菜单中的"SQL 视图"命令看到。但通过 SQL 语言输入形成的查询不一定能在设计视图上显示出来。

6.3.2 查询的创建

在诸多种类的查询当中,最常见的是选择查询,以下就首先以选择查询为例简要地介绍一下查询的设计过程。

【例 6.1】 查询购买了"对外经济贸易大学出版社"出版的图书的读者信息。

首先在"创建"选项卡中单击"查询"组中的"查询设计"按钮,如图 6.22 所示。

选择查询是最常见的查询,使用它可以从一个或多个表中检索数据,更新原数据表,对数据表中的字段进行统计、分析等处理,较好地满足了用户的需求。如图 6.22 所示,单击"查询设计"按钮,进入设计界面,如图 6.23 所示。

图 6.22 新建查询

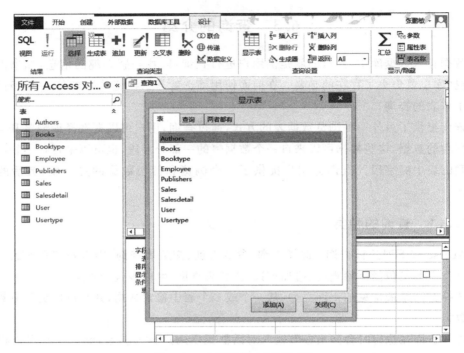

图 6.23 查询设计中"显示表"

按照前面的查询需求假设,整个查询需要用到如下 5 个表:User,Sales,Salesdetail,Books,Publishers。

将"显示表"中的 5 个表添加到设计窗口,关闭"显示表"对话框。

查询的设计界面如图 6.24 所示。

创建查询时首先添加入查询相关的数据表,如图 6.24 上方显示的那样。另外,如果表之间的关系没有建立好的话,在这个界面上也可以定义表之间的字段的关系。设计时只需拖动上方的字段加入下方的表格中即可,或者通过下面表格中的组合框选择数据表中的字段。"排序"中可以选择查询数据的升序或是降序,"显示"将决定字段在查询结果中的出现与否。另外,可以通过"条件"、"或"来设计查询的条件,以便于筛选数据。还有"总计"等功能,只在特定的 SQL 命令语句下显示。

除了检索以外,查询还可以实现对数据的统计与分析。做法是在"查询工具"|"设计"选项卡上单击"查询类型"组中的"生成器"按钮,通过软件内部提供的函数和工具处理数

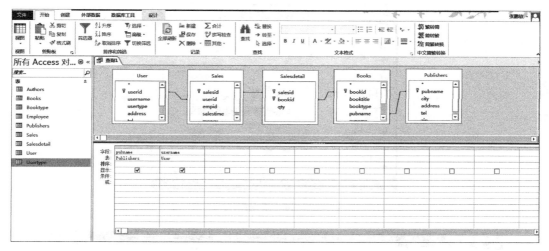

图 6.24　查询设计界面

据库对象中的字段,得到分析结果,如图 6.25 所示。

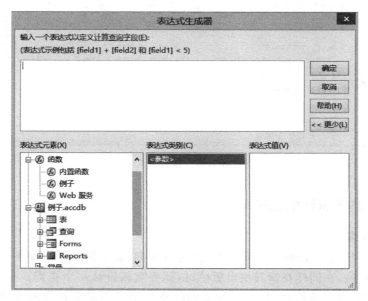

图 6.25　表达式生成器

设计查询后,单击"查询类型"组中的"交叉表"按钮,切换到数据视图,可以看到如图 6.26 的查询结果,该结果为所有购书人的姓名信息及所购书的出版社名称。

单击"查询类型"组中的"数据定义"按钮,切换回设计视图,添加如图 6.27 的条件信息,然后进入数据表视图查看结果。

最后,关闭查询窗口,保存查询,并进行查询的命名。

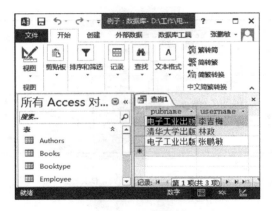

图 6.26　查询结果

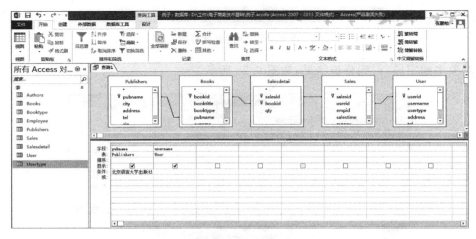

图 6.27　条件查询

6.3.3　其他查询的创建

1. 参数查询

在进行查询时,一般都是按照某种条件进行查询,如上例中的查询条件"北京语言大学出版社"。但是,在同样查询其他出版社时,就要重新设计一个查询。而参数查询就是先不给出确定的查询条件,而是在运行查询时再根据需要定义查询条件,即条件是可变的,这就是参数查询。

【例 6.2】　查询某位读者的购书情况。

设计如图 6.28 的查询。

执行该查询,出现如图 6.29 的对话框,可以由用户根据需要输入读者姓名,从而使查询更加灵活、方便。

2. 计算查询与汇总查询

【例 6.3】　统计每个用户购书总金额。

首先建立一个选择查询,如图 6.30 所示。

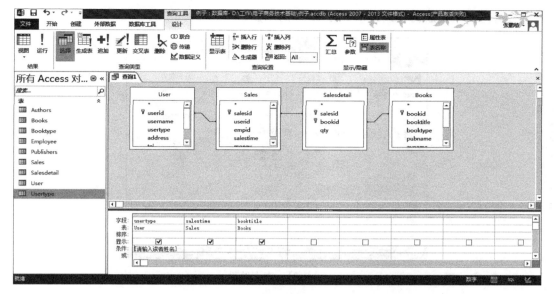

图 6.28 参数查询设计界面

图 6.29 输入参数

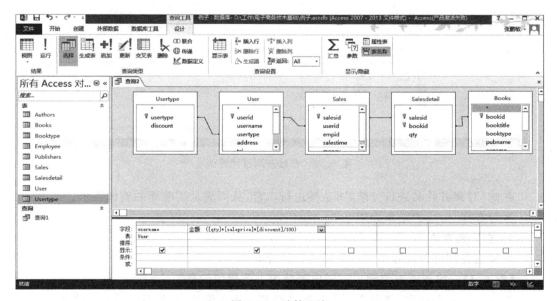

图 6.30 计算查询

运行查询,生成的查询结果如图6.31所示。

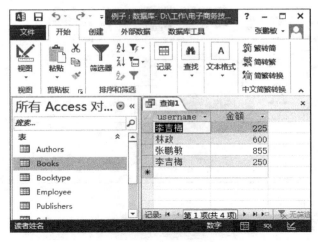

图6.31 查询结果

该查询使用了计算查询,结果中的"金额"是通过不同表中的字段计算产生的结果。用来统计每位读者购书的总金额。切换到视图的设计状态,单击"显示/隐藏"选项卡中的"汇总"按钮 Σ ,在设计网格中添加"合计"栏。设计效果如图6.32所示。

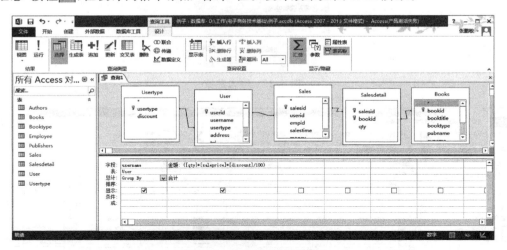

图6.32 合计查询设计界面

在此,对读者姓名进行分组,对金额进行求合,从而满足了前面的查询需求。

运行查询,生成的结果如图6.33所示

3. 交叉表查询

交叉表查询可以按照不同的分类进行统计查询。

【**例6.4**】 按读者查询购买不同出版社图书数量的信息。

首先建立一个查询,将所需要的信息整合到一个查询之中,然后再进行分类统计。建立如图6.34的查询。

图 6.33　总计查询查询结果

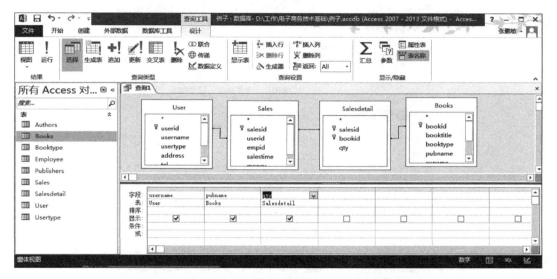

图 6.34　读者购书数量查询

将该查询保存并进行命名"读者购书数量",在此基础上再建立交叉表查询。创建一个新的查询,使用向导进行创建,如图 6.35 所示。

选择前面刚建立的"读者购书数量"查询作为新查询的数据源,通过此例可以看出在创建一个查询时,不仅可以从原始表查询数据,也可以从已有的查询中创建新的查询。操作界面如图 6.36 所示。

根据查询向导的提示,按照下面的图 6.37 所示,依次单击"下一步"按钮,完成查询的建立,最后单击"完成"按钮。

生成的查询结果如图 6.38 所示。

4. 操作查询

操作查询又包括删除查询、追加查询、更新表查询、生成表查询几类。

• 145 •

图 6.35 使用"交叉表查询向导"新建查询

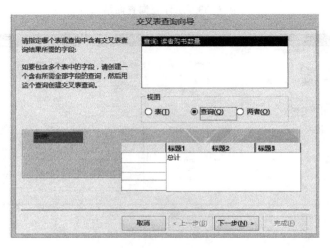

图 6.36 交叉表查询向导

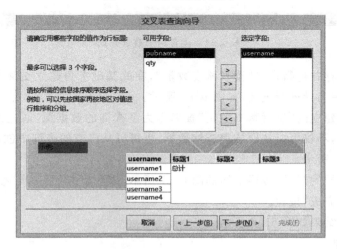

图 6.37 交叉表查询建立步骤(a)

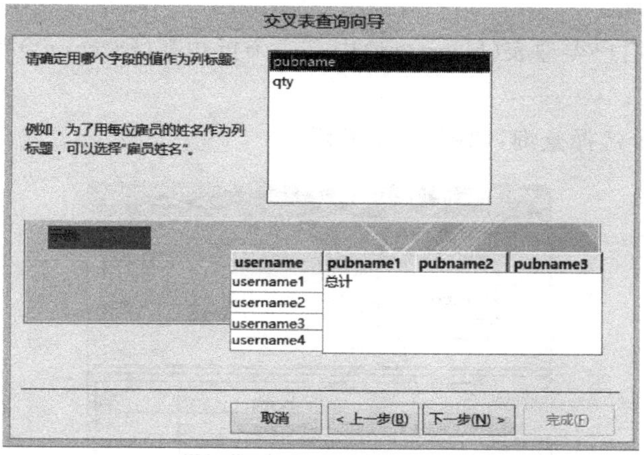

图 6.37 交叉表查询建立步骤(b)

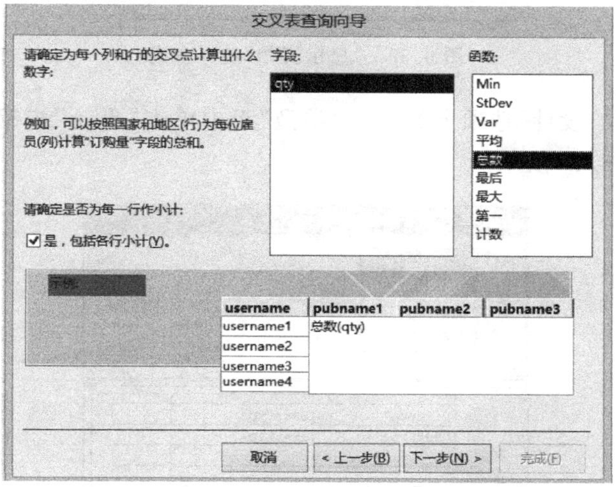

图 6.37 交叉表查询建立步骤(c)

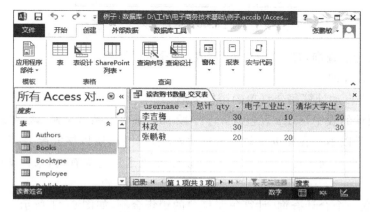

图 6.38 交叉表查询结果

(1) 更新表查询。

【例 6.5】 在用户类型表(Usertype)中有一个折扣率(Discount)字段,现将金卡用户的折扣率改为 50%。

首先,建立一个选择查询,如图 6.39 所示。

图 6.39 "显示折扣"选择查询

通过"查询工具|设计"选项卡的"查询类型"组中单击"更新"按钮,并将 Discount 的值更新到 50,如图 6.40 所示。

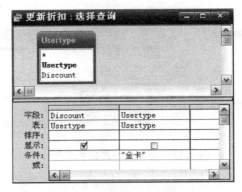

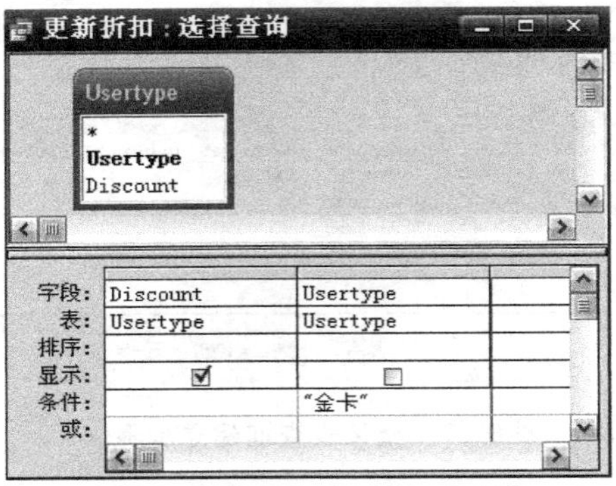

图 6.40 更新查询

保存并运行该查询,打开"用户类型"表,查看运行结果。

(2) 生成表查询。

【例 6.6】 自动计算每个订单的销售金额。

在前面设计的表中,sales 表包含一个字段 sale 来表示销售金额,该字段为冗余字段,但使用该字段可以不必在查询该数据时每次再进行计算,所以该冗余是可以接受的。然而,该字段的结果必须正确,不应该人为的输入,下面通过建立查询,来自动计算每个订单的销售金额。

首先,建立一个合计查询,计算每张订单的销售金额,如图 6.41 所示。

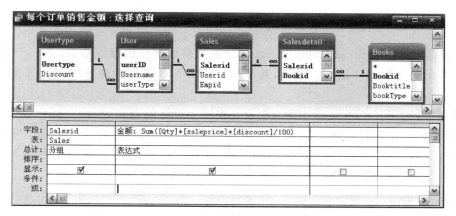

图 6.41 每张订单销售金额设计界面

在"查询工具|设计"选项卡的"查询类型"组中单击"生成表"按钮,出现"生成表"对话框,如图 6.42 所示。命名表的名称,单击"确定"按钮。

图 6.42 "生成表"对话框

执行该查询,查看"表"对象,生成一个新的"每个订单金额合计"表。

下面,建立一个更新查询,将生成的表"每个订单金额合计"中的金额更新到表 sales 中。如图 6.43 所示,建立查询,"更新到"内容中使用"[金额]"表示,代表该项为一个变量。保存并关闭设计窗口,以后再运行查询,就可以更新销售金额的值。

图 6.43 "更新查询"设计界面

6.3.4 查询的 SQL 语言表示

SQL 语言(Structured Query Language)是关系数据库的标准语言,是一个通用的、功能极强的关系数据库语言。当前,几乎所有的关系数据库管理系统软件都支持 SQL 语言。

前面已经提到,在 Access 中所有在设计视图中设计的查询,Access 都会在后台建立一个相应的 SQL 查询语句。当然,前面所进行的查询设计也已经自动形成了它的 SQL 查询命令。可以在工具栏的左上角选择查询的 SQL 视图,在此可以查看和修改生成的 SQL 语句。例如,每张订单销售金额查询的 SQL 查询语句如下:

```
SELECT Sales.salesid, User.username, Sum([qty]*[saleprice]*[discount]/100) AS 金额
FROM Usertype INNER JOIN ([User] INNER JOIN (Sales INNER JOIN (Books INNER JOIN Salesdetail
    ON Books.bookid = Salesdetail.bookid)
    ON Sales.salesid = Salesdetail.salesid)
    ON User.userid = Sales.userid)
    ON Usertype.usertype = User.usertype
GROUP BY Sales.salesid, User.username;
```

SQL 语言包括了对数据库的所有操作,在功能上可以分为 3 部分。
(1) 数据定义:定义数据库的结构,包括表、视图、索引。
(2) 数据操纵:进行数据查询、数据更新(插入、删除、修改)。
(3) 数据控制:进行数据的安全性、完整性等方面的控制。

SQL 语言简洁,易学易用。表 6.10 列出了 SQL 的基本命令动词。

表 6.10 SQL 的基本命令动词

SQL 功能	动词	SQL 功能	动词
数据定义	Create、Drop、Alter	数据操纵	Insert、Update、Delete
数据查询	Select	数据控制	Grant、Revoke

本章主要介绍 SQL 中"数据查询"、"数据操纵"方面的基本使用方法。

1. 数据查询

查询语句是 SQL 中使用最多、结构最复杂的语句,数据查询 SELECT 语句的一般格式:

```
SELECT [ALL|DISTINCT] <目标列表达式> [别名] [,<目标列表达式> [别名]] …
    FROM <表名或查询名> [别名] [,<表名或查询名> [别名]] …
    [WHERE <条件表达式>]
    [GROUP BY <列名 1>[,<列名 1'>] …
    [HAVING <条件表达式>]]
    [ORDER BY <列名 2> [ASC|DESC] [,<列名 2'> [ASC|DESC] ] … ]
```

语句说明。

（1）目标列表达式。

目标列表达式格式：

- ［＜表名＞.］*
- ［＜表名＞.］＜字段列名表达式＞［,［＜表名＞.］＜字段列名表达式＞］…

（2）字段列名表达式。

＜字段列名表达式＞：由字段列、作用于字段列的集函数和常量的任意算术运算（＋，－，*，/）组成的运算公式。

集函数格式：

COUNT(［DISTINCT|ALL］＜列名＞)
SUM(［DISTINCT|ALL］＜列名＞)
AVG(［DISTINCT|ALL］＜列名＞)
MAX(［DISTINCT|ALL］＜列名＞)
MIN(［DISTINCT|ALL］＜列名＞)
COUNT(［DISTINCT|ALL］*)

（3）条件表达式格式。

- ＜字段列名＞θ＜字段列名＞
  ＜字段列名＞θ＜常量＞
  其中θ为比较运算符。
- ＜字段列名＞［NOT］BETWEEN ＜字段列名＞ and ＜字段列名＞
  ［NOT］BETWEEN ＜常量＞ and ＜常量＞
- ＜字段列名＞［NOT］IN（＜值1＞［,＜值2＞］…）
- ＜字段列名＞［NOT］LIKE ＜匹配串＞
- ＜字段列名＞ IS［NOT］NULL
- ＜条件表达式＞ AND ＜条件表达式＞
  ＜条件表达式＞ OR ＜条件表达式＞

【例 6.7】 将例 6.1 中的查询用 Select 实现。

新建一个查询，不选择任何表和已有的查询作为数据源。通过工具栏中的视图切换按钮，将界面切换到"SQL 视图"，如图 6.44 所示。

图 6.44 SQL 视图

在 SQL 视图窗口中输入查询代码。

```
SELECT Publishers.pubname, Username
FROM User, Sales, Publishers, Books, Salesdetail
WHERE Books.bookid = Salesdetail.bookid and
      Publishers.pubname = Books.pubname and
      Sales.salesid = Salesdetail.salesid and
      User.userid = Sales.userid and
      Publishers.pubname="对外经济贸易大学";
```

在使用字段名时,如果该字段名在不同的表中出现,应该在字段名之前加上表名进行区分,如本例中的 Books.bookid。否则,可以直接使用字段名。

保存并运行该查询,可以得到与例 6.1 一样的结果。

2. 数据插入

通过 SQL 语句向表中添加数据。

【例 6.8】 向表 Usertype 中添加一条记录,在追加时由用户输入记录的内容。

新建一个查询,切换到 SQL 视图,在窗口中输入代码。

```
INSERT INTO Usertype ( usertype, discount )
values([请输入用户类型],[请输入折扣]);
```

(1) INSERT INTO 插入语句的命令动词。

(2) Usertype(usertype,discount) 表名及字段名。

(3) values 子句 向表中添加的具体数据,本例使用前面叙述过的"参数查询"功能,在运行查询时,由用户输入具体的数据。

运行查询,查看表 Usertype 内容。

3. 数据更新

通过 SQL 语句修改表中的数据。

【例 6.9】 将表 Usertype 中"金卡"用户的折扣率改为 50%。

新建一个查询,切换到 SQL 视图,在窗口中输入代码。

```
UPDATE usertype SET discount = 50
WHERE usertype="金卡";
```

运行查询,查看表 Usertype 内容。

4. 删除记录

通过 SQL 语句删除表中的记录。

【例 6.10】 删除表 Usertype 中"金卡"用户的记录。

新建一个查询,切换到 SQL 视图,在窗口中输入代码。

```
DELETE *
FROM Usertype
WHERE Usertype.usertype="金卡";
```

运行该查询,就可以删除金卡的用户类型。

6.4 本章小节

本章介绍了数据库管理系统 Access 的使用,主要讲解了数据库的基本知识、数据库的建立、数据查询。Access 作为数据库管理系统的基础软件,得到了广泛的应用。在后面的章节中还会应用到数据库的知识。

思考与练习 6

1. 思考题

(1) 简述 Access 2010 数据库软件的主要功能和特点。
(2) 在定义表的结构时,主键的作用是什么?
(3) Access 2010 包括哪些主要对象?
(4) 举例说明字段默认值属性的用途和用法。
(5) 如何对 Access 表中的数据进行筛选?
(6) 如何建立表之间的关系?
(7) 说明查询和表的区别是什么?
(8) 如何建立生成表查询?

2. 选择题

(1) Access 是一种(　　)类型的软件。
　　A. 文字处理　　B. 电子表格　　C. 演示文稿　　D. 数据库
(2) 在 Access 数据库对象中不包括(　　)对象。
　　A. 表　　B. 窗体　　C. 工作簿　　D. 报表
(3) (　　)不可以作为 Access 数据表的主键。
　　A. 自动编号　　B. 单字段　　C. 多字段　　D. OLE 对象
(4) Access 的筛选方法可以(　　)。
　　A. 按内容　　B. 按窗体　　C. 多字段　　D. 都可以
(5) Access 查询的数据源可以来自(　　)。
　　A. 表　　B. 查询　　C. 表和查询　　D. 报表
(6) 在数据表中有"单价"和"数量"字段,如果要了解图书的销售金额情况,可以在设计查询时,通过(　　)实现。
　　A. 计算项　　B. 增加金额字段　　C. 汇总查询　　D. 都可以
(7) 在使用 SQL 查询语句时,查询的命令动词是(　　)。
　　A. delete　　B. select　　C. update　　D. insert

3. 填空题

(1) Access 数据库文件的扩展名是＿＿＿＿。
(2) 按窗体进行筛选时,同一行的条件之间是＿＿＿＿的关系、不同行之间的条件之间是＿＿＿＿的关系。
(3) Access 2010 的动作查询包括＿＿＿＿、＿＿＿＿、＿＿＿＿、＿＿＿＿。
(4) 统计某个用户购书订单的总金额时,应使用＿＿＿＿查询;按不同的分类进行查询时,应使用＿＿＿＿查询。

4. 上机练习题

(1) 打开"罗斯文"示例数据库,查看包含哪些表,各有哪些字段,分析表之间的关系,了解"订单查询"、"各类产品"、"订单小计"等查询是如何设计的。

(2) 按本章建立的数据库,设计下述查询。
- 按员工查询每个员工的销售总额;
- 使用参数查询统计不同类别图书的销售册数;
- 统计"经济"类图书的销售总金额;
- 使用 SQL 语句在"图书类别"表中,添加一条记录。

实践环节——数据库建立

【目标】 建立一个数据库,管理学生成绩信息。

【思路】 分析数据库中存放哪些数据信息,决定建立哪些表,表中包含哪些字段,建立表间的关系,设计查询。

【步骤】

步骤1:建立数据库。

步骤2:建立学生表、课程表、选课表,设计结构、主键。

步骤3:定义表之间的关系。

步骤4:组织数据入库。

步骤5:建立相应的查询。

【归纳】 在设计和讨论的基础上对建立数据库的方法进行归纳。

【实验环境】 计算机。

第 7 章 动态网页技术 ASP

利用动态网页技术,用户可以将一个 HTTP 请求发送到可执行应用程序而不是静态的 HTML 文件,服务器将会立即运行这个限定的程序,对用户的输入做出反应,并将处理结果返回客户端,或者对数据库记录进行更新。

动态网页的实现技术有许多,本章主要介绍 ASP 动态网页技术,包括 ASP 脚本技术、VBScript 的基础知识及其编程技巧、ASP 的内建对象等。

提示:本章的每个示例源码以"example+实例号+.asp"为文件名(如例 7.1 的源码文件名为 example7_1.asp),存储在清华大学出版社本书资源的 ebook/chap07 目录下。读者可将相应源码复制到 ebook 目录下后进行测试。书中的实例代码,将只列出关键的 VBScript 代码,请读者完善后再调试。

本章例子的效果显示,请在 IE 10 或其以下版本中预览。

7.1 ASP 概 述

ASP 是 Active Server Pages 的缩写,它是服务器端执行的语言。利用 ASP 可以开发动态、交互、高性能的 Web 服务器端的应用程序,并且能够实现复杂的 Web 应用系统,包括电子商务系统。ASP 由于其简单、易学、实用等方面的原因,受到广大技术人员的欢迎,再加上 Microsoft 的强有力支持,目前已经成为中小企业电子商务网站设计中最为流行的语言。

7.1.1 ASP 的处理流程

通常,ASP 运行在 IIS(Internet Information Server,Internet 信息服务)3.0 或更高版本中,该服务由 Windows NT Server 4.0 或更高版本支持。其实任何一个 Web 服务器,只要安装有 ASP 的解释程序,就可支持 ASP 程序。

ASP 程序是以.asp 为扩展名的文本文件,可以用任何文本编辑器来创建.asp 文件。当浏览器向 Web 服务器请求.asp 文件时,ASP 脚本开始运行,此时 Web 服务器调用 ASP 解释程序,并全面读取被请求的文件,执行所有的需要在服务端执行的脚本命令,并将执行结果传送给浏览器。

由于大量的脚本是在 Web 服务端而不是在客户端运行的,传送到浏览器上的页面是在 Web 服务器上生成的。因此,ASP 程序开发人员不必担心浏览器能否处理脚本。此外,由于只有运行结果返回到浏览器,因此减轻了客户端的负担,也大大提高了交互速度,而且服务器端脚本不易被剽窃,提高了程序的安全性。

7.1.2 ASP 脚本

ASP 程序是由 HTML 标记和脚本语言组合而成的。只要 Web 服务器上安装了相应语言的脚本引擎,就可以用任何脚本语言来编写 ASP 程序中的脚本部分。

目前比较流行的脚本语言是 VBScript 和 JavaScript。这两种脚本既可运行在服务器端,又可运行在客户端。因此使用 VBScript 和 JavaScript,既可编写服务器端脚本,也可编写客户端脚本。服务器端脚本是在 Web 服务器上执行后,由 Web 服务器生成 HTML 页面,并将其发送到浏览器。

在 ASP 中,服务器端脚本要用分隔符"<%"和"%>"括起来,或者在<script></script>标记中用 RUNAT=server 表示脚本在服务器端执行,即<Script language="VBScript" RUNAT="Server">…</script>,其中,"…"表示插入脚本的位置。客户端脚本由浏览器处理,需要把脚本代码用<script>…</script>标记嵌入到 HTML 页面中。

【例 7.1】 ASP 动态页面示例。

```
<%@ language=VbScript%>
<html>
    <head>
        <title>javascript 脚本</title>
    </head>
    <body>
        <script language="javascript">
            var now=new Date();
            var year=now.getFullYear();
            var month=now.getMonth()+1;
            var day=now.getDate();
            var hour=now.getHours();
            var minute=now.getMinutes();
            var second=now.getSeconds();
            if(minute<10)
                minute="0"+minute;
            if(second<10)
                second="0"+second;
             document.write(year+"/"+month+"/"+day+" "+hour+":"+minute
             +":"+second+"是客户端的时间");
        </script>
        <br><%=(now())%>是服务器系统时间
    </body>
</html>
```

浏览该页面,其结果如图 7.1 所示。请注意,浏览该页面时,需要先在 IIS 中配置虚拟网站 ebook,然后在 IE 的地址栏中输入"http://localhost/ebook/example7_1.asp"。

图 7.1 ASP 动态页面的运行结果

7.1.3 ASP 的包含文件

服务器端包括 Server Side include 命令,提供了一种可在 Web 服务器处理文件时,在该文件中插入其他文件内容的运行方式,ASP 只执行该机制的♯include。

要将文件插入.asp 文件,可使用下面的语句:

<!--♯include virtual | file = "filename"-->

其中关键字 virtual 和 file,用来表示包含文件路径的类型,filename 表示想要包含文件的路径和文件名。

通常,被包含的文件不要求具有特定的文件扩展名,但习惯上将其扩展名定为.inc。ASP 程序文件中可以多次包含同一文件,被包含的文件也可以包含其他文件,只要♯include 命令不导致循环。例如,若文件 first.asp 包含文件 second.inc,则 second.inc 不能反过来包含 first.asp。另外,文件也不能包含其自身。

1. 使用 virtual 关键字

使用 virtual 关键字,表示文件路径以虚拟目录开始。例如,若文件 Footer.inc 保存在虚拟目录/Myapp 中,则下面的语句会将 Footer.inc 的内容插入到包含该命令的文件中:

<!--♯include virtual = "/Myapp/Footer.inc"-->

2. 使用 file 关键字

使用 file 关键字,表示文件路径是相对路径,即以包含文件所在的路径开始。例如,若文件 Header1.inc 在/Myapp/Headers 中,并且 Myapp 中有一个文件,则下面的语句会将 Header1.inc 的内容插入到该文件中:

<!--♯include file = "Headers/Header1.inc"-->

其中,被包含文件 Headers/Header1.inc 的路径相对于包含文件,若包含该♯include 语句的脚本文件不在目录/Myapp 中,该语句将不起作用。另外,也可以使用关键字 file 和语法(../)来包含父目录或更高层目录中的文件,但必须选中 Internet 信息服务中的"启用上层路径"选项。

7.2 VBScript 脚本语言

VBScript 是 Visual Basic 的一个子集,编程方法和 Visual Basic 基本相同,但有相当多的 Visual Basic 特性在 VBScript 中都被删去了。例如,VBScript 只有一种数据类型,即 Variant 类型，而 Visual Basic 却具有大部分通用程序语言所具有的数据类型；VBScript 不支持 Visual Basic 中传统的文件 I/O 功能，即不能通过 OPEN 语句与其他相关的语句和函数在客户机上读写文件，这样避免了可能对客户机造成的危害；VBScript 不能调用 API 函数，这是因为 API 函数调用会危及客户机安全，如病毒可以轻而易举地通过 API 函数调用来破坏客户机；Visual Basic 支持 SCREEN、PRINTER、APP、DEBUG、ERR 和 CLIPBOARD 等系统对象，但 VBScript 只支持 ERR 对象，该对象用于为应用程序提供运行时的错误处理。

7.2.1 数据类型

VBScript 只有一种数据类型，称为 Variant。Variant 是一种特殊的数据类型，根据使用的方式，它可以包含不同类别的信息。因为 Variant 是 VBScript 中唯一的数据类型，所以它也是 VBScript 中所有函数的返回值的数据类型。

Variant 包含的数据类型称为子类型。大多数情况下，可将所需的数据放进 Variant 中，而 Variant 也会按照最适用于其包含的数据的类型进行操作。

Variant 包含的数据子类型参见表 7.1。一般情况下，可以使用转换函数来转换数据的子类型。另外，可使用 VarType 函数返回数据的 Variant 子类型。

表 7.1　Variant 数据子类型

序号	子类型	描述
1	Empty	变量未初始化的 Variant 的子类型。若代码中将其作为数值变量，其值为 0；若代码中将其作为字符串变量，其值为零长度字符串（""）
2	Null	不包含任何有效数据的变量
3	Boolean	其值是 True 或 False
4	Byte	其值是 0 到 255 之间的无符号整数
5	Integer	其值是 −32768 到 32767 之间的带符号的整数
6	Currency	取值范围是从 −922337203685477.5808 到 922337203685477.5807
7	Long	其值是 −2147483648 到 2147483647 之间的长整型整数
8	Single	单精度浮点数，负数范围从 −3.402823E38 到 −1.401298E−45，正数范围从 1.401298E−45 到 3.402823E38
9	Double	双精度浮点数，负数范围从 −1.79769313486232E308 到 −4.94065645841247E−324，正数范围从 4.94065645841247E−324 到 1.79769313486232E308
10	Date（Time）	其值代表某个日期和时间的数字
11	String	变长字符串类型，最大长度可为 20 亿个字符
12	Object	包含一个对象
13	Error	包含错误号

7.2.2 变量

变量是一种使用方便的占位符,有变量名和变量值之分。变量名由程序设计者根据一定的命名规则给定,变量值在程序运行的过程中由程序确定。使用变量时只要通过变量名引用变量就可以查看或更改变量的值。在 VBScript 中只有一个基本数据类型,即 Variant,因此所有变量的数据类型都是 Variant。

1. 变量概述

在 VBScript 中,变量可以不用声明就直接使用,即通过直接在 Script 中使用变量名,来隐式声明变量,但应尽量避免这种方式。因为这样有时会由于变量名被拼错而导致在运行 Script 时出现意外的结果。因此,最好使用 Option Explicit 语句(要求显式声明所有变量),并将其作为 Script 的第一条语句。

在 VBScript 中,声明一个变量时可以使用 Dim 语句(参见例 7.2),声明多个变量时,使用逗号分隔变量(参见例 7.3)。

【例 7.2】 单变量的声明与赋值。

```
<%
    Option Explicit          '要求显式声明所有变量
    Dim Mystring
    Mystring = "This is my string"
%>
```

【例 7.3】 多变量的声明与使用。

```
<%
    Dim a,b,c,sum
    Sum = a+b-c*2
%>
```

从上述中也可以看出,VBScript 变量的赋值也与许多高级语言相同,变量放在等号的左边,赋值语句放在等号的右边,并且赋值语句也可以是表达式形式。

VBScript 中变量的命名必须遵循这 4 条规则:第一个字符必须是字母、不能包含嵌入的句点、长度不能超过 255 个字符和在被声明的作用域内必须唯一。

像许多高级语言一样,VBScript 变量,根据作用域的不同也可分为过程级变量和全局级变量。变量的作用域可以根据需要由声明的位置决定,变量声明的位置也决定哪些脚本命令可以访问何种变量。变量存在的时间称为存活期。

在过程中声明的变量具有局部作用域,其存活期仅是该过程运行的时间,该过程结束后,变量随之消失。在执行过程时,局部变量是理想的临时存储空间,可以在不同过程中使用同名的局部变量,这是因为每个局部变量只被声明它的过程识别。

在过程外部声明的变量具有全局作用域,该变量可以被 Script 中所有过程所识别,称为 Script 级变量,具有 Script 级作用域,其值能被 ASP 页上的任何脚本命令访问和修改。Script 级变量的存活期从被声明的一刻起,直到 Script 运行结束。

然而,全局变量仅在单个 ASP 页面中可用,要使它在单个 ASP 页面之外可用,就必须把变量定义在 Session 对象下或 Application 对象下,这样变量对一个用户所请求的 ASP 应用程序中的所有页都是可用的。

2. 数组变量

在 VBScript 中,只包含一个值的变量被称为标量变量;包含一系列值的变量,称为数组变量。数组变量和标量变量以相同的方式声明,唯一的区别是声明数组变量时变量名后面带有括号。例如,Dim A(10) 声明了一个包含 11 个元素的一维数组。

(1) 数组元素的赋值与引用　在 VBScript 中所有数组都是基于 0 的,其数组元素的数目总是括号中显示的数目加 1(这种数组被称为固定大小的数组)。在数组中使用索引为数组的每个元素赋值。例 7.4 中声明了数组,并将数据赋给了从 0～10 的数组元素,同时使用索引引用了数组元素的数据。

【例 7.4】 数组变量的声明与使用。

```
<%
    Dim A(10),sum
    A(0) = 256
    A(1) = 324
    A(2) = 100
    ⋮
    A(10) = 55
    ⋮
    sum = A(0)+A(3)+A(10)
    ⋮
%>
```

(2) 多维数组　数组可以是一维的,也可以是多维的,其维数最大为 60。声明多维数组时用逗号分隔括号中每个表示数组大小的数字。在二维数组中,括号中第一个数字表示行的数目,第二个数字表示列的数目。例如,Dim MyTable(5,10),该命名声明的 MyTable 变量是一个有 6 行和 11 列的二维数组。

(3) 动态数组　即在运行 Script 时,其元素个数发生变化的数组。最初声明动态数组时,使用 Dim 语句或 ReDim 语句,其括号中可以不包含数字。使用时再使用 ReDim 确定维数和每一维的大小。在例 7.5 中,ReDim 将动态数组的初始大小设置为 25,而后面的 ReDim 语句将数组的大小重新调整为 30。

【例 7.5】 动态数组变量的声明与使用。

```
<%
    ReDim AnotherArray()            '声明动态数组
    ReDim MyArray(25)               '使用时确定其大小
    MyArray(25) = "北京"
    ⋮
    ReDim Preserve MyArray(30)      '重新确定其大小,并使它的内容与原来内容一致
    MyArray(30) = "上海"
%>
```

在 VBScript 中,重新调整动态数组大小的次数是没有任何限制的,但是应注意,将数组的大小调小时,将会丢失被删除元素的数据。

7.2.3 常量

常量是具有一定含义的名称,用于代替数字或字符串,其值在程序运行的过程中不改变。VBScript 定义了许多固有常量。

在 VBScript 中可以使用 Const 语句创建用户自定义常量。使用 Const 语句可以创建名称具有一定含义的字符串型或数值型常量,并给它们赋值。

【例 7.6】 创建常量示例。

```
<%
    Const conMyName = "李梅"          '表示字符串常量,文字包含在两个引号("")之间
    Const conMyAge = 48               '表示数值型常量
    Const conMyBirthday = #1958-3-8#  '表示日期或时间常量,文字包含在两个井号(#)之间
%>
```

一个好的编程习惯是采用一个命名方案以区分常量和变量,从而避免在开发复杂的 Script 时产生混乱。例如,可以使用"con"作常量名的前缀,或将常量名的所有字母大写。

7.2.4 运算符

VBScript 有一套完整的运算符,包括算术运算符、比较运算符、连接运算符和逻辑运算符,具体的参见表 7.2。

表 7.2　算术运算符和逻辑运算符的优先级

算术运算符		比较运算符		逻辑运算符	
描　述	符　号	描　述	符　号	描　述	符　号
求幂	^	等于	=	逻辑非	Not
负号	-	不等于	<>	逻辑与	And
乘	*	小于	<	逻辑或	Or
除	/	大于	>	逻辑异或	Xor
整除	\	小于等于	<=	逻辑等价	Eqv
求余	Mod	大于等于	>=	逻辑隐含	Imp
加	+	对象引用比较	IS		
减	-				
字符串连接	&				

当一个表达式中包含多个运算符时,系统将按预定顺序计算每一部分,这个顺序被称为运算符优先级。通常,可以使用括号越过这种优先级顺序,强制首先计算表达式的某些部分。表达式在运算时,总是先执行括号中的运算符,然后再执行括号外的运算符。但

是,在括号中仍遵循标准运算符优先级。

标准运算符优先级,是首先计算算术运算符,然后计算比较运算符,最后计算逻辑运算符。算术运算符和逻辑运算符的优先级参见表7.2;所有比较运算符的优先级相同,即按照从左到右的顺序计算比较运算符。

例如,当乘号与除号同时出现在一个表达式中时,按从左到右的顺序计算乘、除运算符。同样当加与减同时出现在一个表达式中时,按从左到右的顺序计算加、减运算符。

字符串连接(&)运算符不是算术运算符,但是在优先级顺序中,它排在所有算术运算符之后和所有比较运算符之前。IS运算符是对象引用比较运算符。它并不比较对象或对象的值,而只是进行检查,判断两个对象引用是否引用同一个对象。

7.2.5 过程

过程是一组能执行指定任务且具有返回值的脚本命令。为了使程序可重复利用和简洁明了,在脚本中可以反复用过程的名字来调用它们。

在VBScript中,过程被分为两类——Sub过程和Function函数。与许多高级语言相同,两者的区别在于:Sub过程只执行程序而不返回值,而Function函数可以将执行代码后的结果返回给请求程序。子程序的命名规则与变量名的命名规则相同。

1. Sub过程

Sub过程是包含在Sub和End Sub语句之间的一组VBScript语句,执行操作但不返回值。Sub过程可以使用参数(由调用过程传递的常量、变量或表达式)。若Sub过程无任何参数,则Sub语句必须包含空括号()。

【例7.7】 欢迎某用户光临网上书店,并显示其访问的时期和时间。

```
<%
    Dim username, usertime          '声明过程级变量,其中Username将作为实际参数
    username = "来访者"
    Call welcome(username)          '调用过程,以显示欢迎信息
    usertime = "来访时间:"&now()    '将来访时间赋值给变量
'以下是带参数的过程定义
    Sub welcome(name)               '定义过程,带有参数name
        Dim hello                   '声明变量,不用再声明name
        hello = name & ":您好,欢迎光临本网站!"
        response.write hello        '在客户端显示欢迎信息
    End sub
%> <br><br>
<% = usertime                       '在客户端显示来访时间
%>
```

在例7.7中,username是实际参数,而过程中的name是形式参数,实际参数和形式参数可以同名,也可以不同名。程序中的username作为实际参数已经作了声明,过程中的形式参数name不能再作声明了。过程中的response.write hello语句是输出变量的值。

该程序的运行结果参见图 7.2。

图 7.2 Sub 过程的运行实例

2. Function 函数

Function 函数是包含在 Function 和 End Function 语句之间的一组 VBScript 语句。Function 函数与 Sub 过程类似，但是 Function 函数可以返回值，它通过函数名返回一个值，这个值是在函数的语句中赋给函数名的。Function 返回值的数据类型总是 Variant。

Function 函数的参数是指由调用过程传递的常量、变量或表达式。如果 Function 函数无任何参数，则 Function 函数必须包含空括号()。

【例 7.8】 已知三角形的三条边 a、b、c，求三角形的面积。

```
<%                                          '以下是计算三角形面积的函数定义
    Function s(a,b,c)                       '定义函数,带有参数 a,b,c
        Dim s1
        s1 = (a+b+c)/2
        s=sqr(s1*(s1-a)*(s1-b)*(s1-c))      'sqr()是系统求平方根的内部函数
    End Function
    Dim result
    result = s(3,4,5)                       '调用函数,计算三角形面积
    response.write "边长为3,4,5的三角形面积等于" & result
%>
```

在例 7.8 中，Function 函数中的 a、b、c 是形式参数，其值由实际参数给出，在过程中不能再定义。函数中的 s1 是局部变量，可声明后使用。因为 VBScript 中默认允许不声明就使用变量，所以局部变量 s1 不声明，程序也能调试通过。该例的运行结果参见图 7.3。

图 7.3 Function 函数的运行实例

7.2.6 条件语句

使用条件语句和循环语句可以控制 Script 的流程，在条件语句中可以判断和选择执行某些 VBScript 代码。在 VBScript 中，可使用的条件语句有 If…Then…Else 语句和

Select Case 语句。

1. If…Then…Else 语句

If…Then…Else 语句用于计算条件是否为 True 或 False，并且根据计算结果指定要运行的语句。通常，条件是使用比较运算符对值或变量进行比较的表达式。If…Then…Else 语句可以根据需要进行嵌套。

（1）条件为 True 时运行语句　要在条件为 True 时运行单行语句，可使用 If…Then…Else 语句的单行语法。

【例 7.9】 If…Then…Else 的单行语句示例。

```
<%
    Dim myDate
    myDate = #2006-12-15#
    response.write myDate & "<br>"           '显示条件语句前 myDate 中的值
    If myDate < Now() Then myDate = Now()    '单行条件语句
    response.write myDate                    '显示条件语句后 myDate 中的值
%>
```

本例的运行结果参见图 7.4。要运行多行代码时，必须使用多行（或块）语法。多行（或块）语法中，需要以 End If 语句结束，使用方法参见例 7.10。

图 7.4　例 7.9 的运行结果

（2）条件为 True 和 False 时分别运行某些语句　此时，使用 If…Then…Else 语句定义两个可执行语句块，条件为 True 时运行 Then 后面的语句块，条件为 False 时运行 Else 后面的语句块，使用方法参见例 7.10。

（3）多条件判断　If…Then…Else 语句的一种变形允许从多个条件中选择，即添加 ElseIf 子句，以扩充 If…Then…Else 语句的功能，使用方法参见例 7.10。

【例 7.10】 求分段函数值。

$$Y = \begin{cases} 2x+3, & x < -50 \\ 3x-2, & -50 \leqslant x \leqslant 50 \\ x-3, & x > 50 \end{cases}$$

```
<%
    Dim x,y
    x=int(Rnd()*100)      'Rnd()和 int()是系统的内部函数，用于产生 0-1 的随机数和取整
    If x < -50 Then
        y = 2*x+3
        response.Write "当 X=" & x & "时，函数值 Y=" & y
```

```
    ElseIf x <= 50 Then
        y = 3 * x - 2
        response.Write "当 X=" & x &"时,函数值 Y=" & y
    Else
        y = x - 3
        response.Write "当 X=" & x &"时,函数值 Y=" & y
    End If
%>
```

在例 7.10 中,可以添加任意多个 ElseIf 子句以提供多种选择。但使用多个 ElseIf 子句经常会变得很累赘,所以在多个条件中进行选择时,一般使用 Select Case 语句,以使代码更加简练易读。

2. Select Case 语句

Select Case 结构提供了 If…Then…ElseIf 结构的一个变通形式,它可以从多个语句块中选择执行其中的一个。它在开始处使用一个只计算一次的简单测试表达式,表达式的结果将与结构中每个 Case 的值比较。如果匹配,则执行与该 Case 关联的语句块。

注意:Select Case 结构只计算开始处的一个表达式(只计算一次),而 If…Then…ElseIf 结构计算每个 ElseIf 语句的表达式,这些表达式可以各不相同。仅当每个 ElseIf 语句计算的表达式都相同时,才可以使用 Select Case 结构代替 If…Then…ElseIf 结构。

7.2.7 循环语句

VBScript 的循环语句常用于重复执行一组语句,例如求累加、阶乘,或重复从数据库中一次读出或写入多条记录。在 VBScript 中,经常使用的循环语句有以下 4 种。

- Do…Loop 当(或直到)条件为 True 时循环。
- While…Wend 当条件为 True 时循环。
- For…Next 指定循环次数,使用计数器重复运行语句。
- For Each…Next 对于集合中的每项或数组中的每个元素,重复执行一组语句。

VBScript 的循环可分为三类:一类在条件变为 False 之前重复执行语句(如 Do…Loop 语句),一类在条件变为 True 之前重复执行语句(如 While…Wend 语句),另一类按照指定的次数重复执行语句(如 For…Next 语句)。

1. Do…Loop 循环语句

Do…Loop 语句是一种条件型循环语句,通常使用它多次(次数不定)运行某些语句块。它在条件为 True 时或条件变为 True 之前,重复执行语句块。

(1)当条件为 True 时重复执行语句 Do…Loop 语句中的 While 关键字用于检查循环条件,它是当条件为 True 时进入循环体。有两种方式检查条件:在进入循环之前检查条件(参见例 7.11);或者在循环至少运行完一次之后检查条件(参见例 7.12)。

【例 7.11】 Do While…Loop 循环语句示例。

```
<%
    Dim counter, myNum
    counter = 0
```

```
    myNum = 20
    Do While myNum > 10              '条件为 True 时重复执行语句块
        myNum = myNum - 1
        counter = counter + 1
    Loop
    response.Write"循环重复了"& counter &"次。"    '将显示重复了10次
%>
```

【例 7.12】 Do…Loop While 循环语句示例。

```
<%
    Dim counter, myNum
    counter = 0
    myNum = 9
    Do
        myNum = myNum - 1
        counter = counter + 1
    Loop While myNum > 10            '只有条件为 True 时才能重复执行语句块
    Response.Write"循环重复了"& counter &"次。"   '将显示重复了1次
%>
```

在例 7.11 中,循环体被重复执行了 10 次。但若 myNum 的初始值被设置为 9 而不是 20,则该程序将永远不会执行循环体中的语句。在例 7.12 中,循环体中的语句只会执行一次,因为条件在检查时已经为 False。

（2）重复执行语句直到条件变为 True Do…Loop 语句中的 Until 关键字,也是用于检查循环语句中的条件,但它是仅当条件为 False 时才进入循环体。它也有两种方式检查条件:在进入循环之前检查条件(参见例 7.13);或者在循环至少运行完一次之后检查条件(参见例 7.14)。

【例 7.13】 Do Until…Loop 循环语句示例。

```
<%
    Dim counter, myNum
    counter = 0
    myNum = 20
    Do Until myNum = 10              '条件为 False 时重复执行语句块
        myNum = myNum - 1
        counter = counter + 1
    Loop
    response.Write"循环重复了"& counter &"次。"   '将显示重复了10次
%>
```

【例 7.14】 Do…Loop Until 循环语句示例。

```
<%
    Dim counter, myNum
    counter = 0
```

```
    myNum = 1
    Do
        myNum = myNum + 1
        counter = counter + 1
    Loop Until myNum = 10              '条件为 False 时重复执行语句块
    Response.Write"循环重复了"& counter &"次。"     '将显示重复了9次
%>
```

（3）退出循环　Exit Do 语句用于退出 Do…Loop 循环。因为通常只是在某些特殊情况下要退出循环（例如要避免死循环），所以可在 Do…Loop 循环的循环体中使用 If…Then…Else 语句，并在该语句的 True 语句块中使用 Exit Do 语句，以强制退出循环。如果条件为 False，循环将照常运行。

在例 7.15 中，myNum 的初始值及其循环条件，将导致死循环。所以在循环体中使用 If…Then…Else 语句检查循环条件，防止出现死循环。

【例 7.15】 Exit Do 语句示例。

```
<%
    Dim counter, myNum
    counter = 0
    myNum = 9
    Do Until myNum = 10                '条件为 False 时重复执行语句块
        myNum = myNum - 1
        counter = counter + 1
        If myNum <10 Then Exit Do       '条件为 True 时退出循环
    Loop
    response.Write"循环重复了"& counter &"次。"    '将显示重复了1次
%>
```

2. 使用 While…Wend

VBScript 中的 While…Wend 语句是为那些熟悉其用法的用户提供的。由于 While…Wend 缺少灵活性，所以建议最好使用 Do…Loop 语句，在此不再赘述。

3. 使用 For…Next

For…Next 语句是一种强制型循环语句，它用于将语句块运行指定的次数。For 语句指定计数器变量及其起始值与终止值，Next 语句中的关键字 Step 用于指定计数器变量每次增加或减少的值（即步长）。若省略关键字 Step，则其默认的步长为 1。

【例 7.16】 求 0 到 10 之间的偶数和。

```
<%
    Dim j, total
    total = 0
    For j = 0 To 10 Step 2
        total = total + j
    Next
    Response.Write"总和为 "& total &"。"          '将显示总和为 30
%>
```

在例 7.16 中,计数器变量 j 每次加 2。循环结束后,total 的值为 2、4、6、8 和 10 的总和。

要使计数器变量递减,可将 Step 设为负值。此时计数器变量的终止值必须小于起始值。在例 7.17 中,计数器变量 myNum 每次减 2。循环结束后,total 的值为 0 到 20 之间的奇数和 100。

【例 7.17】 求 0 到 20 之间的奇数和。

```
<%
    Dim myNum, total
    total = 0
    For myNum = 19 To 1 Step -2
        total = total + myNum
    Next
    Response.Write "总和为" & total & "。"          '将显示总和为 100
%>
```

Exit For 语句用于在计数器达到其终止值之前退出 For…Next 语句。Exit For 语句的含义及其使用,与 Do…Loop 语句中的 Exit Do 相同,在此不再赘述。

4. 使用 For Each…Next

For Each…Next 循环与 For…Next 循环类似,只是 For Each…Next 不是将语句运行指定的次数,而是对数组中的每个元素或对象集合中的每一项,重复执行一组语句。这种功能在不知道集合中元素的数目时非常有用。

【例 7.18】 累加动态数组中的数。

```
<%
    Dim myNum(), total, x
    ReDim myNum(2)
    myNum(0) = 1
    myNum(1) = 8
    myNum(2) = 101
    For Each x In myNum
        total = total + x
    Next
    Response.Write "动态数组值的累加和为" & total & "。"     '将显示总和为 110
%>
```

例 7.18 中的动态数组,不管其数组中有多少个元素,都不会影响循环语句的执行,从而提高了程序的通用性。

7.3 ASP 内建对象

在网络程序的访问过程中,浏览器的操作者需要与服务器之间交换各种数据。ASP 通过其提供的一些内建对象,使用户更容易收集通过浏览器请求发送的信息、响应浏览器以及存储用户信息。目前,一般的 ASP 版本提供的内建对象有 Request、Response、Application、Session、Server 和 Error。

通常,与客户端的交互是通过 Request 和 Response 对象来实现的。Request 对象的功能是接受客户端浏览器提交的数据,而 Response 对象的功能则是将服务器端的数据发送到客户端浏览器。

在 ASP 中同一站点的各客户的会话(如聊天室)是由对象 Application 进行管理的,而同一客户各网页间的会话(如购物车)则是由 Session 对象进行管理的。

7.3.1 基本概念

Active Server 是随 Windows XP 一起使用的服务器端技术的集合。ASP 是在服务器上运行 ActiveX 脚本和 ActiveX 组件的服务器端脚本环境。通常,程序开发人员可以将脚本和组件结合在一起,创建基于 Web 的应用程序。

ActiveX 是允许开发人员为 WWW 创建交互式组件的技术术语。ActiveX 组件是建立 Web 应用程序的关键,组件提供了在脚本中执行任务的对象。ActiveX 组件是一个文件,该文件包含执行某项或一组任务的代码。由于组件可以执行常用任务,所以程序员可以直接使用这些组件,而不必自己去创建执行这些任务的代码。

组件是包含在动态链接库.dll 或可执行文件.exe 中的可执行代码,它可以提供一个或多个对象以及对象的方法和属性。要使用组件提供的对象,应先创建对象的实例并将这个新的实例分配变量名。使用 ASP 的 Server.CreateObject 方法可以创建对象的实例,使用脚本语言的变量分配指令可以为对象实例命名。例:Set db = Server.CreateObject("ADODB.Connection"),其变量 db 就是 ASP 程序创建的访问数据库的对象实例。

7.3.2 Request 对象

使用 Request 对象可以访问基于 HTTP 请求传递的所有信息,包括从 HTML 表单用 POST 方法或 GET 方法传递的参数、cookie 和用户认证等。Request 对象把客户信息保存在 QueryString、Form、Cookies、ClientCertificate 和 ServerVariables 等 5 个数据集合中,供 ASP 代码调用。

Request 对象的使用方法如下:

Request[.集合|属性|方法](变量)

其中,"集合"可以是 Request 对象的 5 个数据集合之一,"属性"是 Request 对象的属性,"方法"可以是 POST 或 GET 方法,"变量"是一些字符串,用于指定要从集合中检索的成员,或作为方法或属性的输入。

例如,Value = Request.Form(Name),用于从 HTML 表单中取得用 POST 方法传递的变量 Name 的数据。当省略集合时,ASP 将按 QueryString、Form、Cookies、ClientCertificate 和 ServerVariables 的顺序搜索集合,当发现第 1 个匹配的变量时,就认定它是要引用的成员。以下简要介绍 Request 对象的 QueryString、Form、Cookies 和

ServerVariables 等 4 个常用集合。

1. Form 集合

Form 集合是 Request 对象最常使用的数据集合,用于获得 POST 方法所提交的表单数据。

HTML 表单中的数据是从浏览器传递给 Request 对象的,传递的方式有两种:POST 方法和 GET 方法。GET 方法传递过来的数据保存在 QueryString 集合中,POST 方法传递过来的数据保存在 Form 集合。

Form 集合的使用方法:

Request.Form(element)[(index)|.Count]

其中,element 指定集合要检索的表单域的名称;index 是可选参数,使用它可以访问某表单域多个值中的一个,其值是 1 到 Request.Form(element).Count 之间的任意整数;Count 返回表单域名为 element 的值的个数。

【例 7.19】 Request 对象的 Form 集合应用示例。

```
<html>
<head><title> Request 对象的 Form 集合应用示例</title></head>
<body>
<p> 请填写你的爱好 </p>
<form method="POST" action=" example7_19.asp">
    <p><input type="text" name="hobby" size="20"><br>
    <input type="checkbox" name="hobby" value=" 足球 "> 足球
    <input type="checkbox" name="hobby" value=" 乒乓球 "> 乒乓球 </p>
    <p><input type="submit" value=" 发送 " name="B1">
    <input type="reset" value=" 重填 " name="B2"></p>
</form>
<%
'第一种方法
    Response.Write "<br>直接显示所有的数据<br>"
    Response.Write Request.Form("hobby") & "<br>"           '返回以逗号分隔的字符串
'第二种方法
    Response.Write "<br>用 For Each…next 分行显示数据<br>"
    For Each i In Request.Form("hobby")                     '检索表单中的 hobby 参数
        Response.Write i & "<br>"                           '返回到访问者的浏览器
    Next
'第三种方法
    Response.Write "<br>用 For…next 分行显示数据<br>"
    For i = 1 To Request.Form("hobby").Count                '检索表单中的 hobby 参数
        Response.Write Request.Form("hobby")(i) & "<br>"    '返回到访问者的浏览器
    Next
%>
</body>
</html>
```

若在例 7.19 的文本框中输入"计算机",并选中多选项"乒乓球",其运行结果参见图 7.5。

图 7.5　Request 对象的 Form 集合应用示例

在例 7.19 的代码中,1 个文本框和 2 个多选项的 name 均为 hobby,所以 Request.Form("hobby") 是一个具有 3 个元素的数组。

在引用有多个值的表单域中的一个而未指定 index 值时,系统返回的数据是以逗号分隔的字符串(见例 7.19 中的第一种方法)。

若需要独立使用每个元素值,则有两种方法。一是使用 For Each…next 循环语句提取(见例 7.19 中的第二种方法),二是通过调用 Request.Form("hobby").Count 来确定表单域名为 hobby 的值的个数,然后利用 For…next 循环语句提取(见例 7.19 中的第三种方法)。

注意:使用 Request.Form(element).Count 时,若表单域 element 未关联多个值,则计数为 1;若找不到该表单域名,则计数为 0。

说明:例 7.19 将表单的输入与表单信息的处理和显示集中在一个页面。<form method="POST" action=" example7_19.asp">中 action=" example7_19.asp",表示表单信息交给本页面中的 ASP 程序处理,其功能等同于 action = ""。

2. QueryString 集合

QueryString 集合是 Request 对象中常用的另外一个集合,与 Form 集合不同,QueryString 集合读取参数时,HTML 表单的 method 属性应设为 GET。当在 HTML 中的表单使用 GET 方法传送数据时,所提交的数据不是被单独发送,而是被附在 HTTP 的查询字符串中。QueryString 集合的功能是从查询字符串中读取客户端提交的数据。

QueryString 集合的使用方法:

Request.QueryString(variable)[(index)|.Count]

其中，variable 指定集合要检索的参数的名称；index 可选，使用它可以访问某参数多个值中的一个，其值是 1 到 Request.QueryString(variable).Count 之间的任意整数；Count 返回参数名为 variable 的值的个数。

【例 7.20】 Request 对象的 QueryString 集合应用示例。

```
<html>
<head><title> Request 对象的 QueryString 集合应用示例</title></head>
<body>
    <form method="GET" action=" example7_20.asp ">
    姓名：<input type="text" name="name" size="20"><br>
    密码：<input type="password" name="pwd" size="20" ><br>
    性别：<select name = "sex" >
        <option> Male </option>
        <option> Female </option>
    </select><br>
    <input type="submit" value="submit" >
    <input type="reset" value="reset" >
    </form>
    <%
    '第一种方法
        Response.Write "<br>姓名：" & Request.QueryString ("name")
        Response.Write "<br>密码：" & Request.QueryString ("pwd")
        Response.Write "<br>性别：" & Request.QueryString ("sex")
    '第二种方法
        Response.Write "<br>URL 后面的字符串"
        Response.Write "<br>" & Request.ServerVariables("Query_String")
    %>
</body>
</html>
```

例 7.20 的运行结果参见图 7.6 和图 7.7。本例中使用了表单的 GET 方法，此时输入到表单的数据要送到 URL 串指定的 HTTP 服务器上，可以看到刚提交的信息在浏览

图 7.6 例 7.20 中单击"submit"前的界面

图 7.7 例 7.20 中单击"submit"后的界面

器地址栏中显示出来了,密码也在其中,利用一个"?"隔开。GET 方法虽然不太安全,但传递数据较为方便,故常用在对安全性要求不高的场合。另外,本例中为避免查询字符串中出现乱码,将有关的信息全部用英文表述。

QueryString 集合的所有成员,都可以具有与之相关的多个值,如 HTML 表单的 GET 方法可以含有具有同一名称的多个表单元素,其设置与使用方法参见例 7.19。

HTTP 查询字符串中的参数值由问号(?)后的值指定。一般来说,有 3 种方式可从浏览器端产生 GET 请求,以生成查询字符串。

(1) 直接在浏览器地址栏中输入链接,包含"?"及其后的参数,如:

http://www.ebook.com/log.asp? name=ljm&pwd=nihao

(2) 在 HTML 中使用超链接,如:

<A HREF="www.ebook.com/log.asp? name=ljm&pwd=nihao</A>

(3) 在 HTML 的 Form 表单中设置,如:

<form method="GET" action=" log.asp ">
　　<input type="text" name="name" value="ljm">
　　<input type="password" name="pwd" value ="nihao" >
</form>

运行以上 3 种方式时,浏览器地址栏中的显示如下:

http://www.ebook.com/log.asp? name=ljm&pwd=nihao

这时,用户的登录名和密码暴露无遗。显然,这种做法不安全。所以,GET 方法仅适合于提交较少的数据量且安全性要求不高的场合。当使用 GET 方法向 Web 服务器传递长而复杂的表单值时,将可能丢失信息,因为大多数 Web 服务器倾向于严格控制 URL 查询字符串的长度。故在利用表单向服务器传递大量的数据时,通常采用 POST 方法。

3. Cookie 集合

Cookie 集合是 Request 对象和 Response 对象共有的一项经常用到的集合,它是用来记录客户端的信息的。

Cookie 是一个文本文件,是服务器在浏览器端写入的小文件,它包含用户的有关信息,如用户账户、密码等。通常用户在访问一个需要密码的网站时,除了第一次需要输入账户、密码外,以后都不必再输入密码,使用的就是 Cookie 技术。

Cookie 实质上是一个标签,当用户访问一个需要唯一标识的 Web 站点时,Cookie 会在用户的硬盘上留下一个标记,下一次再访问该站点时,站点的页面会查找这个标记。每个 Web 站点都有自己的标记,标记的内容可以随时读取,但只能由该站点的页面完成。每个站点的 Cookie 与其他所有站点的 Cookie 存在同一文件夹中的不同文件内。Windows 2000/XP 系统下,Cookie 文件存放在 C:\Documents and Settings 中该用户目录下的 Cookie 子目录中。

Request 提供的 Cookie 集合,允许程序开发员检索在 HTTP 请求中发送的 cookie 的值。这项功能经常被使用在要求认证客户密码以及电子公告板、Web 聊天室等 ASP

程序中。使用语法如下：

Request.Cookies(cookie)[(key)|.attribute]

其中,Cookie 指定要检索其值的 cookie 字典;Key 可选,用于从 cookie 中检索子关键字的值。可以通过包含一个 key 值来访问 cookie 字典的子关键字。若访问 cookie 时未指定 key,则所有关键字都会作为单个查询字符串返回。例如,如果 MyCookie 有两个子关键字,First 和 Second,而在调用 Request.Cookies 时并未指定其中任何一个关键字,那么将返回字符串"First=firstkeyvalue&Second=secondkeyvalue"。

Attribute 指定 cookie 自身的有关信息,其值可以是下列之一:

(1) Domain 该属性限定了 cookie 发送的网站,即 cookie 将被发送到对该域的请求中去。

(2) Expires 指定 cookie 的过期日期。

(3) HasKeys 用于检测 cookie 中是否包含子关键字。若包含多个,则 HasKeys 返回 True,否则返回 False,其值为只读。若要确定某个 cookie 是不是 cookie 字典(即 cookie 中是否有关键字),要使用该属性。

(4) Path 该属性限定浏览器如何发送 cookie,如 Request.Cookies("name")。Path = "/test",则浏览器对"/test/login.asp"及"/test/aa/login.asp"的请求均会带 cookie 信息,但浏览器对"/login.asp"请求不会带该 cookie 信息。Path 属性的默认值是创建该 cookie 的 ASP 页面所有的路径。

(5) Secure 若被设定为 True,则传递中就需使用加密算法。

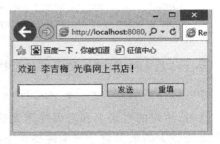

图 7.8 Request 对象的 Cookie 集合应用示例

【例 7.21】 Request 对象的 Cookie 集合应用示例,浏览结果参见图 7.8。

```
<%
    Response.Cookies("nick").Expires = "2007-11-3"  '指定 Cookie 的过期日期
    Response.Cookies("nick")=Request.Form("name")  '用 Response 将用户名写入 Cookie 中
    Response.Write "欢迎 " & request.cookies("nick") & " 光临网上书店!"
%>
<html> <head><title> Request 对象的 Cookie 集合应用示例</title> </head>
    <body>
        <form method="POST" action=" example7_21.asp ">
            <p><input type="text" name="name" size="20">
                <input type="submit" value=" 发送 " name="B1">
                <input type="reset" value=" 重填 " name="B2"> </p>
        </form>
    </body>
</html>
```

例 7.21 在运行时,ASP 程序将访问者在起始页面上填入的姓名保存在 Cookie 中,以便于后面的程序调用该访问者的 nick。

若客户端浏览器发送了两个同名的 cookie,则 Request.Cookie 将返回其中路径结构较深的一个。例如,若有两个同名的 cookie,但其中一个的路径属性为 /www/ ,而另一个为 /www/home/,则客户端浏览器会同时将这两个 cookie 都发送到 /www/home/ 目录中,且 Request.Cookie 将只返回第二个 cookie 的值。

4. ServerVariables 集合

ServerVariables 集合包含了两种值的结合体,一种是随同页面请求而从客户端发送到服务器的 HTTP 报头中的值,另一种是由服务器在接收到请求时本身所提供的值。前面讲述的 Form、QueryString 和 Cookies 集合都是用来取得客户端所传递的数据,而 ServerVariables 集合可以获取 Web 服务器端的环境变量。

在浏览器中浏览网页时使用的传输协议是 HTTP,通常在 HTTP 的标题文件中会记录一些客户端的信息,如客户的 IP 地址等,有时服务器端需要根据不同的客户端信息做出不同的反映,这时候就需要用 ServerVariables 集合获取所需信息。

ServerVariables 集合使用语法如下:

Request.ServerVariables ("服务器环境变量的名称")

表 7.3 中列出了一些主要的服务器环境变量,这些变量是只读变量,例 7.22 是在浏览器端显示这些变量值的 ASP 程序。

表 7.3 服务器环境变量及其意义

服务器环境变量名	说　　明
ALL_HTTP	返回客户端发送的所有 HTTP 标题信息
CONTENT_LENGTH	返回客户端发出内容的长度
CONTENT_TYPE	返回构成内容的数据类型。如"text/html"
LOCAL_ADDR	返回接受请求的服务器地址
LOGON_USER	返回用户登录 Windows 的账号
QUERY_STRING	返回在 HTTP 标题请求中问号(?)后的信息
REMOTE_ADDR	返回发出请求的远程主机(client)的 IP 地址
REMOTE_HOST	返回发出请求的主机(client)名称
REQUEST_METHOD	返回用于提出请求的方法,如 GET、POST 等
SERVER_NAME	返回服务器主机名、DNS 别名或在自引用 URL 中的 IP 地址
SERVER_PORT	返回发送请求的端口号

【例 7.22】 在浏览器端显示 ServerVariables 集合中所有的变量名称及其值。

<html> <head><title> Request 对象的 ServerVariables 集合</title> </head>
<body>
　　<TABLE border="1">

```
        <tr><td><b>Server Variable</b></td>
            <td><b>Value</b></td></tr>
        <% For Each name In Request.ServerVariables %>
        <tr><td> <%= name %> </td>
            <td> <%= Request.ServerVariables(name) %> </td>
        </tr>
        <% Next %>
    </TABLE>
</body>
</html>
```

7.3.3 Response 对象

Response 对象的功能与 Request 对象的(获取客户端 HTTP 数据)功能正好相反,它是用来将服务器端的数据发送到浏览器,包括直接将服务器端的数据用超文本的格式发送到浏览器上、重定向浏览器到另一个 URL、设置浏览器端 cookie 的值等。

Response 对象的使用语法如下:

Response.集合|属性|方法

其中,"集合"只能是 Cookie 数据集合,"属性"可以是 Buffer、Charset 等 Response 对象的属性,"方法"可以是 Write、Redirect 或 Clear 等方法。

以下先简要介绍 Response 对象中常用的集合、属性和方法,然后给出一个综合实例。

1. 集合

Response 对象只有一个 Cookie 集合,通过使用 Cookies 集合设置 cookie 的值。若指定的 cookie 不存在,则创建它。若存在,则用新值替代旧值,其语法如下:

Response.Cookies(cookie)[(key)|.attribute]=value

Response.Cookie 的具体应用参见例 7.21。

2. 属性

(1) Buffer   该属性用来设置是否把 Web 页面输出到缓冲区。当其值设为 True 时,Web 服务器对脚本处理的结果进行缓冲,直到当前页的所有服务器脚本处理完毕或者调用了 Flush 或 End 方法后,服务器才将响应发送给客户端浏览器。当其值设为 False 时,服务器边处理页面边将处理结果送往浏览器,此时调用 clear、Flush 或 End 方法都会出现运行时的错误。

Buffer 属性的默认值是 False,对 Buffer 属性的设置或修改应放在 ASP 文件输出之前,通常放在文件的第一行,因为服务器一旦开始将输出发送给客户端浏览器后,就不能再设置 Buffer 属性了。设置 Buffer 属性的语法如下:

Response.Buffer = True / False

(2) Expires   该属性指定了在浏览器上缓冲存储的页面距过期还有多少时间。如

果用户在某个页面过期之前又回到此页,就会显示缓冲区中的页面。其语法为:

Response.Expires = intnum

其中,参数 intnum 用来设置保留的时间长度,以分钟为单位。若设置 Response.Expires=0,则可使缓存的页面立即过期,这样用户每次都必须从服务器上得到最新的网页。这是一个较实用的属性,对于安全性要求较高的登录页面,当客户通过 ASP 的登录页面进入 Web 站点后,应该利用该属性使登录页面立即过期,以确保安全。

(3) ExpiresAbsolute 与 Expires 属性不同,ExpiresAbsolute 属性指定缓存于浏览器中的页面的确切到期日期和时间。在未到期之前,若用户返回到该页,则缓存中的页面就显示。如果未指定时间,该页面在当天午夜到期。如果未指定日期,该页面在脚本运行当天的指定时间到期。如下例指定页面在 2006 年 12 月 30 日上午 9 时 40 分 30 秒到期。

<% Response.ExpiresAbsolute=#Dec 12,2006 9:40:30# %>

(4) Charset 该属性用来设置网页所采用的字符集。设置该属性后,字符集名称将被附加到 Response 对象中 content-type 标题的后面。对于不包含 Response.Charset 属性的 ASP 页,content-type 标题为 content-type:text/html。可以在 ASP 文件中指定 content-type 标题,如:

<% Response.Charset="gb2312" %>

以上语句将产生结果:content-type:text/html;charset=gb2312

注意:无论字符串表示的字符集是否有效,该功能都会将其插入 content-type 标题中。而且,若某个页面中有多个 Response.Charset 语句,则每个 Response.Charset 都将替代前一个值。这样,字符集将被设置为该页中最后一个 Response.Charset 语句所指定的值。

(5) ContentType 该属性用来指定服务器响应的 HTTP 内容类型,其默认为 text/HTML。

3. 方法

(1) Write Write 方法是 Response 对象中最常用的方法之一,输出的内容包括文本、HTML 标记符和脚本。其语法如下:

Response.Write string

其中,参数 string 是变量或字符串,变量可以是所使用的脚本语言中的任意数据类型。

(2) Redirect 该方法与 Write 方法将数据从服务器端直接传送到客户端不同,它引导浏览器立即重定向到程序指定的 URL 位置,也就是进入另一个 Web 页面,类似于 HTML 中的超链接。其语法如下:

Response.Redirect string

其中,参数 string 为网址变量或 URL 字符串,如 Response.Redirect http://www.ebook.com。

利用此方法,程序可以根据用户的响应,为不同的用户指定不同的页面,或对同一用户,根据不同的情况指定不同的页面。

Redirect 方法必须在任何网页信息传输到浏览器之前被执行,否则将出错。所以,如果希望在 ASP 文件的任意地方都能使用 Redirect 方法,那就需要在 ASP 文件的开头设置 Response 对象的 Buffer 属性值为 True。因为在默认情况下,服务器端直接将页面输出到客户端,当输出 HTML 元素后,就不允许将网页引导到另一个页面了。

Redirect 方法在电子商务系统的开发中,会经常用到。例 7.23 和例 7.24 说明了 Redirect 的使用方法。

(3) Clear   该方法用于清除缓冲区中的所有 HTML 输出。但 Clear 方法只能清除 HTML 中的 body 部分,而不清除 head 中的标题数据。在使用 Response.Clear 语句时,Response.Buffer 必须设置为 True,否则系统将提示运行错误。

(4) End   End 方法使 Web 服务器停止处理脚本并返回当前结果,文件中剩余的内容将不被处理。若 Response.Buffer 已设置为 True,则 Response.End 语句将立即把存储在缓冲区中的内容发送到客户端,并清除缓冲区中的所有内容。

(5) Flush   Flush 方法用于立即发送缓冲区中的内容到客户端。与 Clear 方法一样,Response.Buffer 必须设置为 True,否则该方法将导致运行错误。

4. 综合示例

以下用两个简单的程序,实现对同一个页面的多种不同显示结果。

【例 7.23】   Response 对象的综合应用,将该 ASP 文件保存为 example7_23.asp。

```
<%Dim user, flag, pwd, say
    Response.buffer=true                '开启缓冲页面功能
    Response.ContentType="text/HTML"
    Response.Charset="gb2312"
    user=Request.Form("username")
    pwd=Request.Form("password")
    say=Request.QueryString("say")
%>
<form method="POST" action="example7_23.asp">
        <p>用户名:<input type="text" name="username" size="12"><br>
        口  令:<input type="password" name="password" size="12"><br>
        <input type="submit" value=" 提交 " name="B1">
        <input type="reset" value=" 取消 " name="B2"></p>
</form>
<% If say=1 then Response.Write "欢迎管理员进入本站!"
    If say>1 then Response.Write "欢迎再次光临本站!"
    If user="admin" and pwd="admin" Then
        Response.Expires=1              '设置该页面在浏览器的缓冲中存储1分钟后过期
        flag=1
    ElseIf user="guest" and pwd="guest" Then
        Response.Expires=0              '使缓存的页面立即过期
```

```
        Response.Clear                    '清空存储在缓存中的页面
            flag=2
    ElseIf user="vip" and pwd="vip" Then
        Response.Write "欢迎 VIP 光临本站！"
            flag=3
    Else
        flag=0
        Response.End                      '立即停止脚本处理,并将缓存中的页面输出
    End If
    Response.write "<p><a href=example7_24.asp?flag="&flag&">网上书店</a></p>"
                                          '将变量 flag 的值传送给 example7_24.asp
%>
```

【例 7.24】 Response.Redirect 的使用,该 ASP 的文件名为 example7_24.asp。

```
<% Dim say
    say=Request.QueryString("flag")
    Select case say
    case "1"
        Response.Redirect "example7_23.asp?say=1"
    case "2"
        Response.Redirect "example7_23.asp?say=2"
    case "3"
        Response.Redirect "example7_23.asp?say=3"
    case "0"
        Response.Redirect "example7_23.asp?say=0"
    End Select
%>
```

将这两个程序放在有执行权限的 Web 虚拟目录下,并以 HTTP 方式访问 example7_23.asp。当第一次访问该文件时,页面上出现一个表单并提示输入用户名和口令(参见图 7.9),若输入用户名"admin"、口令"admin"后"提交",则会出现如图 7.10 所示的页面;若输入用户名"guest"、口令"guest"后"提交",则仅出现如图 7.11 所示的页面;若输入用户名"vip"、口令"vip"后"提交",则会出现如图 7.12 所示的页面。

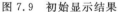
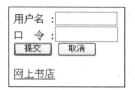
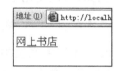

图 7.9　初始显示结果　　　图 7.10　admin 登录页面　　图 7.11　guest 登录页面

出现以上结果的原因是,由于在程序 example7_23.asp 中设置了页面缓存,当第一次登录该页面时,程序判断到用户既非 admin,也不是 guest 和 vip,所以执行 Response.

End,立即将存储在缓存中的 Form 显示出来,并停止其后的一切脚本处理,包括纯 HTML 代码的显示。当使用 guest 登录时,程序自动清空其之前所有存储在缓存中的内容,而仅将其后脚本程序执行的结果显示出来。

无论是用 admin 还是 guest 或 vip 登录该页面,都可以看到一个超级链接,该超级链接指向文件 example7_24.asp,当单击该链接时,example7_23.asp 将变量 flag 的值作为参数发送给 example7_24.asp,而后者则根据该参数的值来做出判断,并依据不同情况使用 Response.Redirect 再强行返回 example7_23.asp,同时也将一个变量 say 的值作为参数发送给 example7_23.asp。如此一来,example7_23.asp 又会根据此参数来做出不同的反应,从而实现了同一个页面的多种不同显示结果(参见图 7.13 和图 7.14)。

图 7.12 vip 登录页面

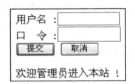

图 7.13 admin 登录后又返回该页面

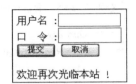

图 7.14 guest 或 vip 登录后又返回该页面

7.3.4 Application 对象

Application 对象是应用程序级的对象,用来在电子商务系统中所有用户间共享信息,并可在 Web 应用程序运行期间持久地保持数据。Application 对象最典型的应用是聊天室,大家的发言都存放到一个 Application 对象中,彼此就可以看到发言的内容了。

由于多个用户可以共享 Application 对象,所以必须要用 Lock 和 Unlock 方法来确保多个用户无法同时改变某一属性。以下简要介绍 Application 对象的属性、方法和事件。

1. 属性

Application 对象没有内置的属性,但可以使用以下语法设置设计者定义的属性(也可称为集合):

Application("属性/集合名称")= 值

例如,可以使用如下脚本声明并建立 Application 对象的属性:

<% Application("MyVar") = "Hello" %>

在电子商务系统中,一旦设置了 Application 对象的属性,它就会持久地存在,直到关闭 Web 服务使得 Application 停止,或该 Application 应用系统被卸载。由于存储在 Application 对象中的数值可以被电子商务系统中所有用户读取,所以 Application 对象的属性特别适合在用户之间传递信息。但是 Application 变量创建后不会自己失效,所以要小心使用,以免占用过多的内存空间。

2. 方法

Application 对象有两个方法，它们都是用于处理多个用户对存储在 Application 中的数据进行写入的问题。

（1）Lock 方法　Lock 方法可阻止其他用户修改存储在 Application 对象中的变量，以确保在同一时刻仅有一个用户可修改和存取 Application 变量。若程序中没有明确调用 Unlock 方法，则服务器将在 ASP 文件结束或超时后即解除对 Application 对象的锁定。

【例 7.25】 用 Application 变量记录页面访问次数的部分程序（即计数器）。

```
<html><head><title>计数器</title></head>
<body>
<%
    IF Application("NumVisits")="" Then      '创建 Application 对象的属性
            Application("NumVisits")=0
    ELSE
        Application.Lock                      '锁定该 Application 属性
        Application("NumVisits") = Application("NumVisits") + 1
        Application.Unlock                    '解锁该 Application 属性
    END IF
%>
    欢迎光临本网页,你是本页的第 <%= Application("NumVisits") %> 位访客!
</body>
</html>
```

（2）Unlock 方法　解除 Application 对象属性的锁定，允许其他用户修改该属性。

【例 7.26】 Application 对象综合应用示例。

（1）将以下脚本保存在 example7_25_a.asp 文件中。

```
<%dim MyArray()                              '定义动态数组
    Redim MyArray(5)                          '重定义动态数组
    MyArray(0)="hello"                        '给数组元素 0 赋值
    MyArray(1)="some other string"            '给数组元素 1 赋值
    Application.Lock                          '锁定 Application 对象
    Application("StoredArray")=MyArray        '创建并赋值 Application 对象数组
    Application.Unlock                        '解锁 Application 对象
    Response.Redirect " example7_26_b.asp"    '重定向到 example7_26_b.asp
%>
```

（2）将以下脚本保存在 example7_25_b.asp 文件中。

```
<%LocalArray=Application("StoredArray")      '创建并赋值 LocalArray 数组
    LocalArray(1)=" there"                    '给数组 LocalArray 的元素 1 赋新值
    Response.Write LocalArray(0)&LocalArray(1)
            '输出 LocalArray 数组中的值,运行界面显示"hello there"
    Application.Lock                          '锁定 Application 对象
    Application("StoredArray")=LocalArray
```

```
            '将修改后的 LocalArray 数组值赋给 Application 对象的数组 StoredArray
Application.Unlock              '解锁 Application 对象
%>
```

3. 事件

Application 对象有两个事件:Application_OnStart 和 Application_OnEnd。它们的处理代码必须写在 Global.asa 文件之中。

(1) Application_OnStart　该事件在首次创建新的会话(即 Session_OnStart 事件)之前发生。当 Web 服务器启动并允许对应用程序所包含的文件进行请求时就触发该事件,其使用方法参见例 7.29。

(2) Application_OnEnd　该事件在应用程序退出时在 Session_OnEnd 事件之后发生,其使用方法也请参见例 7.29。

注意:Global.asa 是 Web 应用程序中的一个可选文件,主要用于定义 Application_OnStart、Application_OnEnd、Session_OnStart 和 Session_OnEnd 事件的过程代码,详见 7.3.7 小节。

7.3.5 Session 对象

当用户浏览 Web 站点时,使用 Session 对象可以为每一个用户保存指定信息。Session 对象与 Application 对象的作用相近,当用户在 Web 应用程序的网页之间跳转时,存储在 Session 对象中的信息不会丢失,而是在整个用户会话中一直存在。Session 对象的使用语法:

Session.属性 | 方法 | 事件

Session 对象的创建和使用弥补了 HTTP 协议的局限,HTTP 协议的工作方式是:一个用户发出请求,服务器端作出响应,这种用户端和服务器端之间的联系是离散的,在 HTTP 协议中没有什么方法能够允许服务器端来跟踪用户请求。在服务器端响应完成用户请求后,服务器端不能持续与该浏览器保持连接。从网站的观点来看,每一个新的请求都是单独存在的,当用户在多个网页间跳转时,根本无法确认用户的身份。故将 HTTP 称为无状态协议(state-less)。Session 对象的引用弥补了这个缺陷。

利用 Session 对象可以使一个用户在多个网页间切换时也能保存用户的信息。当用户请求来自应用程序的 Web 页时,若该用户还没有会话,则 Web 服务器自动创建一个 Session 对象。当会话过期或被放弃后,服务器将终止该会话。

注意:会话状态仅在支持 Cookie 的浏览器中保留,如果用户关闭了 Cookie 选项,Session 也就不能发挥作用了。故使用 Session 对象前,必须确认浏览器的 Cookie 功能已启动。

1. 属性

Session 对象有两个内置属性:SessionID 和 TimeOut,同时也可以使用下列语法设置设计者定义的属性:Session("属性")= 值,其使用方法与 Application 对象定义与使用属性的方法一样,具体的可参见例 7.29 和例 7.30。以下简要介绍 Session 对象的两个内置属性。

（1）SessionID　该属性返回用户的会话标识。在创建会话时，服务器会为每一个会话生成一个单独的标识。会话标识以长整形数据类型返回。通常可用 SessionID 进行 Web 页面的注册统计。

（2）TimeOut　该属性以分钟为单位为该应用程序的 Session 对象指定超时时限，其默认值为 20 分钟。若用户在该超时时限之内不刷新或请求网页，则该会话将终止。该属性的值可以使用以下语法修改，也可以在"应用程序配置"对话框中设置（参见图 7.15）。

<% Session.TimeOut = 5 %>

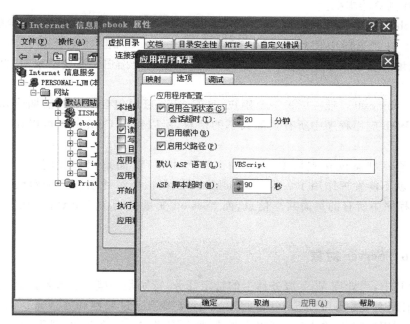

图 7.15　TimeOut 属性的设置

一般应根据的 Web 应用程序的要求和服务器的内存空间来设置 TimeOut 属性的值。例如，如果希望浏览 Web 应用程序的用户在每一页仅停留几分钟，设计者就应该缩短会话的默认超时值。过长的会话超时值将导致打开的会话过多而耗尽服务器的内存资源。

2. 方法

Session 对象仅有一个方法，就是 Abandon。Abandon 方法删除所有存储在 Session 对象中的值并释放这些对象的源，其语法如下：

<% Session.Abandon %>

若没有明确地调用 Abandon 方法，一旦会话超时，服务器也会删除 Session 对象。

3. 事件

Session 对象有两个事件，可用于在 Session 对象启动和释放时运行过程。这两个事件的处理过程也必须写在 Global.asa 文件之中,其使用方法参见例 7.29。

(1) Session_OnStart 事件　该事件在服务器创建新会话时发生(即当一个 Session 开始时被触发)。服务器在执行请求的网页之前先处理该事件,故 Session_OnStart 事件是设置会话期变量的最佳时机。

(2) Session_OnEnd　该事件在会话被放弃或超时时发生。

4. Session 和 Cookie 的区别

通常,可以用 Response 对象建立 Cookie 文件,以记录用户的各种信息。Session 对象也可以用来记录用户的状态信息,所不同的是 Session 数据存储在服务器端,而 Cookie 数据存储在浏览器本机上。

在 Web 应用程序中,每一个用户会话都对应一个由 Web 服务器指定的唯一标识符 SessionID。在浏览器中使用 Cookie 存储这个 SessionID,但对应于这个 SessionID 的 Session 变量的数据还是存储在 Web 服务器上,并在这个用户会话期结束时,释放相应的变量。

一个 Cookie 可以唯一标识一个用户,且 Cookie 可以包含一个对话期或几个对话期之间某个 Web 应用程序中所有页面共享的信息,所以使用 Cookie 也可以在页面之间交换信息。

总之,会话状态仅在支持 Cookie 的浏览器中保留,如果用户关闭了 Cookie 选项,Session 也就不能发挥作用了。另外,Cookie 可以在一个对话期或几个对话期之间某个 Web 应用程序中所有的页面共享信息,而 Session 变量只能在一个对话期的相应页面间共享信息。

7.3.6　Server 对象

在 ASP 中,当处理 Web 服务器上的特定任务,特别是一些与服务器的环境和处理活动有关的任务时,需要用到 Server 对象。Server 对象通过属性和方法来访问 Web 服务器。例如,利用它提供的方法,可以在服务器上启动 ActiveX 对象例程,并使用 Active Server 服务提供的 HTML 和 URL 等函数,从而扩展 Web 服务器的功能。其使用方法为:

Server.属性 | 方法

1. 属性

Server 对象只有一个 ScriptTimeout 属性,用来设置脚本运行的过期时间(超时值),即在脚本运行超过这一时间之后即作超时处理。如下代码指定服务器处理脚本在 100s 后超时:

<% Server.ScriptTimeout=100 %>

该属性的赋值是以 s 为单位的,而 Response 的 Expires 属性是以分为单位的。该属性的默认值为 90s,若所设时间低于 90s,则仍以默认值作为脚本文件执行的最长时间。服务器在处理脚本时,如果超过这个时间而未结束,则服务器会强制脚本结束,不再执行未完成的脚本。

注意：时间的设置必须在 ASP 程序之前，否则不起任何效果。

2. 方法

Server 对象主要有 6 种方法，参见表 7.4。

表 7.4　Server 对象的方法及其作用

CreateObject("identifier")	创建由 identifier 标识的服务器组件的实例
HTMLEncode("string")	将 HTML 条目的编码规则，包括转义字符，应用到 string 中，最后返回一个有效的 HTML 字符串
URLEncode("string")	将 URL 编码规则，包括转义字符，应用到 string 中，最后返回一个有效的 URL 字符串
MapPath("URL")	返回在 URL 中指定的文件或资源的完整物理路径和文件名
Execute("URL")	停止当前页面的执行，把控制权转到在 URL 中指定的网页。用户的当前环境（即会话状态和当前事务状态）也传递到新的网页。在该页面执行完成后，控制权传递回原先的页面，并继续执行 Execute 方法后面的语句
Transfer("URL")	停止当前页面的执行，把控制权转到 URL 中指定的页面。用户的当前环境也传递到新的页面。但与 Execute 方法不同的是，当新页面执行完成时，不回到原来的页面，而是结束执行过程

(1) CreateObject 方法　该方法是 ASP 中最为实用，也是最强劲的功能。它用于创建已经注册到服务器上的 ActiveX 组件的实例，包括所有 ASP 内置的组件，也可以是第三方提供的 ActiveX 组件。这是一个非常重要的特性，因为通过使用 ActiveX 组件能够使程序员轻松地扩展 ActiveX 的能力，可以实现一些仅依赖脚本语言所无法实现的功能，譬如数据库连接、文件访问、广告显示、E-mail 发送、文件上载等功能。正是因为这些组件才使得 ASP 具有了强大的生命力，但组件只有在创建了实例后才可以使用，其语法格式如下：

Server.CreateObject("Component Name")

默认情况下，由 Server.CreateObject 方法创建的对象具有页作用域。也就是说，在当前 ASP 页处理完成之后，服务器将自动终止这些对象。若要创建在其他页面中也可使用的该对象的实例，可将该对象存储在 Session 或 Application 对象中。如：

<% Set Session("conn") = Server.CreateObject("ADODB.Connection") %>

其具体的使用方法和实例，参见 8.2 节。

注意：不能创建与内建对象同名的对象实例，否则系统将返回错误。

(2) HTMLEncode 方法　该方法允许对特定的字符串进行 HTML 编码，虽然 HTML 可以显示大部分写入 ASP 文件中的文本，但当需要包含 HTML 标记中所使用的字符，就会遇到问题。

【**例 7.27**】　HTMLEncode 方法应用示例。

<html> <head> <title>HTMLEncode 方法应用示例</title> </head>

```
<body>
<%
Response.write Server.HTMLEncode("这是对 HTMLEncode 方法的测试,现在显示的是<H1>号字体")
%>
<br>这是对 HTMLEncode 方法的测试,现在显示的是<H1>号字体。
</body></html>
```

例 7.27 的浏览结果参见图 7.16。

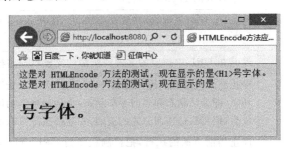

图 7.16　HTMLEncode 方法应用示例

从图 7.16 中可以看出,第一行是我们希望出现的结果,但为什么浏览结果中会出现第 2、3 行呢？原因是当浏览器读到 HTML 标记字符(如<H1>)时,浏览器总会试图将它解释为标记指令。

为了避免此类问题,需要使用 Server 对象的 HTMLEncode 方法,采用对应的不由浏览器解释的 HTML 编码替代 HTML 标记字符(参见例 7.27 中的 Response.write Server.HTMLEncode()命令)。

(3) URLEncode 方法　该方法可以根据 URL 规则对字符串进行正确编码。

【例 7.28】　URLEncode 方法应用示例。

```
<html><head><title>URLEncode 方法应用示例</title></head>
<body>
<%
    Response.write("这是一般的脚本语句：http://www.blcu.edu.cn" & "<br>")
    Response.write("这是 URL 地址：")
    Response.write Server.URLEncode("http://www.blcu.edu.cn")
%>
</body></html>
```

例 7.28 的浏览结果参见图 7.17。

从图 7.17 中可以看出,第一行是常规显示的结果,第二行是 URL 地址。当字符串数据以 URL 的形式传递到服务器时,在字符串中不允许出现空格,也不允许出现特殊字符。在 URL 地址中,用"＋"代替空白字符,用"％"、数值与字符的方式表示特殊字符(参见图 7.17 中的第二行)。

(4) MapPath 方法　该方法将指定的相对或虚拟路径映射到服务器上相应的物理目

图 7.17 URLEncode 方法应用示例

录上。其语法如下：

Server.MapPath(Path)

Path 指定要映射物理目录的相对或虚拟路径。若 Path 以一个正斜杠（/）或反斜杠（\）开始，则 MapPath 方法返回路径时将 Path 视为完整的虚拟路径。若 Path 不是以斜杠开始，则 MapPath 方法返回同该命令所在的.asp 文件所在路径相对应的路径。这里需要注意的是 MapPath 方法不检查返回的路径是否正确或在服务器上是否存在。

例如，文件 Global.asa 和包含下列脚本的 test.asp 文件都位于 C:\Inetpub\wwwroot 目录下。下列语句使用服务器变量 PATH_INFO 映射当前文件的物理路径：

<%= server.mappath(Request.ServerVariables("PATH_INFO"))%>

其输出为：

c:\inetpub\wwwroot\test.asp

另外，由于下列示例中的路径参数不是以斜杠字符开始的，所以它们被相对映射到当前目录 C:\Inetpub\wwwroot\asp。

<%= server.mappath("Global.asa")%>

其输出为：

c:\inetpub\wwwroot\Global.asa

7.3.7 对象的应用

Application 对象和 Session 对象的事件，都只能在 Global.asa 文件中编写过程代码，所以本节主要讲解 Global.asa 文件及其相应的使用实例。

Global.asa 文件是 Web 应用程序中的一个可选文件，可以在该文件中指定事件脚本，并声明具有会话和应用程序作用域的对象。该文件的内容不能显示在浏览器上，其文件名必须是 Global.asa 且必须存放在应用程序的根目录中，每个应用程序只能有一个 Global.asa 文件。

Global.asa 文件使用了 Microsoft 公司的 HTML 扩展的<SCRIPT>标识语法来限制脚本，所以在 Global.asa 文件中，不能用<%和%>符号引用脚本语言。若包含的脚本没有用<SCRIPT>标记封装，或定义的对象没有会话或应用程序作用域，则服务器将返回错误。

Global.asa 文件的内容，可以用任何一个普通的文本编辑器编写，其内容由 Application 对象和 Session 对象的 OnStart 和 OnEnd 事件激活，或者说 Global.asa 文件在以下两种情况下被调用：

(1) Web 服务器第一次接收到用户端对 ASP 文件的请求；

(2) 尚未处于会话状态的用户请求一个 ASP 文件。

【例 7.29】 用 Global.asa 文件统计在线人数和访问总人数。

```
<SCRIPT LANGUAGE="VBScript" RUNAT="Server">
SUB Application_OnStart '当任何客户首次访问该应用程序的首页时运行
    Application("NumVisits") = 0
END SUB
SUB Session_OnStart '当客户首次运行 ASP 应用程序中的任何一个页面时运行
    Session("SessionCountVB") = 0
    Application.Lock
    Application("NumVisits") = Application("NumVisits") + 1
    Application.Unlock
END SUB
sub Session_OnEnd '当一个客户的会话超时或退出应用程序时运行
    Application.Lock
    Application("NumVisits") = Application("NumVisits") - 1
    Application.Unlock
END SUB
</SCRIPT>
```

由于 Global.asa 文件的内容不能显示在浏览器上，所以在该文件中任何输出语句无效。为显示统计的情况，相应程序参见例 7.30。

【例 7.30】 显示在线人数和个人访问次数。

```
<html><head><title>显示统计人数</title></head>
<body>
<%
    Session("SessionCountVB") = Session("SessionCountVB") + 1
    Response.Write "当前有"&Application("NumVisits")&"人在线<br>"
    Response.Write "你已浏览当前站点"& Session("SessionCountVB")&"页次"
%>
</body>
</html>
```

在浏览器中查看该页面，刷新 2 次后显示结果如图 7.18 所示。

图 7.18 显示在线人数和个人访问次数

7.4 本章小结

本章主要介绍 ASP 动态网页技术的处理流程、VBScript 脚本语言基础及编程技巧、ASP 的 5 个常用内建对象。

ASP 程序是以.asp 为扩展名的文本文件,当浏览器向 Web 服务器请求.asp 文件时,ASP 脚本开始运行,此时 Web 服务器调用 ASP 解释程序,并全面读取被请求的文件,执行所有的需要在服务端执行的脚本命令,并将执行结果传送给浏览器。

VBScript 是 Visual Basic 的一个子集,它只有一种数据类型——Variant。Variant 包括有 Empty, Null, Boolean, Byte, Integer, Currency, Long, Single, Double, Date (Time), String, Object 和 Error 等 13 种子数据类型。

VBScript 中由常量、变量和运算符组成表达式。常量的值在程序运行的过程中不改变,变量是一种使用方便的占位符,它分为一般变量和数组变量。变量根据作用域的不同,又可分为过程级变量和全局级变量。

过程是一组能执行指定任务且具有返回值的脚本命令。在 VBScript 中,过程可分为 Sub 过程和 Function 函数,Sub 过程只执行程序而不返回值,而 Function 函数可以将执行代码后的结果返回给请求程序。

使用条件语句和循环语句可以控制 Script 的流程。在 VBScript 中,可使用的条件语句有 If…Then…Else 语句和 Select Case 语句,常用的循环语句有 Do…Loop、While…Wend、For…Next 和 For Each…Next 等 4 种。

在网络程序的访问过程中,浏览器的操作者需要与服务器之间交换各种数据。通常,与客户端的交互是通过 Request 和 Response 对象来实现的,使用 Request 对象接受客户端浏览器提交的数据,使用 Response 对象将服务器端的数据发送到客户端浏览器。在 ASP 中同一站点的各客户的会话由对象 Application 进行管理,同一客户各网页间的会话由 Session 对象进行管理。使用 Server 对象,通过其属性和方法访问 Web 服务器上的有关数据。

在 ASP 中,Application 对象和 Session 对象的事件,只能在 Global.asa 文件中编写过程代码。Global.asa 文件是 Web 应用程序中的一个可选文件,可以在该文件中指定事件脚本,并声明具有会话和应用程序作用域的对象。该文件的文件名必须是 Global.asa 且必须存放在应用程序的根目录中,每个应用程序只能有一个 Global.asa 文件。

思考与练习 7

1. 思考题

(1) 简述 ASP 的处理流程。
(2) 请说明 Sub 过程和 Function 函数的异同。
(3) 请说明 If…Then…Else 语句和 Select Case 语句的异同。
(4) 试比较循环语句 Do…Loop、While…Wend、For…Next 和 For Each…Next 的差异。
(5) 请比较 Request 对象和 Response 对象的作用及其使用方法的不同。

(6) 简述 Application 对象和 Session 对象在功能上和使用方法上的异同。
(7) 请说明 Server 对象的作用及其使用方法。
(8) 请比较 Global.asa 文件与一般网页文件的异同。

2. 选择题

(1) 以下表达式的结果是日期型常量的是（　　）。
  A. "李梅" B. 48 C. ♯1958-3-8♯ D. "1958-3-8"

(2) 使用 ASP 的（　　）内建对象接受客户端浏览器提交的数据。
  A. Response B. Application C. Request D. Session

(3) 使用 ASP 的（　　）内建对象将服务器端的数据发送到客户端浏览器。
  A. Response B. Application C. Request D. Session

(4) 在聊天室中记录在线人数需要使用的（　　）对象的集合。
  A. Response B. Application C. Request D. Session

(5) 下列有关 Global.asa 文件的说明中,错误的是（　　）。
  A. Global.asa 文件是 Web 应用程序中的一个可选文件
  B. 它必须存放在应用程序的根目录中
  C. 该文件的文件名必须是 Global.asa
  D. 每个应用程序必须有且只能有一个 Global.asa 文件

3. 填空题

（1）Request 对象把客户信息保存在 _____、_____、_____、ClientCertificate 和 ServerVariables 等 5 个数据集合中,供 ASP 代码调用。

（2）在地址栏中输入 http://www.ebook.com/log.asp?name=ljm&pwd=nihao 后,ASP 的服务器端用_____对象的_____集合保存变量的值。

（3）Response 对象 Redirect 方法必须在任何网页信息传输到浏览器之前被执行,否则将出错。所以,如果希望在 ASP 文件的任意地方都能使用 Redirect 方法,那就需要在 ASP 文件的开头设置 Response 对象的_____属性值为 True。

（4）由于多个用户可以共享 Application 对象,所以必须要用_____和_____方法来确保多个用户无法同时改变某一属性。

（5）Session 对象有两个事件,可用于在 Session 对象启动和释放时运行过程。这两个事件的处理过程必须写在_____文件之中。

（6）通常,可以用 Cookie 文件和 Session 对象来记录用户的状态信息,但 Session 数据存储在_____,而 Cookie 数据存储在_____上。

4. 上机练习题

（1）用 Form 集合 POST 方法提交一份个人资料,至少包括姓名、性别（单选按钮）、爱好（多选）,并返回输入的相应信息。

（2）用 Cookie 实现密码验证,要求首先建立一个登录页面,实现强制登录检查。

（3）试编写一个 ASP 页面,实现在浏览器中显示接受请求的服务器的 IP 地址、端口号、当前网页的真实物理路径和当前网页的虚拟路径。

实践环节——聊天室

【目标】 熟练应用 VBScript 脚本语言和 ASP 的常用内建对象。

【思路】 聊天室是目前网上应用非常广泛的一种在线即时交流方式。在聊天室网页中,综合了运用 ASP 的多个内置对象,尤其是 Session 对象和 Application 对象,其次是 Response 对象和 Request 对象。

【步骤】

步骤 1:在网页编辑软件中,创建一个站点,以及该站点下的 chat.asp 文件。
步骤 2:在该网页的代码视图下,输入以下代码。

```asp
<% @ Language=VBScript %>
<% Response.Buffer=true           '设置输出缓存,用于显示不同页面。
    On error resume next          '忽略程序出错部分
    If Request.ServerVariables("Request_Method")="GET" then '判断客户是以什么方式请求 Web 页面
        '客户登录界面
%>
    <form method="POST" action="chat.asp"><p>
        <input type="text" name="nick" size="20" value="nick"><br>
        <input type="submit" value=" 进入聊天室 ">
        <p><input type="hidden" name="log" size="20" value="1"><br></p>
    </form>
<%  Response.End  '结束程序的处理
    Else
        Response.clear  '清空缓存中的内容
        dim talk
        If Request.Form("nick")<>"" then  '判断客户是否在聊天界面中
            Session("nick")=Request.Form("nick")
        End If
        '客户聊天界面
%>
    <form method="POST" action="chat.asp" name=form1>
        <p><%=Session("nick")%> 说话:<input type="text" name="talk" size="50"><br>
        <input type="submit" value=" 提交 " name="B1">
        <input type="reset" value=" 取消 " name="B2"></p>
    </form> <A HREF="chat.asp"> 离开 </a><br><br>
<%  If Request.Form("log")<>1 then
        If trim(Request.Form("talk"))="" then   '判断用户是否没有输入任何内容
            talk=" 沉默是金。"
        Else
            talk=trim(Request.Form("talk"))     '去掉字符后的空格
        End If
        talk = time & "来自"&Request.ServerVariables("remote_addr")&"的 "& _
            Session("nick")&" 说:"& talk  '生成本次说话的字符串,下划线是分行符
        Application.lock
        Application("show") = talk & "<br>" & Application("show")
        Application.UnLock
        Response.Write Application("show")
```

```
            End If
        End If
%>
```

步骤 3：在 IIS 中配置虚拟目录，本例可用 ebook。

步骤 4：在浏览器的地址栏中 URL 地址，如 http://localhost/ebook/chat.asp。

步骤 5：邀请其他人访问该网页，访问的方式是在浏览器的地址栏中输入聊天网页的 URL 地址，如 http://student02/ebook/chat.asp(假设本机名为 student02)。

步骤 6：写出实验报告。

步骤 7：课堂讨论交流 ASP 编程的体会。

【归纳】 在实验和交流的基础上，归纳 VBScript 脚本语言和常用的 ASP 内建对象使用的方法和技巧。

【实验环境】 安装有 IIS 和一般网页编辑软件的计算机。

第8章 通过网页访问数据库

在 Web 服务器上运用的电子商务系统,最常见和最实用的任务就是访问后台数据库。前面章节已经讲解了网站设计与网页制作、HTML 语言、后台数据库基础和 ASP 脚本语言,本章将讲解如何在网页中使用 ASP 代码访问后台数据库。

提示:本章的有关实例存储在书源码的 ebook/chap08 目录下。读者可将相应源码复制至 ebook 目录下后进行测试。书中的实例代码,将只列出关键的 VBScript 代码,请读者完善后再调试。

8.1 ADO 技术概述

目前市场上的数据库产品多种多样,文件格式也各不相同,故要在简单的 ASP 代码中识别这些文件格式几乎是不可能的事情,更不用说对数据进行读写了。因此,需要利用数据连接,如 ODBC(Open DataBase Connectivity,开放数据库互连),将一个现有的数据库同当前的 Web 环境结合起来,通过简单统一的编程接口和脚本代码,实现对数据库的控制。

ASP 内建的 Database Access 组件,允许 ASP 程序员通过 ActiveX Data Objects (ADO)访问存储在服务器端的数据库或其他表格化数据结构中的信息。

8.1.1 ODBC

ODBC 是 Microsoft 开放的一套读取数据库的解决方案,它的目的是将所有对数据库的底层操作全部隐藏在 ODBC 的驱动程序内核里。这样对于程序员来说,只要构建一个指向数据库的连接,就可以采用统一的应用程序编程接口(Application Program Interface,API)实现对数据库的读写,而不用考虑数据库的类型和版本了。

目前,ODBC 技术已经成为读写数据库的主流技术。ODBC 驱动已经提供了对大多数常见数据库的支持,包括 Access、SQL Server、Informix 和 Oracle 等,以及其他类的数据文件,如文本、Excel 电子表格等的支持。对于一些不常用的数据库类型,只要安装数据库厂商提供的 ODBC 驱动,就可以在程序中采用 API 读写数据库了。ODBC 的作用可用图 8.1 表示。

图 8.1 ODBC 的作用示意图

要在 ASP 中使用 ADO 对象来操作数据库,首先要创建一个指向该数据库的 ODBC 连接。在 Windows 系统中,ODBC 的连接主要通过"ODBC 数据源管理器"来完成的,操作方法参见 8.1.2 节。

在 ODBC 数据源管理器中,包含了多个选项卡,允许用户进行各种有关 ODBC 的设置。默认状态下,ODBC 已经内置了多种数据库的驱动程序,可以单击"驱动程序"选项卡,查看当前要连接的数据库类型是否位于其中。

8.1.2 数据源

数据库驱动程序使用数据源名称(Data Source Name,DSN)定位和标识特定的 ODBC 兼容数据库,将信息从 Web 应用程序传递给数据库。典型情况下,DSN 包含数据库配置、用户安全性和定位信息。

通常构建 ODBC 连接,实际上就是创建同数据源的连接,也就是创建 DSN。一旦创建了一个指向数据库的 ODBC 连接,同该数据库连接的有关信息就被保存在 DSN 中,而在程序中如果要操作数据库,也必须通过 DSN 来进行。

1. 数据源名称 DSN

通常,在 ODBC 数据源管理器中,可以创建三种类型的 DSN,即 UserDSN(用户 DSN)、FileDSN(文件 DSN)和 System DSN(系统 DSN)。

(1) UserDSN 是被用户直接使用的 DSN,ASP 程序不能使用它。

(2) FileDSN 可供多用户访问,且通过复制 DSN 文件,可以轻易地将数据库连接信息从一个服务器转移到另一个服务器。

(3) System DSN 是由系统进程(如 IIS)使用的 DSN,它允许所有的用户登录到特定的服务器上去访问数据库,其信息被存储在系统注册表中。

一般来说,要开发基于数据库的 Web 应用程序,构建 FileDSN 和 SystemDSN 都可以。在 ASP 中,连接信息通常存储在 Global.asa 文件中。对于文件 DSN,在 Global.asa 文件中需要指定 DSN 文件的位置;而对于系统 DSN,在 Global.asa 文件中必须包含指向存储在系统注册表中的 DSN 连接,它们各有优缺点。

文件 DSN 的优点在于便于移动,因为其 DSN 信息保存在独立的文件中,若希望将整个 Web 应用程序和数据库复制或移动到其他计算机中,只需连同生成的 DSN 文件一起操作即可。而系统 DSN 的信息是保存在注册表中,在新的计算机中需要重新配置。

但如果需要经常改变所使用的数据库,文件 DSN 就不如系统 DSN 方便。在使用系统 DSN 时,如果需要改变所使用的数据库,只需重新配置系统 DSN 或修改注册表。而对于使用文件 DSN 的,则必须每次重新生成文件 DSN 或修改 Global.asa 文件。另外,如果需要在计算机上许多不同的 Web 应用程序中使用同一个 DSN,使用系统 DSN 显然更为方便。

2. 连接数据库

在 ASP 中连接数据库,有 DSN 和 DSN-less 两种方法。

(1) DSN 方法 DSN 方法需要先创建一个数据源名称(即 DSN,可以是"文件 DSN",也可以是"系统 DSN"),然后在 ASP 程序中指定 DSN。

创建"系统 DSN"的操作过程参见例 8.1，创建"文件 DSN"的操作过程类似，请读者自行完成。在 ASP 程序中指定 DSN 的代码参见例 8.2。

【例 8.1】 创建系统 DSN"ebook"（以 Access 数据库为例）。

① 执行"开始"|"设置"|"控制面板"命令，打开"控制面板"窗口。

② 双击"控制面板"窗口中的"管理工具"图标，再在打开的窗口中单击"数据源（ODBC）"命令，系统将弹出"ODBC 数据源管理器"对话框，单击"系统 DSN"标签（参见图 8.2）。

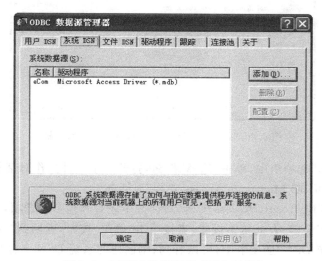

图 8.2 "ODBC 数据源管理器"对话框

③ 单击"添加"按钮，打开如图 8.3 所示的"创建新数据源"对话框。

图 8.3 "创建新数据源"对话框

④ 若要创建指向 Access 数据库的连接，在驱动程序列表中选择"Microsoft Access Driver（*.mdb）"，单击"完成"按钮，这时会打开"ODBC Microsoft Access 安装"对话框，

提示输入数据源名称,并选择要连接的数据库文件。

⑤ 在"数据源名"文本框中输入需要的数据源名称,例如 ebook,在"说明"文本框中输入相应的描述信息,如图 8.4 所示。

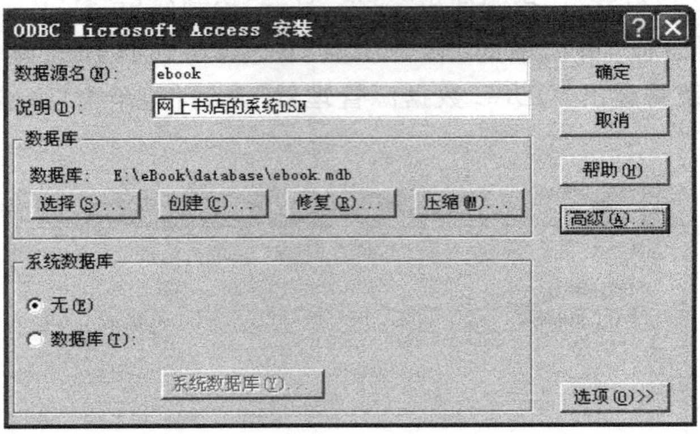

图 8.4 "ODBC Microsoft Access 安装"对话框

⑥ 在"数据库"选项组中,单击"选择"按钮,打开一个文件操作对话框,选择数据库文件后,确认返回"ODBC Microsoft Access 安装"对话框。

⑦ 在"ODBC Microsoft Access 安装"对话框中还有其他一些选项,如系统数据库、压缩数据和数据库安全等,在此可不设置,直接单击"确定"按钮,返回到"ODBC 数据源管理器"对话框的"系统 DSN"选项卡中,可以看到,刚创建的系统 DSN 名称出现在其列表中;

⑧ 最后单击"确定"按钮,关闭"ODBC 数据源管理器"对话框。

【例 8.2】 在 ASP 程序中指定 DSN(以系统 DSN"ebook"和文件 DSN"E:\ebook\ebook.dsn"为例)。

① 新建 ASP 文件 E:\ebook\conn.asp。

② 在 conn.asp 文件的代码窗口中,编辑如下代码:

```
<%
    '使用系统 DSN
    strDSN_sys = "ebook"
    '使用文件 DSN
    strDSN_file = "FILEDSN=ebook.dsn"
%>
```

注意:文件 DSN 在使用时,DSN 路径字符串中等号(=)前后不能有空格。

(2) DSN-less 方法 该方法通过在 ASP 程序中直接指定数据库文件所在的位置,实现与数据库的连接。目前许多中小型企业,是通过虚拟主机的方式接入 Internet 的,他们要建立和修改 DSN 的设置比较麻烦。所以他们通常使用 DSN-less 的方法,建立与数据库的连接。

【例 8.3】 使用 DSN-less 方法连接未加密的 Access 数据库的连接语句。

在 conn.asp 文件的代码窗口中,增加如下代码:

```
<% '使用 DSN-less 方法
    DBPath = Server.MapPath("database/ebook.mdb")        '获取数据库文件的路径
    strDSN_less = "DRIVER=Driver do Microsoft Access(*.mdb);DBQ=" & DBpath
%>
```

8.1.3 ADO 对象

ActiveX Data Objects（ADO）是一项容易使用的、将数据库访问添加到 Web 页的技术。因为 ODBC 的应用程序编程接口（API）无法直接在 ASP 中使用，而 ADO 却是一种可以在 ASP 中使用的标准对象。因此，对于 Web 应用程序的开发者来说，通过在 ASP 页面中使用 ADO 对象来实现对数据库的访问，是目前的最佳方法。

ADO 把绝大部分的数据库操作封装在其内部的 7 个对象中，ASP 程序员可以使用这些对象编写紧凑简明的脚本以连接到 ODBC 兼容的数据库，如 MS SQL Server、Access、Oracle 等，其流程如图 8.5 所示。

图 8.5　ASP 应用程序的工作流程示意图

OLE DB 用来连接各种不同的数据库，ASP 程序员不需要确切地了解 OLE DB 的内部结构，只需知道如何利用它去连接数据库即可。

ADO 的 7 个对象分别是 Connection、Command、Recordset、Error、Parameter、Field 和 Property。其中 Connection、Command、Recordset 和 Field 对象都有一个 Properties 集合，也就是下一层对象的集合。每个对象都有自己的方法、属性以及集合。

掌握 ADO 实际上就是掌握这些对象、方法、属性和它们的集合。简单地说，用 ADO 编程，就是用 Connection 对象处理连接，用 Recordset 对象处理记录，用 Command 对象改善数据库操纵命令，用 Error 对象处理各种错误，用 Parameter 对象处理参数，用 Filed 对象处理结果表中的各个列，用 Property 对象处理以上各个对象的属性。

Connection 对象下的 Errors 集合代表了各种错误的全体，通过 Error 对象，可以对特定的错误进行处理。同样，Command 对象下的 Parameters 集合代表了 Command 对象的全体参数，而 Parameters 集合中的各个 Parameters 对象就是 Command 对象的各个参数。Recordset 对象下的 Fields 集合可以想象为一个二维表格中字段的集合，而 Field 对象就是表中的各字段。Connection、Command、Recordset、Field 对象都拥有 Properties 集合，代表了各对象的属性的全体，而 Property 对象用于处理以上各对象的属性。

虽然 ADO 中提供了 7 个对象和 4 个数据集合，但基本和核心的对象只有 3 个：Connection 连接对象、Recordset 记录集对象和 Command 命令对象，其中 Connection 负责打开或连接数据库，Recordset 负责存取数据表，Command 负责对数据库执行行动查询（Action Query）命令和执行 SQL Server 的 Stored Procedure（超出本书的范畴，请读者参阅其他文献）。

下面逐一介绍 ADO 中的各个对象和集合。

8.2 Connection 对象

要访问数据库信息,就要先和数据源建立连接。使用 ADO 中的 Connection 对象,可以建立和管理应用程序和 ODBC 数据库之间的连接,这是 ADO 中其他几个对象发挥作用的前提。

8.2.1 创建 Connection 对象和连接数据源

要连接数据源,首先应创建 Connection 对象的实例,然后打开数据库连接。

【例 8.4】 创建 Connection 对象,打开数据库连接。

① 新建 ASP 文件 E:\ebook\example8_4-7.asp。
② 在 example8_4-7.asp 文件的代码窗口中,编辑如下代码:

```
<!--#include file = "conn.asp"-->
<%
    Set Conn = Server.CreateObject("ADODB.Connection")   '创建一个 connection 对象的实例
    conn.Open strDSN_less    '打开 connection 对象,指向指定的数据库
%>
```

代码中第一行是包含语句,其作用等同于将 conn.asp 中的代码复制到了该文件中。
打开数据源,也可以在 RecordSet 对象执行查询时完成,内容详见 8.3 节。

8.2.2 Connection 对象的属性与方法

Connection 对象具有各种属性和方法,可以使用它们打开和关闭数据库连接,并通过适当的命令执行指定的查询等。

表 8.1 和表 8.2 分别对常用的 Connection 对象属性和方法做了说明。

表 8.1 Connection 对象的属性及说明

属 性	说 明
ConnectionString	说明怎样建立与一个数据源连接的字符串。连接字符串中的参数相互之间用分号隔开
ConnectionTimeout	确定 ADO 试图与一个数据源建立连接时的最大连接时间,默认值是 15s。如果超过时间未完成连接,则终止连接并产生一个错误。若将该属性设为 0,则一直等待直到连接成功为止
CursorLocation	确定游标的位置。如果设为 1 或 ADO 常量 adUserClient,则使用客户端提供的本地游标库;如果设为 2 或 ADO 常量 adUserServer(默认值),则使用数据提供者的游标
DefaultDatabase	指定默认的数据库

续表

属 性	说 明
Mode	定义更改数据的权限,只能在连接没有打开时才能设置。取值如下: 0 或 adModeUnknown:默认,权限还未设置或不能确定 1 或 adModeRead:只读 2 或 adModeWrite:只写 3 或 adModeReadwrite:可读写 4 或 adModeShareDenyRead:其他用户不能以读方式打开连接 8 或 adModeShareDenyWrite:其他用户不能以写方式打开连接 12 或 adModeShareExclusive:其他用户不能以读写方式打开连接 16 或 adModeShareDenyNone:其他用户不能以任何方式打开连接

表 8.2 Connection 对象的方法及说明

属 性	说 明
Open	打开一个连接
Close	关闭连接。关闭连接时,将释放与连接有关的系统资源。Connection 对象本身并没有释放,还可以更改该对象的属性并重新打开。如果要从内存中完全释放 Connection 对象占用的资源,可以将其设为 Nothing
Execute	执行指定的 SQL 查询语句、存储过程或数据提供者指定的文本

8.2.3 执行 SQL 语句

当连接了数据库后就可以对数据库进行操作,比如查询、删除、更新等,这些操作都是通过结构化查询语言 SQL 语句来完成的。用 Connection 对象的 Execute 方法,可以发送 SQL 语句操作数据库和查询检索信息。

【例 8.5】 用 Connection 对象的 Execute 方法,在 User 表插入一条记录。

在 example8_4-7.asp 文件的代码窗口中,增加如下代码:

```
<%
    strSQL = "INSERT INTO user (username, useremail) VALUES ('李吉梅','ljm@blcu.edu.cn')"
    conn.Execute(strSQL)        '用 Connection 对象的 Execute 方法执行 SQL 语句
%>
```

除了可以使用 SQL 的 INSERT 命令以外,也可以使用 SQL 的 UPDATE 和 DELETE 命令更改和删除数据库信息,用 SELECT 命令查询数据库信息。

【例 8.6】 在数据库的表 user 中查询所有姓"李"的用户情况,查询结果参见图 8.6。

在 example8_4-7.asp 文件的代码窗口中,增加如下代码:

```
<%
    strSQL ="SELECT * FROM user WHERE username like '李%'"   '查询所有姓"李"的 SQL 语句
    Set rs = Conn.Execute(strSQL)
```

```
                                '用 Execute 方法从数据库返回查询结果时,系统自动创建一个 Recordset 对象的实例
   IF rs.EOF THEN               '判断结果记录集是否为空
        Response.write "没有找到姓李的信息"
   ELSE                          '查询结果显示
      WHILE NOT rs.EOF
         Response.write "用户 ID:" & rs("userID") & "<BR>"
         Response.write "姓名:" & rs("username") & "<BR>"
         Response.write "Email:" & rs("useremail") & "<BR><BR>"
         rs.MOVENEXT              '当前记录指针向下移动
      WEND
   END IF
%>
```

图 8.6　例 8.6 和例 8.8 的浏览界面

通过执行 SQL SELECT 语句,系统将打开一个查询结果记录集。如果这个记录集不为空(即第一条记录没有指向文件尾),则当前记录指针指向第一条记录,可以使用 BOF(Begin Of File,文件头)和 EOF(End Of File,文件尾)来检测当前记录的位置。当 rs.EOF 为 True 时,当前记录指针指到记录集尾;当 rs.BOF 为 True 时,当前记录指针指到记录集头。

注意:浏览结果中出现了三次相同的姓名和 E-mail,这是在用户注册或 SQL INSERT 语句执行时,向数据库中输入了相同的姓名和 E-mail,而在 User 表中主关键字不是这两个字段造成的。若读者不希望相同的姓名和 E-mail 出现在 User 表中,可将它们的组合设置成主关键字。本例中该表的主关键字是 userid。

8.2.4　管理数据库连接

设计一个能经得起考验的 Web 数据库应用程序(例如为几千个客户服务的联机购物应用程序)的最大挑战,在于如何合理地管理数据库连接。打开并且保持数据库连接,即使在没有信息传输时,也会严重耗费数据库服务器的资源并且可能会导致连接性问题。设计良好的 Web 数据库应用程序将回收数据库连接并能够补偿由于网络堵塞造成的延迟。

1. 使连接超时

用 Connection 对象的 ConnectionTimeout,可以限制放弃连接尝试并发出错误消息之前应用程序等待的时间。例如,下面的脚本设置 ConnectionTimeout 属性,在取消连接尝试之前等待 20s:

```
<% Set conn = Server.CreateObject("ADODB.Connection")
conn.ConnectionTimeout = 20
conn.Open strDSN_less        '打开 connection 对象,指向指定的数据库
%>
```

默认的 ConnectionTimeout 属性是 30s。

注意:在将 ConnectionTimeout 属性使用到数据库应用程序之前,一定要确保连接提供程序和数据源支持该属性。

2. 关闭连接

当不再需要连接时将其关闭,可以减少对数据库服务器的要求,并可以使其他用户启用该连接。默认情况下,当脚本执行完以后,连接将被终止,但在脚本中不再需要数据库连接时终止并释放连接,可以减少对服务器资源的使用。

在 ASP 中,可以使用 Connection 对象的 Close 方法,终止 Connection 对象和数据库之间的连接。

【例 8.7】 终止并释放连接。

在 example8_4-7.asp 文件的代码窗口中,增加如下代码:

```
<%
    conn.CLOSE             '关闭连接
    Set conn=NOTHING       '释放 conn 使用的系统资源
%>
```

8.3 Recordset 对象

尽管 Connection 对象简化了连接数据库和查询任务,但 Connection 对象仍有许多不足,如检索和显示数据库信息的 Connection 对象,只能在结果记录集中向下移动,不能上下自由移动。对于检索数据、检查结果、更改数据库信息,ADO 提供了 Recordset 对象。

Recordset 对象可以根据查询限制,检索并且显示一组数据行,即记录。但在任何时候,Recordset 对象所指的当前记录均为记录集内的单个记录。

8.3.1 创建 Recordset 对象

通常,创建 Recordset 对象,主要有两种方法,一是使用 Connection 对象的 Execute() 方法,二是直接使用 Recordset 对象本身提供的功能。

通过 Connection 对象的 Execute() 方法创建 Recordset 对象的方法,参见例 8.6。该方法所创建的 Recordset 对象中的记录集,当前记录指针只能向下移动,且只读。显然,当需要定位某一记录时,这种记录集不能满足要求。

实际应用时,可以在不创建 Connection 对象的情况下直接使用 Recordset 对象的功能来创建 Recordset 对象。此时 ADO 将自动创建所需的 Connection 对象,但需在随后的 Recordset 对象的 open()方法中给出一个连接源。

注意:用此方法建立的连接仅具有 ADO 默认的连接属性,还必须使用 Connection 对象保证连接的安全。

【例 8.8】 在数据库的表 User 中查询所有姓"李"的记录,查询结果与图 8.6 一致。

① 新建 ASP 文件 E:\ebook\example8_8.asp;

② 在 example8_8.asp 文件的代码窗口中,编辑如下代码:

```
<!--#include file = "conn.asp"-->
<%
    Set rs = Server.CreateObject("ADODB.RecordSet")    '创建一个 RecordSet 对象的实例
    strSQL ="SELECT * FROM user WHERE username like '李%'"    '查询姓李的
    rs.Open strSQL,strDSN_less        '打开 RecordSet 对象,执行数据库连接和查询
    IF rs.EOF THEN                    '判断结果记录集是否为空
        Response.write "没有找到姓李的信息"
    ELSE                              '查询结果显示
      DO UNTIL rs.EOF
        Response.write "用户 ID:" & rs("userID") & "<BR>"
        Response.write "姓名:" & rs("username") & "<BR>"
        Response.write "Email:" & rs("useremail") & "<BR><BR>"
        rs.MOVENEXT                   '当前记录指针向下移动
      LOOP
    END IF
    rs.CLOSE                          '关闭 Recordset 对象
    Set rs=NOTHING                    '释放 rs 使用的系统资源
%>
```

通过对比浏览结果可以发现,example8_4-7.asp 和 example8_8.asp 的运行结果是完全一样的,即它们的功能是相同的,但它们的程序代码却不同。在 example8_4-7.asp 中创建了 Connection 对象,然后用 Connection 对象的 Execute()方法自动创建 Recordset 对象;而在 example8_8.asp 中,创建了 Recordset 对象,然后用 Recordset 对象的 open() 方法自动打开一个数据库连接。

8.3.2 查询记录

一个成功的数据库应用程序都使用 Connection 对象建立连接,并使用 Recordset 对象处理返回的数据。通过使用这两个对象,可以开发出执行大多数数据处理任务的数据库应用程序。

下面是一个简单但实用的运用 SQL 语句查询数据库的 ASP 通用程序。为了更清楚更直接地了解 SQL 语法在 ASP 中的应用,在此先将查询的所有核心过程写成一个名为 QUERY2tab 的过程(在 QUERY2tab.inc 文件中),然后利用 ASP 的服务器端包含功能调用该过程。

【例 8.9】 通用的 ASP 查询程序及其应用实例,实例浏览结果参见图 8.7。
① 新建 ASP 包含文件 E:\ebook\QUERY2tab.inc;
② 在 QUERY2tab.inc 文件的代码窗口中,编辑如下代码:

```asp
<!--#include file="conn.asp"-->
<% SUB QUERY2tab(strQUERY)
    set conn=Server.CreateObject("ADODB.Connection")
    conn.open strDSN_less
    set rsTemp=conn.Execute(strQUERY)
    FieldNum=rsTemp.FIELDS.count - 1    '统计查询结果中的字段个数
        'ASP 在创建 Recordset 对象实例时,自动创建了相应的 FIELDS 对象
%>
<table border=1>
    <tr><%FOR i=0 to FieldNum%>
        <td><b><%=rsTemp(i).name%></B> </TD>
        <% next %>
    </tr>
    <%DO WHILE NOT rsTemp.EOF %>
    <tr><% FOR i = 0 to FieldNum            '读取字段的值
        thisvalue=rsTemp(i)
        IF isnull(thisvalue) then           '判断字段的值是否为空
            thisvalue=" "    '若为空,则将变量 thisvalue 的值定义为一个空格
        END IF%>
        <td valign=top><%=thisvalue%> </td>
    <% next %>
    </tr>
    <%rsTemp.MoveNext
    LOOP%>
</table>
<%rsTemp.Close
set rstemp=Nothing
conn.Close
```

图 8.7 例 8.9 的浏览界面

```
set conn=Nothing
End SUB%>
```

③ 新建 ASP 文件 E:\ebook\example8_9.asp；

④ 在 example8_9.asp 文件的代码窗口中，编辑如下代码：

```
<!--#include file = "QUERY2tab.inc"-->
<html>
<head><title>查询所有姓李的用户情况</title></head>
<body bgcolor="#FFFFFF">
    <%CALL QUERY2tab("SELECT * FROM user WHERE username like '李%'")%>
</body>
</html>
```

在本例中，只需要先包含 QUERY2tab.inc 文件，然后在<body></body>标记中用相应的查询语句作为参数，调用 QUERY2tab 过程即可。例如，若需查询售价在 30 元以上的图书的有关情况，仅需将 example8_9.asp 文件中的过程调用语句修改为：

```
<%CALL QUERY2tab ("SELECT * FROM books WHERE salePrice>30 ")%>
```

又如，若需查询进价在 30 元以上的清华大学出版社出版的图书的有关情况，仅需将 example8_9.asp 文件中的过程调用语句修改为：

```
<%
    strSQL = "SELECT * FROM books WHERE buyPrice >30 and pub_id = "
    strSQL = strSQL & "(SELECT pub_id FROM publishers WHERE pub_name LIKE '清华大学%')"
    CALL QUERY2tab (strSQL)
%>
```

所以，利用 QUERY2tab.inc 文件中的所定义的 QUERY2tab 过程，可以迅速地对各种数据库和任意数据表进行查询，所要做的只是在调用 QUERY2tab 过程时输入想要使用的 SQL 查询语句即可。

8.3.3　遍历记录集

在 Recordset 对象中遍历记录集时，需要用到当前记录指针移动的方法、决定记录指针移动方向的游标类型、决定数据完整性的锁定类型，以及判断记录指针所在位置的一些属性，以下逐一对这些内容做一介绍，并在最后通过一个实例说明其使用方法。

1. 记录指针移动的方法

在例 8.6、例 8.8 和例 8.9 中，已经实现了在结果记录集中从上到下的顺序遍历，其实现的方法是在循环语句中使用 Recordset 对象的 MoveNext 方法。在记录集中移动当前记录的指针，也可以向上移动，或一次移到第一条记录或最后一条记录，其相应的方法参见表 8.3。

表 8.3　Recordset 对象的记录指针移动方法及其说明

方　法	说　明
Move	将记录集指针移到特定的位置
MoveFirst	将指针移到第一条记录处
MoveLast	将指针移到最后一条记录处
MoveNext	将指针移到下一条记录处
MovePrevious	将指针移到前一条记录处
NextRecordset	从能产生多个结果的命令中返回下一个记录集

2. 游标类型

在记录集中是否能随意地移动当前记录的指针,取决于记录集游标的类型。记录集的游标是该记录集属性的标志,游标的性质决定了可以对记录集进行何种移动,还决定了其他用户可以对一个记录集进行什么样的操作。

记录集的游标类型在记录集打开时指定,Recordset 对象共有 4 种游标类型,即仅向前、键集、动态和静态。不同的游标类型对应着不同的数据获取方式,每种方式各有优缺点。表 8.4 对游标类型做了说明。

打开记录集时,可以在 Open 方法中指 Recordset 对象所用的游标类型,或者在调用 Open 方法前用 CursorType 属性来设置游标类型。记录集打开后,CursorType 属性是只读的,可以用该属性来返回游标类型。

表 8.4　游标类型及其说明

类　型	常　量	值	说　明
仅向前	adOpenForwardOnly	0	只能向下浏览记录。如果只想简单地浏览,则仅向前游标可大大提高性能。Recordset 对象默认打开的游标,以及直接用 command 对象和 connection 对象的 execute 方法创建的游标,就属于该类游标。它所耗系统资料最少,但只能用 MoveNext 方法在记录间移动,其他很多属性及方法不能使用,如 RecordCount、AbsolutePage 和 AbsolutePosition 等就不能使用
键集	adOpenKeyset	1	键集游标支持全功能的浏览,而且可以用诸如 AbsolutePosition 之类的记录定位属性。使用键集游标时,其他用户对记录所做的更新将反映到记录集中,但其他用户增加或删除的记录不会反映到记录集中。
动态	adOpenDynamic	2	动态游标支持全功能的浏览,其功能最强,但消耗的资源也最多。使用动态游标时,其他用户新增、修改或删除的记录将反映到记录集中
静态	adOpenStatic	3	静态游标支持向前或向后移动记录指标,但它只是数据的一个快照,其他用户新增、修改或删除的记录无法反映到记录集中

要用一种特定的游标打开记录集,必须显式地创建这个记录集,然后再用该游标类型打开它。通常的做法是先创建记录集对象的一个实例,然后用 Open 方法通过一个连接和一种游标类型,打开这个记录集,相应的 ASP 代码参见例 8.10。

3. 锁定类型

打开记录集时,也可以指定锁定类型。锁定类型属性是 Recordset 对象的又一个重要属性,是可选项。锁定类型决定了当不止一个用户同时试图改变一个记录时,数据库应如何处理,也就是如何确保数据的完整性。例如,一个用户修改了部分数据,接着另一个用户在不知前一用户已修改的情况下,又对其做了修改。为了避免这种情况发生,就要锁定记录。表 8.5 对锁定类型做了说明。

打开记录集时,可以在 Open 方法中指定锁定类型,或者在调用 Open 方法前用 LockType 属性来设置锁定类型。

表 8.5　锁定类型的取值及其说明

类　型	常　量	值	说　明
只读	adLockReadOnly	1	默认锁定类型。以只读方式打开 Recordset 对象时,不能改变任何数据
保守式	adLockPessimistic	2	当编辑时立即锁定记录,以防止其他用户对其操作。这是最安全的方式
开放式	AdLockOptimistic	3	在编辑时不锁定记录,仅在调用 Update 方法更新记录时,才锁定该记录
开放式批处理	adLockBatchOptimistic	4	当编辑时记录不会被锁定。同时更新多笔数据时,暂不将更新数据写入数据库,而是暂存在缓存区中,等待 UpdateBatch 方法调用后才将数据一次性写入数据库

注意:表 8.4 和表 8.5 中的常量,ASP 系统将定义在 ADOVB.inc 文件中,所以在 ASP 代码中使用这些常量之前,需要在当前网页中包括该文件。

4. 相关属性

记录集(Recordset)对象还有下述一些属性,对遍历记录集非常有用。

(1) AbsolutePosition　设置或返回当前记录在记录集中的位置顺序号。若当前记录是第 1 条记录,则该属性的值是 1。例如,可用以下脚本使第 10 条记录成为当前记录:

<%rs.AbsolutePosition=10 %>

(2) BOF　若记录指针位于第 1 条记录之前,则为 True,否则为 False。

(3) EOF　若记录指针位于最后一条记录之后,则为 True,否则为 False。

(4) RecordCount　确定一个记录集内有多少条记录。若 ADO 无法判断记录总数,则该属性被设为 −1。例如,在使用仅向前游标时,该属性是无效的。因为当数据库在处理查询时,Recordset 对象正在数据库中继续查找匹配的数据,因此在数据库中所有记录查完之前,RecordCount 属性无效,其值为 −1。

【例 8.10】　逆向显示所有姓"李"的用户情况,浏览结果参见图 8.8。

① 新建 ASP 包含文件 E:\ebook\example8_10.asp。
② 在 example8_10.asp 文件的代码窗口中,编辑如下代码:

```
<!--#include file = "conn.asp"-->
<%
    Set rs = Server.CreateObject("ADODB.RecordSet")    '创建一个 RecordSet 对象的实例
    strSQL ="SELECT * FROM user WHERE username like '李%'"    '查询姓李的
    rs.Open strSQL,strDSN_less,3    '用静态游标类型打开 RecordSet 对象
    IF rs.EOF THEN
        Response.write "没有找到姓李的信息"
    ELSE
      rs.MoveLast
      DO UNTIL rs.BOF
        Response.write "用户 ID:" & rs("userID") & "<BR>"
        Response.write "姓名:" & rs("username") & "<BR>"
        Response.write "Email:" & rs("useremail") & "<BR><BR>"
        rs.MovePrevious
      LOOP
    END IF
    rs.CLOSE
    Set rs=NOTHING
%>
```

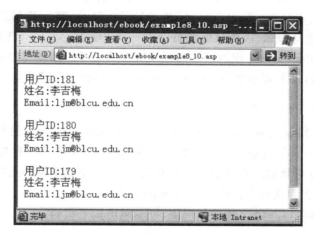

图 8.8　例 8.10 的浏览界面

比较图 8.7 和图 8.8 可知,例 8.8 和例 8.10 浏览的结果仅是记录的显示顺序改变了。但比较其代码,可以发现它们的记录集打开方式、记录指标移动方向是不同的。

8.3.4　分页显示记录集

通常,一个网站需要发布大量的数据库信息,记录数众多,不可能在同一页中将所有查询的结果都显示出来。目前有多种方法能实现将数据库中查询出来的信息分页显示,

但按照实现机理,主要有以下两种。

(1) 将数据库中所有符合查询条件的记录一次性地读入记录集并存放在内存,然后利用 Recordset 对象的 PageSize(每页指定显示记录数)、PageCount(总页码数)和 absolutePage(当前页码数)属性来控制分页的输出。

(2) 根据用户的要求,每次分别从符合查询条件的记录中将规定数目的记录数读取出来并显示。

它们的主要区别在于,前者是一次性将所有记录都读入内存,然后再根据代码依次进行判断从而达到分页显示的效果;后者是先根据指示做出判断,并将规定数目的符合查询条件的记录读入内存,从而直接达到分页显示的目的。第一种方法在查询结果记录较多时,其执行效率将明显低于第二种方法,因为当每一个用户查询页面时都要将所有符合条件的记录存放在服务器内存中,然后再进行分页等处理,如果同时有超过 100 个用户的在线查询,那么 ASP 应用程序的执行效率将大受影响。但是,当服务器上数据库的记录数以及同时在线的人数不是很多时,两者在执行效率上相差无几。此时一般采用第一种方法,因为第一种方法的 ASP 程序相对简单明了,所以本书主要讲解第一种方法。

Recordset 对象中,与分页显示有关的属性,主要有以下 4 个。

(1) RecordCount 确定一个记录集内有多少条记录。若使用仅向前游标时,ADO 无法判断记录总数,则该属性被设为 -1。

(2) PageSize 说明一页中包含的记录数,其默认值为 10,即每页中显示 10 条记录。

(3) PageCount 说明当前记录集中所包含的页数。一页是一组记录,其大小由 PageSize 属性决定,确定一页大小后,可用 AbsolutePage 属性移到指定的某一页。若 Recordset 对象不支持该属性,则该属性被设为 -1,表明 PageCount 无法确定。

(4) AbsolutePage 设置或返回当前记录所在的页号。用该属性可以使当前记录跳至指定的页。例如,以下脚本使当前记录移至第 6 页的第 1 条记录上:

```
<%rs.AbsolutePage=6 %>
```

要把一个记录集分页显示,可以用 Recordset 对象的 PageSize 属性指定每页显示的记录数,用 PageCount 属性返回总页码数,用 AbsolutePage 属性设置当前页码数。

【例 8.11】 分页显示所有注册用户的有关情况,其浏览结果参见图 8.9。

① 新建 ASP 包含文件 E:\ebook\example8_11.asp。

② 在 example8_11.asp 文件的代码窗口中,编辑如下代码:

```
<!--#include file = "conn.asp"-->
<%
    Set rs = Server.CreateObject("ADODB.RecordSet")   '创建一个 Recordset 对象的实例
    strSQL ="SELECT * FROM user"   '查询所有的注册用户信息
    rs.Open strSQL,strDSN_less,3,1
            '用静态游标和只读方式打开 RecordSet 对象,执行数据库连接和查询
    rs.PageSize=20   '设置每页显示的记录条数
    Page = CLng(Request("Page"))   'string 型转化为 long 型
    If Page < 1 Then Page = 1
```

```
    If Page > rs.PageCount Then Page = rs.PageCount
    If Page <> 1 Then %>
        <A HREF=example8_11.asp?Page=1> 第一页 </A>
        <A HREF=example8_11.asp?Page=<% =Page-1 %> >上一页</A>
<%End If
    If Page <> rs.PageCount Then %>
        <A HREF=example8_11.asp?Page=<%=Page+1%> >下一页</A>
        <A HREF=example8_11.asp?Page=<%=rs.PageCount%> >最后一页</A>
<%End If %>
页码：<%=Page%> /<%=rs.PageCount %></font>

<%   '每一页的显示,以下显示表头 %>
<CENTER><TABLE BORDER=1>
    <tr>
        <td>用户 ID</td> <td>用户姓名</td> <td>用户 email</td>
    </tr>
<%rs.AbsolutePage = Page
    '把页码数赋给 absolutepage,以得知当前页的首条记录号
For iPage = 1 To rs.PageSize        '循环显示每条记录 %>
    <tr>
        <td><%=rs("userID") %></td>
        <td><%=rs("username") %></td>
        <td><%=rs("useremail") %></td>
    </tr>
    <%rs.MoveNext
    If rs.EOF Then Exit For
Next %>
</TABLE></CENTER>
<%rs.CLOSE
Set rs=NOTHING
%>
```

图 8.9　例 8.11 分页显示浏览界面

注意：Recordset 对象不能用 Set rs＝Connection.Execute(strSQL)语句建立，因为其建立的 Recordset 对象为 adOpenFowardOnly，不支持记录集分页。

8.3.5 记录集记录的编辑

向数据表添加记录，可以用 SQL 语句实现，同时也可用 SQL 语句实现更新数据表中的记录。但添加记录时，由于 SQL 语句本身有长度限制，无法操作大容量的字符串，如 Access 的备注型字段，但记录集的 AddNew 方法则不受此限制。因此，利用 AddNew 方法可实现大容量数据的输入，这是该方法的一大优势。

表 8.6 列出了 Recordset 对象编辑记录常用的方法及其说明。

表 8.6 Recordset 对象编辑记录常用的方法及其说明

方　法	说　明
AddNew	新建并初始化一个新记录，并将当前记录指针指向该记录
Delete	删除一条（当前记录）或多条记录
Update	保存对当前记录集所作的任何修改

【例 8.12】 使用 Recordset 对象编辑记录的方法，实现记录的添加与删除。

① 新建 ASP 包含文件 E:\eBook\example8_12.asp。

② 在 example8_12.asp 文件的代码窗口中，编辑如下代码：

```
<!-- #include file = "QUERY2tab.inc"-->
<html>
<head>
    <title>使用 Recordset 对象的方法,实现记录的添加与删除</title>
</head>
<body bgcolor="#FFFFFF">
<%
Set rs = Server.CreateObject("ADODB.RecordSet")    '创建一个 RecordSet 对象的实例
strSQL ="SELECT * FROM user WHERE username like '李%'"    '查询姓李的
rs.Open strSQL,strDSN_less,3,3    '打开 RecordSet 对象
rs.AddNew        '添加一条记录
rs("username")="李荷"
rs("useremail")="lh@126.com"
rs.Update        '将添加记录保存到数据库中
rs.CLOSE        '关闭该对象,以利于后面再次打开

CALL QUERY2tab("SELECT * FROM user WHERE username like '李%'")
        '显示有新增加的记录信息
'以下代码用于删除 username 为李荷的记录
rs.Open strSQL,strDSN_less,3,3        '打开 Recordset 对象,准备删除有关记录
WHILE NOT rs.EOF
    IF rs("username")="李荷" THEN
```

```
            rs.Delete              '删除 username 为李荷的记录
        END IF
        rs.MoveNext
WEND
rs.CLOSE
Set rs=NOTHING

CALL QUERY2tab("SELECT * FROM user WHERE username like '李%'")
    '显示结果表明,已删除了名为李荷的记录
%>
</body></html>
```

虽然使用 AddNew、Update 和 Delete 方法可以实现记录集中记录的编辑操作,但其操作数据集的效率不如 SQL 中相应语句的执行效率高,比如例 8.12 中记录删除,是通过遍历记录集找到相应的记录,再逐一删除的。若使用 SQL 语句,则可将这一部分代码,用以下两个语句代替:

```
<%strSQL ="Delete FROM user WHERE username='李荷'"
    rs.Open strSQL,strDSN_less,3,3        %>
```

所以一般使用 SQL 语句完成记录编辑操作。

8.4 Command 对象

使用 ASP 操作数据库时,一般是在使用 Connection 对象连接数据库后,再使用 Execute 或 Recordset 对象来进行操作。Command 对象的作用相当于一个查询。使用 Command 对象,可以查询数据库并返回记录集,也可执行其他操作(如添加、删除和更新)或处理数据库结构。

用 Command 对象执行查询的方式与用 Connection 和 Recordset 对象执行查询的方式一样,但用 Command 对象可先准备好对数据源的查询,然后用各种不同的值重复执行查询(即参数查询)。若想保留并重复执行查询,则必须使用 Command 对象。

8.4.1 创建 Command 对象和连接数据源

使用 Command 对象前,首先必须创建该对象。Command 对象的创建办法与 Connection 和 Recordset 对象一样,都是使用 Server 对象的 CreateObject 方法,语句如下:

```
<%Set comm.=Server.CreateObject("ADODB.Command")%>
```

每个 Command 对象都有一个相关联的 Connection 对象。但可以不先创建 Connection 对象就直接使用 Command 对象,此时只需设置 Command 对象的 ActiveConnection 属性一个连接字符串即可,此时 ADO 仍会创建一个 Connection 对象,只是该对象是隐含的,并不分配一个对象变量给它。语句如下:

```
<%Set comm.ActiveConnection=strDSN_less %>
```

如果多个 Command 对象要使用相同的连接,则应明确创建并打开一个 Connection 对象。如果没有把 ActiveConnection 属性设为一个明确的 Connection 对象,即使使用相同的连接字符串,ADO 也会为每个 Command 对象创建一个新的连接。

以上的连接字符串 strDSN_less,也可以直接写成例 8.2 或例 8.3 中定义的连接字符串,这要根据数据源的连接方式(分 DSN 和 DSN_less 两种)和个人编程爱好而定。通常,将连接字符串在一个文件中定义,然后在需要用到连接字符串的 ASP 文件包含该文件(使用方法参见例 8.8～例 8.12),以利于后期维护。

8.4.2 数据库查询

使用 Command 对象设置并执行指定的查询操作时,需要首先创建一个 Command 对象实例,然后采用 CommandText 属性指定查询字符串,使用 CommandType 属性指定查询字符串是 SQL 语句、数据表、存储过程,还是其他的命令文本,最后应用 Execute 方法执行查询。

使用 Command 对象进行数据库查询时,常用到的属性和方法参见表 8.7。

表 8.7 Command 对象的属性及其说明

属性/方法	说 明
ActiveConnection 属性	设置或返回 Command 对象的连接信息,该属性可以是一个 Connection 对象或连接字符串
CommandText 属性	设置或返回对数据源的查询字符串,这个串可以是 SQL 语句、表、存储过程或数据提供者支持的任何特殊有效的命令文本,其类型由 CommandType 属性指定
CommandType 属性	指出查询信息的类型,具体参见表 8.8。通过该属性,Command 对象可以知道 CommandText 属性所存储的内容是 SQL 语句、表、存储过程或其他
Prepared 属性	指出在调用 Command 对象的 Execute 方法时,是否将查询的编译结果存储下来。如果将该属性设为 True,则会把查询结果编译并保存下来,这样将影响第一次的查询速度,但一旦数据提供者编译了 Command 对象,数据提供者在以后的查询中将使用编译后的版本,从而极大地提高速度
CommandTimeout 属性	设置执行一个 Command 对象时的等待时间,默认值是 30s。如果在这个时间内 Command 对象没有执行完,则终止命令并产生一个错误
Execute 方法	执行一个由 CommandText 属性指定的查询字符串。该方法调用所返回的记录集是仅向前和只读的游标。若想得到其他类型的游标或写数据,则必须用 Recordset 对象的 Open 方法打开记录集
CreateParameter 方法	创建一个新的 Parameter 对象。Parameter 对象表示传递给 SQL 语句或存储过程的一个参数

表 8.8 常用 CommandType 的取值及其说明

常　量	值	说　明
adCmdText	1	CommandText 是一个 SQL 语句
adCmdTable	2	CommandText 是一个表名；ADO 会产生一个对该表的查询，以返回该表的全部行和列
adCmdStoredProc	4	CommandText 是一个存储过程名
adCmdUnkown	−1	默认值，CommandText 内容是未知的，由程序本身去判断

使用 Command 对象进行数据库查询，有以下 3 种方式。

1. 直接执行 Execute 方法

直接执行 Execute 方法就可以实现对数据库信息的查询，此时 Command 对象将 CommandText 属性的值作为默认的数据查询信息，Execute 执行后服务器会依照所请求的数据返回一个 Recordset 对象实例。

【例 8.13】 直接使用 Command 对象的 Execute 方法执行查询。

① 新建 ASP 文件 E:\ebook\example8_13.asp。

② 在 example8_13.asp 文件的代码窗口中，编辑如下代码：

```
<!--#include file = "conn.asp"-->
<%
    Set Conn = Server.CreateObject("ADODB.Connection")  '创建一个 Connection 对象的实例
    conn.Open strDSN_less    '打开 Connection 对象，指向指定的数据库
    Set Comm = Server.CreateObject("ADODB.Command")  '创建一个 Command 对象的实例
    Set Comm.ActiveConnection = Conn    '指定当前的连接对象
    Comm.CommandText = "Select * from user"
    Set rs=comm.Execute()    '直接使用 Command 对象的 Execute 方法执行 SQL 查询
    '查询信息的显示，具体参见例 8.10 的相关代码，在此从略
    Conn.CLOSE
    Set Conn =NOTHING
%>
```

例 8.13 中返回的记录集是仅向前和只读的游标，若想得到其他类型的游标或写数据，则必须用 Recordset 对象的 Open 方法打开记录集。

2. 使用 RecordSet 对象的 Open 方法

【例 8.14】 使用 RecordSet 对象的 Open 方法执行 CommandText 指定的查询。

① 新建 ASP 文件 E:\ebook\example8_14.asp。

② 在 example8_14.asp 文件的代码窗口中，编辑如下代码：

```
<!--#include file = "conn.asp"-->
<%
    Set Conn = Server.CreateObject("ADODB.Connection")  '创建一个 Connection 对象的实例
    conn.Open strDSN_less    '打开 Connection 对象，指向指定的数据库
    Set Comm = Server.CreateObject("ADODB.Command")  '创建一个 Command 对象的实例
```

```
        Set Comm. ActiveConnection = Conn      '指定当前的连接对象
        Comm. CommandText = "Select * from user"
        Set rs= Server. CreateObject("ADODB. RecordSet")    '创建一个 RecordSet 对象的实例
        rs. Open comm, , 3, 3        '使用 Recordset 对象的 Open 方法执行 SQL 查询
        '查询信息的显示,具体参见例 8.10 的相关代码,在此从略
        rs. CLOSE
        Set rs = NOTHING
        Conn. CLOSE
        Set Conn = NOTHING
%>
```

以上两种方法,其实现结果等同于 connection 对象和 RecordSet 对象的数据库查询结果。Command 对象的最大特点是在数据库查询,可进行参数查询,也可调用 SQL Server 的存储过程,以下讲解 Command 对象的参数查询方法。

3. 执行带参数的查询

执行带参数的查询,必须用 Command 对象的 CreateParameter 方法。这个方法可以用来创建一个 Parameter 对象实例,然后利用 Command 对象的 Parameters 数据集合提供的 Append 方法将 Parameter 对象实例加入到 Parameters 集合中,就可以进行参数查询了。

在 ASP 程序中,经常用到 Field 对象,Field 对象是在 Recordset 对象建立后自动产生的,直接可以调用相应的 Recordset 对象和 Field 对象查阅信息(参见例 8.9),而 Parameter 对象则是在创建 Command 对象实例后,通过使用 Command 对象的 CreateParameter 方法产生的。Command 对象的 CreateParameter 方法的语法如下:

Set parameter = command. CreateParameter (Name, Type, Direction, Size, Value)

其返回值为 Parameter 对象的实例,语法中参数说明如下。

(1) Name 可选,字符串,代表 Parameter 对象的名称。

(2) Type 可选,长整型值,指定 Parameter 对象的数据类型。常用 Type 的取值及其说明参见表 8.9。

表 8.9 常用 Type 的取值及其说明

常　　量	值	说　　明
adInteger	3	4B 有符号整数
adSingle	4	单精度浮点值
adDouble	5	双精度浮点数值
adCurrency	6	货币值
adDate	7	日期值
adBoolean	11	布尔值
adDecimal	14	具有固定的精度和范围的扩展数字型

续表

常量	值	说明
adUnsignedTinyInt	17	1B 无符号整数
adUnsignedSmallInt	18	2B 无符号整数
adUnsignedInt	19	4B 无符号整数
adChar	129	字符串值
adDBTimeStamp	135	日期时间值(yyyymmddhhmmss)

（3）Direction 可选,长整型值,参数的方向,指明参数是输入参数、输出参数或者返回值等。常用 Direction 的取值及其说明参见表 8.10。

表 8.10 常用 Direction 的取值及其说明

常量	值	说明
adParamInput	1	输入参数
adParamOutput	2	输出参数
adParamInputOutput	3	可同时作为输入和输出参数
adParamReturnValue	4	返回值参数,用于返回程序的状态
adParamUnknown	−1	参数的类型无法确定

（4）Size 可选,长整型值,指定参数值最大长度(以字符或字节数为单位)。

（5）Value 可选,变体型,指定 Parameter 对象的初始值。

使用 CreateParameter 方法可用指定的名称、类型、方向、大小和值创建新的 Parameter 对象实例,在参数中传送的所有值都将写入相应的 Parameters 集合。该方法无法自动将 Parameter 对象实例追加到 Command 对象的 Parameters 集合,需要使用 Parameters 集合的 Append 方法手动追加。若将 Parameter 对象实例追加到了 Parameters 集合,则 ADO 将使该附加属性的值生效。

【例 8.15】 根据注册用户的姓氏查询相关信息。

① 新建 ASP 文件 E:\ebook\example8_15.asp。

② 在 example8_15.asp 文件的代码窗口中,编辑如下代码:

```
<!--#include file = "conn.asp"-->
<%
    Set Conn = Server.CreateObject("ADODB.Connection")   '创建一个 Connection 对象的实例
    conn.Open strDSN_less      '打开 Connection 对象,指向指定的数据库
    Set Comm = Server.CreateObject("ADODB.Command")   '创建一个 Command 对象的实例
    Set Comm.ActiveConnection = Conn    '指定当前的连接对象
    Comm.CommandText = "Select * from user where username like ?"
    Comm.prepared = TRUE
    '把查询结果编译并保存下来,在以后的查询中可使用编译后的版本,从而极大地提高速度
```

```
        set param=comm.CreateParameter("username",129,1,10,"李%")
            '创建一个初始值为"李%"的字符型输入参数,即查找姓"李"的用户信息
comm.Parameters.Append param    '将 Param 对象实例追加到 Parameters 集合
Set rs=Comm.Execute()    '执行参数查询
            '显示信息——姓"李"的用户信息,具体参见例 8.10 的相关代码,在此从略
comm.Parameters("username") = "吴%"    '执行参数查询
Set rs=Comm.Execute()    '执行参数查询
            '显示信息——姓"吴"的用户信息,具体参见例 8.10 的相关代码,在此从略
Conn.CLOSE
Set Conn = NOTHING
%>
```

如果在 Type 参数中指定可变长度的数据类型,那么在将它追加到 Parameters 集合之前必须传送 Size 参数或者设置 Parameter 对象的 Size 属性,否则将产生错误。

Command 对象虽然是 ASP 三大主要对象之一,但实际用比较少,它的许多功能可以通过 Connection 对象或 Recordset 对象来实现。通过利用 Command 对象的 Parameters 集合实现具有参数交换的复杂数据库查询功能。

8.5 本章小结

简单地说,用 ADO 编程,就是用 Connection 对象处理连接,用 Recordset 对象处理记录,用 Command 对象改善数据库操纵命令,用 Error 对象处理各种错误,用 Parameter 对象处理参数,用 Field 对象处理结果表中的各个列。

本章按照这一思路,在简述 ADO 技术的基础上,详细讲解了使用 ADO 技术访问数据库时常用的 ADO 对象,包括 Connection 连接对象、Recordset 记录集对象和 Command 命令对象。

使用 ADO 中的 Connection 对象,可以建立和管理应用程序和 ODBC 数据库之间的连接,也可以执行 SQL 语句以操作数据库,但其检索和显示数据库信息时,只能在结果记录集中向下移动,不能上下自由移动。

Recordset 对象有许多属性和方法,可以有效地完成对数据记录的遍历、修改和其他控制,但它不能实现参数查询。若想保留并重复执行查询,则必须使用 Command 对象。

用 Command 对象执行查询的方式,与用 Connection 和 Recordset 对象执行查询的方式一样,但用 Command 对象可先准备好对数据源的查询,然后用各种不同的值重复执行查询(即参数查询)。

思考与练习 8

1. 思考题

(1) 如何配置 ODBC?

(2) 请说明数据源及其 3 种类型。

(3) 请比较 File DSN 和 System DSN 的异同。
(4) 请说明两种通过 SQL 语句向数据表中插入数据的方法。
(5) 请说明 3 种建立与数据源连接关系的方法。
(6) 请解释 SQL 的简单查询语句。
(7) 试比较利用 Connection、Recordset 和 Command 对象完成数据库查询的不同。

2. 选择题

(1) 数据源信息被存储在系统注册表中的 DSN 是（   ）。
　　A. File DSN　　　　B. System DSN　　　C. User DSN　　　　D. DSN-less
(2) 使用 Connection 对象的（   ）方法，可以发送 SQL 语句操作数据库。
　　A. Open　　　　　B. Close　　　　　　C. Execute　　　　　D. Update
(3) 用 Recordset 对象的（   ）方法，可以建立一个与数据源的连接。
　　A. Open　　　　　B. Close　　　　　　C. Execute　　　　　D. Update
(4) 下面（   ）方法不能用于在 Recordset 对象的结果记录集中遍历记录。
　　A. MoveFirst　　　B. MoveLast　　　　C. MoveNext　　　　D. Delete
(5) 执行带参数的查询，必须用（   ）对象的 CreateParameter 方法。
　　A. Connection　　 B. Recordset　　　　C. Command　　　　D. Fields

3. 填空题

(1) 通常，在 ODBC 数据源管理器中，可以创建 3 种类型的 DSN，即_____、_____ 和_____。
(2) ADO 组件提供了 7 个对象和 4 个数据集合，这 7 个对象分别是_____、_____、_____、Error、Parameter、Field 和 Property，这 4 个数据集合是_____、_____、_____ 和 Properties。
(3) Recordset 对象的_____属性中可以存储当前记录集中所包含的页数。
(4) 利用 Recordset 对象的_____方法可实现大容量数据的输入，这是该方法的一大优势。
(5) Field 对象是在_____对象建立后自动产生的，而 Parameter 对象则是在创建 Command 对象实例后，通过使用 Command 对象的_____方法产生的。

4. 上机练习题

(1) 分别用 Recordset 和 Command 对象对 ebook.mdb 中的 books 表进行添加、删除和查询操作。
(2) 利用 Recordset 的分页控制功能，实现在每页上显示 15 条记录的分页 ASP 程序。

实践环节——在 ebook 网站中增加留言簿

【目标】 掌握在网页中使用 ASP 代码访问数据库的方法与技巧。

【思路】 电子商务网站应增加与客户的互动，以吸引和留住客户。在 ebook 网站中增加留言簿功能，可让客户参与书评、发表自己的个人见解、登记客户需要的暂缺书目等。通过在 ebook 网站中实现留言簿功能，可综合应用 ASP 中建立与连接数据源、访问与更新数据库中的信息、遍历显示结果记录集，以及参数查询留言信息等的方法与技巧。因此，学生应理解并掌握使用 ASP 实现留言簿所有功能的方法。

【步骤】
步骤 1：在 ebook.mdb 中增加一个存储留言信息的数据表。
步骤 2：编写客户留言的网页界面和保存留言信息的.asp 文件。

步骤3：编写查询和分页显示查询记录集的.asp文件。
步骤4：编写更新和删除个人留言的.asp文件。
步骤5：编写留言簿管理员查询、维护留言信息的.asp文件。
步骤6：写出实验报告。
步骤7：课堂讨论交流实现留言簿功能的方法与技巧。

【归纳】 在实验和交流的基础上，对使用ASP访问数据库的方法和技巧进行归纳。

【实验环境】 安装有IIS、Access和一般网页编辑软件的计算机。

第 9 章 电子商务系统开发

电子商务系统开发是电子商务网站建设过程中一个非常重要的步骤,本章将根据第 3 章所阐述的设计原则与规范,以及后续章节中所讲述的网站开发技术,以 B2C(Business to Customer)电子商务为例,实践电子商务系统开发的主要过程。

9.1 B2C 电子商务模式

B2C 电子商务,也称为电子零售业(E-Tailing),即企业与个人消费者之间进行的交易,它利用 Internet 向顾客提供类似于传统零售商业的服务。例如亚马逊公司(Amazon.com)、雅虎公司(Yahoo.com)等开展的交易活动。B2C 交易的对象可以是实体产品,也可以是数字产品或服务,其交易规模通常比 B2B 要小得多。

目前网上交易活跃的产品包括图书音像、计算机、家电、旅行服务、娱乐、服饰、日用品以及礼品鲜花等。统计显示,能带来更高在线销售额的产品具有以下特点。

- 品牌认知度高;
- 由知名供应商提供的可信的担保;
- 数字化的产品,如书籍、音乐、电影;
- 相对便宜的产品;
- 频繁购买的产品,如日用品、办公用品;
- 有标准规格的商品,这使得察看实物变得不重要;
- 大家熟悉的即使在传统商店也不能打开包装的产品。

如果产品或服务既具有上述的特征,又需要消费者亲自接触,这种商务活动就要求电子商务和传统商务的结合。例如,很多人在网上搜集二手汽车的信息,但几乎没有人不经过自己的亲自驾驶和检查而在网上直接购买二手车。在这个例子中,电子商务向买主提供汽车的车型、款式和价格信息,但由于各个汽车之间的差异,在交易中就需要传统商务为顾客提供亲自接触汽车的机会。

由于不断引入先进技术,持续改进业务流程,电子商务极大地提高了商务活动的效益和效率,具有其他商务形式无法比拟的显著特点。传统零售业与电子零售业的主要差异对比见表 9.1。

目前我国 B2C 电子商务平台主要分为综合类商城和网上专卖店两类。综合类商城又可以分为门户网站开通的网上商城,如新浪网上商城、首都在线网上购物系统等,以及单纯的零售电子商务网站,如 8848 网上超市。网上专卖店可以按照其经营产品的不同分为多种类型,如网上书店、音像店、IT 产品专卖店、手机专卖店等。

表 9.1　传统零售业与电子零售业的差异

项　　目	传统商务	电子商务
交易对象	部分地区	全球
交易时间	规定营业时间内	24 小时
交易地点	需要销售空间(店铺)	虚拟空间(Cyber Space)
营销活动	面对面、纸面信息、传统多媒体等	网上营销
交易磋商	口头磋商或纸面单证的传递过程,主要通过电话、传真、邮寄等完成	电子化的记录、文件和报文在网络上传递
交易层次	复杂	相对简单
支付过程	主要采用支票、现金方式	主要通过网上支付(银行卡、电子现金等)
库存管理	必须的	可实现零库存
顾客方便度	受时间、地点、服务水平的限制	顾客按自己的方式无拘无束的购物
顾客关系管理	需要很长时间掌握顾客需求	能够实时捕捉客户需求

9.1.1　实体产品的 B2C 电子商务

实体产品的电子商务模式指的是,通过网上目录出售实体产品的电子商务平台,即产品的交付不能够通过以 Internet 为载体的信息渠道来实现。实体产品在线销售的形式目前有两种:一种是在网上设立独立的虚拟店铺,如供应商直销模式、销售商模式;一种是参与并成为网上在线购物中心的一部分。

1. 亚马逊网上书店(www.amazon.com)

采用网上目录赢利模式销售图书和音像的零售商以亚马逊网上书店最为知名。1994 年,杰夫·贝佐斯(Jeff Bezos)选择了图书作为在因特网上销售的产品。他认为图书属于低价商品,体积小,送货容易也便宜,很多顾客在买书时也不要求当面检查。通过有效的促销手段,可以激发消费者购买图书的欲望。在全球范围内,每时每刻都有 400 多万种图书印刷,其中 100 多万种是英文图书。然而,即使是最大的书店也不可能库存 20 万种图书。于是贝佐斯发现了图书在线销售的战略机会,创建了销售图书的亚马逊网上书店。10 年后,该书店的年销售额超过了 60 亿美元,客户超过 6000 万。今天的 amazon.com 已经发展成为一家销售图书和音像制品、家电、五金工具等产品类型丰富多样的百货店。

贝佐斯鼓励读者把自己的书评发给网站,在网站上把这些评论和图书的出版商信息一起发布。读者的书评就像街边书店里店员的推荐和建议。虽然因特网具有送达小的、高度集中的细分市场的巨大力量,但网上书店不可能满足所有顾客的所有要求。因此,之后他编制了一套销售辅助程序,把其他网站划分为不同的主题,这些网站可以和亚马逊网上书店特定主题的图书建立链接。作为回报,亚马逊网上书店将销售额的一定百分比交给这些网站。亚马逊网上书店在成长过程中,总是在不断地寻找新的战略机会。1998 年,它开始销售 CD 唱片和录像带。它的 WWW 网站软件可以追踪顾客的购货记录并向顾客推荐相关书籍。此外,顾客还可以要求亚马逊网上书店在某一作者出版新书时通知自己。由于不断关注并改进图书的进货、促销、销售和运输等业务环节,贝佐斯和他的亚马逊网上书店成为 B2C 模式的电子商务领域中最耀眼的一颗明星。

但开发诸如亚马逊网上书店等在线购物网站的前期投入较大,而且投资回报周期较长,因此,许多中小型公司对自己建立在线购物网站止步不前,纷纷选择其他公司开发的在线购物平台,租用这些平台进行在线交易。IBM 在这方面做着不懈努力,IBM 目前已经开设 WorldAvenue 购物中心,参与销售活动的销售商如需在这一平台上建立在线商店需要至少支付 3 万美元,其服务包括设计网上多达 30044 商品的目录网页,费用为每月 2500 美元,除此之外,IBM 还要对每笔交易按交易额收取 5% 的佣金。

实际上,以上网站的成功,不仅仅因为这些网站所提供的产品和服务,还有所采用的多种模式,比如:电子期刊的订阅费和服务费收入以及很大数量的广告收入。

2. 在线购车:按单制造

世界上的汽车制造商都是非常复杂的企业,一般都有数千名原材料供应商和大量客户。它们的传统销售渠道是汽车代理商,这些代理商订购汽车并将其销售给消费者。当顾客需要某种有特殊功能的部件或颜色时,代理商必须等待,直到这种特定的车有货才行。制造商进行市场调查,估计拥有哪种功能部件的车将卖得最好,然后生产这些他们想要销售的车。在某些情况下一些库存车是亏本出售的,因为市场对这种车需求不足。汽车制造商已经开始在"按存货制造"的环境下生产了,其生产的汽车在流出的物流环节(船运、卡车、火车,以及代理商的车库)中被视为存货。通用汽车公司估计在其整个销售渠道中有价值 400 亿美元的零件和待售汽车。其他制造商的情况与此类似。

福特、通用汽车以及全球许多汽车制造商已经宣布要实施各自的"按单制造"计划,采取与戴尔公司制造计算机类似的方式。这些汽车巨头想将自己从按存货制造的公司转变为按单制造的公司,从而将存货数量减半,同时恰好给顾客提供他们想要的产品。

作为这种在汽车市场中按单生产批量化定制趋势的一个例子,美洲豹汽车(Jaguar car)的买家可以在线定制他们的梦幻车,在网站上他们可以设定汽车的配置和组件,在线观看汽车,设定价格,并将它送到最近的代理商处。借助网站上的虚拟汽车,顾客可以实时浏览 1250 种以上的外形组合,360°旋转图像,并看到价格随附件增减而自动更新。在将汽车停入虚拟车库后,顾客可以做出购买决定并选择在某一家代理商处取车。

9.1.2 数字化产品的 B2C 电子商务

网络具有信息传递和信息处理的功能,因此,无形产品和服务(如信息、计算机软件、视听娱乐产品等)就可以通过网络直接向消费者提供。无形产品和服务的电子商务模式主要有以下 5 种:网上订阅模式、付费浏览模式、广告支持模式、网上赠与模式和交易费用模式。

1. 网上订阅模式

网上订阅模式(Subscription Based Sales)指的是企业通过网页形式向消费者提供网上直接订阅的途径以及直接浏览信息的电子商务模式。网上订阅模式主要被商业在线机构用来销售报刊杂志、有线电视节目等。网上订阅模式主要包括以下情况:

(1) 在线服务(Online Services) 在线服务是指在线经营商通过每月向消费者收取

固定的费用而提供各种形式的在线信息服务。例如,美国在线(AOL)和微软网络(Microsoft Network)等在线服务商都使用这种形式。

(2) 在线出版(Online Publications)　在线出版是指出版商通过电脑互联网络向消费者提供除传统出版之外的电子刊物。1996年8月《华尔街日报》(the WallStreet Journal)开始向访问该网址的75万订阅者收取每年49美元的订阅费,其他免费与订阅相结合的报刊杂志有时代华纳(Time-Warner)出版社的《Pathfinder》杂志、美国电话电报公司(AT&T)的个人在线服务(Personal Online Services)和ESPN的《体育地带》(Sport Zone)。

(3) 在线娱乐(Online Entertainment)　在线娱乐是指无形产品和服务在在线销售中令人瞩目的一个应用领域。一些网站向访问者提供在线游戏,并收取一定的订阅费。1998年5月27日,Excite和Infoseek宣布与娱乐总网(TEN)结成在线游戏服务联盟,提供基于Java的多人经典游戏。Microsoft同一天宣布与Ultra Corps合作在START网络门户中的Internet游戏区开办在线收费游戏,并特别确定在Windows 95发布的当天启动。众多商家如此重视网络游戏,可见游戏在网络中的战略地位确实非同一般。

2. 付费浏览模式

付费浏览模式(the Pay-per-View Model)是指企业通过网络向消费者提供计次收费的网上信息浏览和信息下载的电子商务模式。例如付费查询数据库中的相关信息。

知识产权是网络信息出售者最担心的问题之一,他们担心客户从网站上获取了信息,又再次分发或出售。一些信息技术公司针对这个问题开发了网络信息知识产权保护的技术。例如,Cadillac公司的知识产权保护技术采用了IBM的密码信封技术:信息下载者一开密码信封,即自动引发网上付款行为。为了解决信息再次分发和出售的问题,密码信封的设计允许信息购买者作为代理人将信息再次出售,而且给予销售代理人一定的佣金,这样就鼓励了信息的合法传播。

3. 广告支持模式

广告支持模式(Advertising-supported Model)是指在线服务商免费向消费者或用户提供信息在线服务,而营业活动全部用广告收入支持。例如Yahoo、Excite、Infoseek以及Lycos等在线搜索服务网站就是依靠广告收入来维持经营活动。信息搜索对于上网人员在信息浩瀚的互联网上找寻相关信息是最基础的服务,企业也最愿意在信息搜索网站上设置广告,特别是通过付费方式在网上设置旗帜广告(Banners),有兴趣的上网人员通过点击"旗帜"就可直接到达企业的网址。根据统计,1994年还不存在网络广告,而1995年网络广告的总收入就达4290万美元,网络广告市场的前景乐观。

4. 网上赠与模式

网上赠与模式是一种非传统的商业运作模式。它指的是企业借助于国际互联网全球广泛性的优势,向互联网上的用户赠送软件产品,扩大知名度和市场份额。通过让消费者使用该产品,从而让消费者下载一个新版本的软件或购买另外一个相关的软件。由于所赠送的是无形的计算机软件产品,用户通过国际互联网自行下载,企业所投入的成本很低;另外,如果软件的确有其实用价值,那么是很容易让消费者接受的。

网景公司(Netscape)在这方面做得很成功。网景公司较早地运用了网上赠与模式,将其国际互联网浏览器在网上进行无偿赠送,以此推动新版本网络浏览器的销售。RealAudio 音频播放器是第一个能在网上直接实时播放音频的播放器,RealAudio 在网上赠与了成千上万份的音频播放器软件。

网上赠与模式的实质就是"先试用,再购买"。用户可以从互联网站上免费下载自己喜欢的软件,在真正购买之前对该软件进行全面测评。以往人们在选择和购买软件时只是靠介绍、说明或人们的口碑,而现在可以免费下载,试用 60 天或 90 天后,再根据自己的使用感受决定是否购买。

5. 交易费用模式

交易费用模式是指企业借助网络平台为消费者提供相应的产品或服务,按照每笔交易提取佣金或收取费用。例如旅行社从它所售的机票、预订的旅馆、租用的汽车和导游活动中收取佣金,佣金由交通或住宿服务商支付。证券经纪公司也经常采用交易费用模式,按每笔交易向顾客收取佣金。

9.2 B2C 电子商务系统的基本组成

为了实现上述商务模式,B2C 电子商务平台通常包括以下功能。
(1) 页面间简单而清晰的导航功能;
(2) 销售产品的电子目录——可以根据多种检索条件进行搜索;
(3) 虚拟的购物篮——顾客可以将物品放在里面直至付款;
(4) 通过信用卡或电子现金进行在线支付;
(5) 在线帮助。

一些电子商务平台还为客户提供了方便的个人信息管理、评估产品和服务、虚拟产品展示、社区服务等。为了提供这些服务,一个 B2C 电子商务系统必须包括下述 3 个相互联系的子系统。
(1) 商品系统:提供商品、价格、介绍等商品信息,通常包括购物车。
(2) 交易系统:处理订货、支付以及其他交易事项。
(3) 支付结算系统:主要通过现有的金融架构来处理信用卡的授权和结算。

9.2.1 网上购物流程

对一个顾客来说,不论在什么类型的网上商场,其购物流程都相似,如图 9.1 所示,操作步骤说明如下。

① 有网上购物需求的顾客在进行第一次购物之前要进行会员登记,在会员注册页面按要求设定会员 ID 和密码,并录入真实姓名、通信地址、联系电话、E-mail 地址等基本信息。注册完成后,即可开始网上购物。顾客要牢记自己的 ID 号和密码,为了防止密码泄密,顾客可以定期在网上修改自己的密码。

② 进入网上商场,挑选商品。顾客可以按产品类别检索商品,也可以输入产品名称等信息,通过检索数据库,找出所关心的商品,并查看商品细节说明,了解价格、付款及送货方式、购物说明等信息。

图 9.1 B2C 电子商务的购物流程

③ 选中商品后,输入购买商品数量并单击"选购"按钮,将商品放入购物车;挑选商品结束后,检查购物车,核实商品和数量是否如所需,若有出入,可以重新调整商品和数量,核实无误后,可以去"收银台"结账。

④ 收银台提交购物清单、选择付款方式及送货方式。系统可以设立"会员通道"和"非会员通道",会员顾客走会员通道,输入"会员 ID"和密码,再按提示选择付款方式,最后要单击"确认购买"按钮。非会员通道引导顾客先去注册成会员,再完成购物过程。

9.2.2 订单处理流程

对一个网上商场来说,当顾客完成一个订单后,网上商场需要着手处理这个订单,具体操作步骤如下。

① 订单确认。网上商场收到顾客的订单后,会立即通过电话或 E-mail 与顾客联系,确认商品名称型号、数量、送货时间及地点等订单内容。随着数字签名等安全技术的采用,顾客的购货操作具有不可抵赖性,这样,就可以免去上述订单确认过程,直接准备送货事宜。

② 送货与付款。商场在送货之前需要考虑货款的回收方式:对于货到付款方式,是在指定时间内送货上门,顾客验货后现金付款,并在送货单上签字;对于邮局汇款、银行划账、网上支付等付款方式,网上商场是在确认收到顾客的货款后马上发货;对于采用具有担保功能的第三方支付方式,需经客户验货后,经第三方支付平台将货款转给商家。

③ 组织送货。网上商场可以自行安排送货,也可以把送货的任务委托给专业的第三方物流配送公司。

9.2.3 网上支付流程

1. 早期的支付方式

早期 B2C 电子商务的支付方式主要有货到付款和汇款方式(邮政汇款和银行汇款),它们都是人工完成支付过程,没有实现自动化。主要原因是人们普遍担心网络安全问题,其次是与电子商务配套的基础环境还比较落后。通过银行进行的网上支付费用很高,技术实现方面也较复杂。目前,能够开展网上支付的银行已有很多家,但交易费用使很多电子商务公司望而却步。各银行的支付网关在实现上各有差异,电子商务系统需要分别实现与各个银行的接口,增加了技术上的投入。

(1) 货到付款　这是最原始的付款方式。商家将商品交给客户,客户查验货物后以现金的方式支付给商家。例如当当网、8848 等网站都支持这种付款方式。这种付款方式的最大优点是不依赖于任何支付系统,符合消费者的传统购物习惯,很适用于偶尔网上购物的消费者。

(2) 汇款方式　汇款方式指客户在完成订单时,通过邮政系统或银行系统汇款,当商家接到汇款后,再将商品发给客户。

这种支付方式的不足在于客户网上购物后需再到邮政系统或银行去一次,支付环节的复杂性减少了电子商务方便快捷的特性。

2. 网上支付流程

网上支付(Online Payment),也称数字化支付(Digital Payment),指的是电子交易的当事人,包括消费者、厂商和金融机构,使用安全电子支付手段通过网络进行的货币支付或资金流转。网上支付是采用先进的技术通过数字流转来完成支付信息的传输,资金在 Internet 中以无形的方式进行转账和划拨,将"现金流动"、"票据流动"转变成计算机网络系统中的"数据流动"。

如图 9.2 所示,电子商务活动中的网上购物及支付过程可以分为下面 7 个步骤。

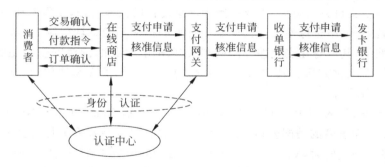

图 9.2　B2C 电子商务的网上支付流程图

① 消费者通过 Internet 选定所要购买的物品,并在网上输入订货单,订货单上需包括所购商品名称及数量、交货时间及地点、联系方式等相关信息。

② 通过电子商务服务器与有关在线商店联系,在线商店做出应答,告诉消费者所填订货单的货物单价、应付款数、交货方式等信息是否准确,是否有变化。

③ 消费者选择付款方式,确认订单,签发付款指令。

④ 在安全交易模式中,交易的参与各方要经过认证中心的身份认证。

⑤ 在线商店接受订单后,向消费者所在银行请求支付认可。信息通过支付网关到收单银行,再到发卡银行确认。核准的支付信息将返回给在线商店。

⑥ 在线商店依据支付信息,发送订单确认信息给消费者。消费者端软件可记录交易日志,以备将来查询。

⑦ 当支付信息显示消费者账户支付正常时,在线商店发送货物,或提供服务;并通知收单银行将钱从消费者的账号转移到商家账号,或通知发卡银行请求支付。在认证

操作和支付操作中间一般会有一个时间间隔,例如,在每天的下班前请求银行结当天的账。

9.2.4　B2C网上支付解决方案

随着计算机技术的发展,电子支付的方式越来越多,B2C支付方式可以分为两大类:一类是银行卡,包括信用卡、借记卡、现金卡等;一类是电子货币,如电子现金、电子钱包等。

1. 银行卡网上支付

一般认为,1915年世界上第一张信用卡诞生,它是商家与消费者之间的一种直接的商业信用关系。1950年大莱公司(Diners-Club)成立,并开始发行大莱卡,第一次以买卖双方之外的第三者身份开始发行信用卡。现在Visa和MasterCard是世界上两个最大的信用卡国际组织。1952年美国富兰克林国民银行发行了信用卡,首开银行信用卡的先河。在中国,1985年中国银行珠海分行发行了第一张信用卡——中银卡,一年后,中国银行北京分行开始发行长城卡。

如今银行卡已经是一种十分普及的支付工具,也使银行卡支付方式成为近年来最常见的网上支付解决方案。银行卡网上支付中的主要问题是安全问题。网上支付所产生的欺诈风险较传统支付方式更大,主要是因为网络传输的快速特征,使得欺诈在发现之前有可能已经蔓延,而网络全球性特征又使欺诈行为的扩散不受地域限制。同时,Internet作为开放性的网络,其本身在安全性方面就有很多漏洞。因此,围绕安全问题的解决,产生各类银行卡网上支付方案。其中较有代表性的是安全电子交易协议(Secure Electronic Transactions,SET)。

(1) 基于SET的网上支付　1995年10月,包括MasterCard、Netscape(以开发Internet浏览器而著名的美国公司)和IBM在内的联盟开始着手进行安全电子支付协议SEPP的开发。与此同时,Visa和Microsoft组成的联盟也正在开发另一种不同的网络支付规范STT。这样就出现了一个不幸的局面,世界的两大信用卡组织分别支持独立的网络支付解决方案。这种局面持续了数月,直到1996年1月,这些公司才宣布他们将联合开发一种统一的系统,即SET。SET并不是一种通用的支付协议,它限制在卡基支付或类似的应用中。

SET协议并未对电子商务的一般流程进行改动,只是在一般流程之上,对信息的传递规定了复杂的流程和加/解密方式。在图9.2所描述的电子商务网上支付流程中,当步骤③中消费者选择用SET方式付款时,SET开始起作用。

SET保证支付信息的安全性、完整性,商家和持卡人、银行各方的合法性和交易的不可否认性,特别是保证了不会把持卡人的信用卡信息泄露给商家。SET间接建立交易各方彼此间的信任关系,平等保护支付各方,这是信用经济必不可少的。

(2) 第三方参与支付的方式　除了采用信息安全技术解决银行卡网上支付问题,通过第三方的协助来保证银行卡信息的安全,即在消费者和商家之间,不直接进行银行卡信息的传递,而是以一定方式通过第三方来完成。第一虚拟系统(First Virtual,FV)信用卡网上支付系统是这种模式的代表。

1994年12月,第一虚拟公司(First Virtual Holdings,http://www.firstvirtual.com)推出了一种以信用卡为基础的支付模式,这种模式简称为FV。该支付机制是一个不用加密的支付系统,其目标就是在网络上进行小额交易,并且无需专用的客户端软件和硬件,简单易行。

消费者首先要持有FV接受的信用卡,并在FV建立账户。消费者通过填写注册单或通过电话等其他通信工具,将信用卡信息和电子邮件地址传递给FV。由FV系统为消费者发送虚拟PIN(标识网上身份的号码,简称VPIN),消费者可以用它替代信用卡信息在网上传输。

图9.3给出消费者利用FV在网上购物的情况。

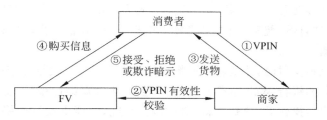

图9.3 利用FV系统进行购物的流程示意图

① 当消费者在FV特约网上商家购物时,消费者输入其VPIN,并送往商家。
② 通过查询FV服务器,商家确认该VPIN的有效性。
③ 如果VPIN没有在黑名单中,那么商家发送货物给消费者。
④ 此时,FV系统并不进行支付,而是通过电子邮件或WWW格式向消费者发送信息,以确认是否有真实的购买意愿。
⑤ 消费者回复有3种可能性:接受、拒绝或欺诈暗示。对于第3种情况,意味着物品并非消费者所订购,该VPIN会立即被列入黑名单。当拒绝时,表示不愿对此进行支付。当得到肯定,继续支付过程。
⑥ FV系统脱离Internet,利用信用卡授信系统网络进行信用卡真实性、消费者身份合法性、信用额度的确认,请求垫付。由FV将从信用卡公司转移过来的代垫金额中扣除应收手续费后,增加商家的存款账户余额。通常由消费者集中一次在适当时间和信用卡公司进行结算。

在这个过程中,如果VPIN在网上被盗窃,会产生假冒的购买者,直到该PIN被列入黑名单,由于支付请求是通过电子邮件发送给消费者的,因此会有一定的时间延时。但从运行情况看,该系统发生的欺诈的比例很小,而且即使发生欺诈问题,损失也只是一笔交易,而不会是很大的损失。

2. 电子现金网上支付

在商业交易中,现金仍然是最普遍、应用最广泛的支付工具。与银行卡等其他支付工具相比,现金具有如下一些优点:现金是通用的,是法定货币,任何收款人有义务接受它;现金是无记名支付工具,任何人都可以拥有并使用现金,无需银行账户;使用现金支付,不涉及手续费的问题;现金通常是当面支付,不会给接受方造成额外的风险等。所以,人们对现金的使用一直情有独钟。

为了把现金的优点和计算机的方便结合在一起,人们创造出电子现金。电子现金具有纸质现金的某些特性,比如一定范围内的通用性、某种程度上的匿名性、支付的即时性等。同时由于其存在方式是电子的,也带来了存储、传送和处理上的方便。

电子现金依附的载体主要有两种,一种是智能卡(IC 卡),另一种是计算机硬盘。

(1) 基于智能卡的电子现金　智能卡(Smart Card or IC)是一种自带处理芯片的卡片。它可以利用自带的芯片实现储值功能,在资金转移时,无需进行联机授权,可以直接通过智能卡上的芯片进行资金转移。这种智能卡通常被称作电子钱包。在芯片的支持下,智能卡具有可靠的安全性。智能卡无须第三方提供的支持,就可以实现消费者和商家之间资金安全的直接转移。这一特点使智能卡成为在 Internet 进行支付最简单的办法。通常智能卡还设有"自爆"装置,如果犯罪分子想打开 IC 卡非法获取信息,卡内软件上的内容将立即自动消失。

在电子商务交易支付时,消费者只要将智能卡插入一个与网络相连的读卡设备,并登录到为消费者服务的银行 Web 站点上,智能卡会自动告知银行账号、密码和其他一切加密信息。完成这两步操作后,消费者就能将指定金额从智能卡通过网络安全地转移到商家的设备上,之后,商店可以直接通过有关设备与银行连接,增加其账户余额。

智能卡的优点十分突出。首先,它具有匿名性,使用智能卡支付与使用现金支付十分相似。商家在接到某个智能卡传来的金额时,不会知道消费者是谁,除了余额增加外也不会留下任何记录。第二,消费者使用智能卡时,不必在银行留有账户。另外,通过智能卡,商店可以在交易结束的同时得到款项,而无需像一般银行卡那样,经过与银行的结算后才得到款项,这会减少商家面临的信用风险。智能卡支付方式的最大缺点在于,不论是消费者还是商店,都需要安装特殊的读卡设备。

英国 National-Westminster 银行开发的电子钱包 Mondex 是世界上最早的电子钱包系统,于 1995 年 7 月首先在有"英国的硅谷"之称的 Swindon 试用。起初,名声并不那么响亮,不过很快就在 Swindon 打开了局面,并被广泛应用于超级市场、酒吧、餐饮店、停车场、电话间和公共交通车辆之中。这是由于电子钱包使用起来十分简单,只要把 Mondex 卡插入终端,三五秒钟之后,卡和收据条便从设备付出,一笔交易即告结束,读取器将从 Mondex 卡中扣除掉本次交易的费用。电子钱包如同现金一样,一旦遗失或被窃,Mondex 卡内的金钱价值不能重新发行。有的卡如被别人拾起照样能用,有的卡内写有持卡人的姓名和密码锁定功能,只有持卡人才能使用,较现金还安全一些。Mondex 卡损坏时,持卡人就向发行机关申报卡内所余余额,由发行机关确认后重新制作新卡发还。

(2) DigiCash 的 E-cash 网上支付　总部设在荷兰,由国际著名密码学家 David Chaum 于 1990 年创立的 DigiCash 公司(http://www.digicash.com),是 E-Cash 领域的开拓者和典型代表。DigiCash 公司开发了 E-Cash 网上支付体系,其运作模式如图 9.4 所示。

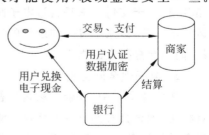

图 9.4　DigiCash 电子现金交易模型

① 建立账号购买 E-Cash。
- 消费者在 E-Cash 发布银行设立 E-Cash 账号,利用传统货币、信用卡等购买 E-Cash 证书,这些电子现金就有了价值,并被分成若干成包的"硬币",可以在特约商户购物。消费者使用的电子钱包软件随机生成一个 100 位的序列号。这一序列号被软件打包(Blind)后,被送往消费者的开户银行。打包是一个加密的过程。
- 使用计算机电子现金终端软件从 E-Cash 银行取出一定数量的电子现金存在硬盘上,通常少于 100 美元。银行检查消费者传来的信息上的电子签名,并从签名者的账户上扣除一定金额。
- 银行向打包数据添加一串数字,这样使电子现金生效,并将其送回消费者。
- 消费者对这些电子现金解包(Unblind)。解包后的电子现金不包含任何表示消费者身份的数据。

② 用 E-Cash 进行交易。
- 消费者向网上商店发出购买请求。
- 商店向消费者的电子钱包软件发出支付请求。
- 在消费者确认后,软件便将解包之后的电子现金发往商店。

③ 确认现金。
- 商店将电子现金发往银行,检查电子现金的合法性。
- 银行通过数据库检查此序列号的电子现金是否被使用过。如果电子现金未被使用过,银行便将此电子现金的序列号存入数据库,以备下次查询,然后贷记商店的账户,并通知商店。如果电子现金在数据库中留有记录,表明并非第一次使用,那么便向商店发出拒绝信息。

④ 完成交易。在电子现金得到确认后,商店向消费者开出发票,发送货物,客户确认货物,交易完成。

9.3 B2C 电子商务系统开发战略

企业建立 B2C 电子商务系统(即网上购物网站)的方式主要有加盟网上商城;购买已有系统;自行建立电子商务系统或外包开发等几种。

9.3.1 加盟网上商城

网上商城由第三方信息服务商负责建设和经营,是一个专业化、社会化的电子商务平台,一般包括网络平台、网上商城购物软件系统、信息安全体系、认证体系、网上支付与结算系统等部分。由于是专业化经营,整个平台投资规模较大,技术手段先进,性能和交易安全方面有保证。

网上商城为会员企业提供数据库空间和相关软件系统。数据库格式统一设定,企业的商业信息需要适应这个格式。与网上购物相配套的软件系统包括商品信息发布、订货信息处理、电子目录服务、商品搜索引擎、导航导购系统、销售系统、电子支付及结算系统等部分,其中商品信息发布、订货信息处理由企业使用,远程发布商品及价格等信息和从网上获取交易数据。

在网上商城模式下企业不需要关心技术问题,只负责经营虚拟店面,以较少投资可以得到一个先进的、功能较完善的电子商务环境,适合广大中小商贸企业、专卖店使用。其缺点是网上经营活动受专业平台技术上的限制,只能具有网上商城提供的功能,难以更改或新增服务内容。

9.3.2 自行建立或外包开发系统

选择自行建立或外包开发电子商务系统与前面方法相比更加费时,成本也可能更高,但它通常能够更好地满足组织的特定要求。自己开发电子商务系统是极具挑战性的,因为大部分应用是新的,还要考虑组织外部的使用者,而且涉及多个组织。

自建或外包开发电子商务系统时,可以充分考虑组织外系统与组织内系统信息的共享与互动,使网上购物系统与企业传统的信息处理系统连接起来,把电子商务作为企业经营活动的一个环节。例如销售管理子模块除了记录交易成功的网上销售信息,具有一定的统计与汇总功能,以管理网上购物的交易情况。该模块还可以把销售数据传送到负责与进销存系统、财务系统接口的功能模块,以便数据进入企业管理系统。其实现过程是利用分布式数据库处理技术,从POS或进销存系统中取出商品信息,发布到购物系统的数据库中;同时,将网上购物的交易结果提交POS或财务系统,更新POS系统的销售库及库存库,将销售明细、销售额等数据送往财务系统。

自行建立或外包开发的电子商务系统建成后可以自行管理,也可采用主机托管方式。主机托管方式是指企业自行设计购物网站及全部软件系统,共享网络服务商的网络平台,不再建设网络环境。企业需要投入的是除网络外的服务器设备、软件开发、托管费用等,网站的宣传、营销策划都需要自己解决。

中小规模的购物网站由于经营企业与网站之间数据传输不频繁,商品信息较少更新,订单数量还不大,企业常常采用这种方式建立网站,以节省成本。

在主机托管模式下企业的电子商务系统软件应该包含以下基本功能。

(1)数据的录入及修改 实现的方式有两种:一是设计动态网页,通过网页界面输入数据;另一种设计专用应用程序,工作在C/S模式下。

(2)订单的下载与处理 将网站上顾客的订货信息读取出来,并作进一步的确认和形成送货单。

(3)销售汇总 对交易数据进行累计和管理,并将此数据传递给企业进销存、财务等系统。

主机托管节省了网络设备的投资和通信流量费,对中小企业有吸引力。由于是自行设计软件系统,因而容易体现出个性化,经营行为也容易调整。其缺点是:除了系统维护的不方便外,当业务发展到一定阶段,往往要托管多台服务器,托管费用就不低了。

9.3.3 购买已有系统

在商业化软件包中,可以找到电子商务应用所需要的标准特征,与自建系统相比,购买现成的软件包是一种低成本且节省时间的战略。购买时需要认真考虑和计划,以确保现在和将来需要的所有关键特征都包含在所选择的软件包中,避免软件包很快过时。此外,一套软件包往往难以满足组织的所有需要,因此有时需要购买多个软件包来满足不同的需求,之后还需要将这些软件包,及时与企业现有系统整合。

9.4 B2C 网站设计与实现

本节以网上书店的购物环节为例,简要说明 B2C 网站的设计与实现。

9.4.1 与购物相关的数据库结构设计

与购物相关的网上书店的数据库至少需要包含商品信息、订单信息以及用户信息,以下具体说明表的结构和表间关系。

1. 表结构设计

(1) User 表用于记录用户注册时填写的基本信息及对用户访问网站情况的具体信息,其表结构参见表 9.2。

表 9.2 User 表结构设计

字段名称	数据类型	说明
userid(主键)	自动编号	键码
username	文本	用户名
email	文本	邮箱
password	文本	密码
registerdate	日期/时间	注册时间
question	文本	密码提示问题
answer	文本	问题回答
loginnum	数字	登录次数
lastlogin	日期/时间	最后一次登录时间
userrealname	文本	用户真实姓名
province	文本	用户所在省份
city	文本	用户所在市
sex	文本	性别
birthday	文本	生日
IDcardnum	文本	身份证号码
postcode	文本	邮政编码
telephone	文本	电话
receiver	文本	常用收货人
receiveraddress	文本	常用收货地址
delivermodel	数字	常用送货方式
paymentmodel	数字	常用支付方式

(2) Purchase 表用于记录用户购书行为的相关信息,其表结构如表 9.3 所示。

表 9.3 Purchase 表结构设计

字段名称	数据类型	说 明
orderid（主键）	自动编号	订单号码,键码
userid	数字	用户 id
bookid	数字	购书 id
time	日期/时间	购买日期时间
amount	数字	数量
totalprice	数字	货品总金额
receiver	文本	收货人姓名
receiveraddress	文本	收货人地址
postcode	数字	邮编
message	备注	用户留言
paymentmodel	数字	选择的支付方式
delivermodel	数字	选择的送货方式

(3) Books 表用于设置书的详细信息,其表结构如表 9.4 所示。

表 9.4 Books 表结构设计

字段名称	数据类型	说 明
bookid（主键）	自动编号	键码
title	文本	书名
pubname	文本	出版商
pubtime	文本	出版日期
size	文本	开本
page	数字	页数
printorder	数字	版次
content	备注	内容介绍
catalog	备注	目录
grade	数字	评论等级
marketprice	数字	市场价格
memberprice	数字	会员价格
sellednum	数字	成交次数
viewednum	数字	被浏览的次数

续表

字段名称	数据类型	说　明
discount	数字	打折情况
bookpic	文本	书的图片
readerage	文本	适合读者年龄
zclassid	数字	书的专题
nclassid	数字	所属小类
anclassid	数字	所属大类

真实的网上书店的数据库表结构和字段设计要比示例复杂得多，其中还包括用于描述送货服务、书籍评论信息、书籍分类、城市信息、管理员信息、网站相关信息等内容。

2. 表间关系

在数据库中，数据不是独立的，表与表之间是相互关联的。图9.5是网上书店的表间关系图。

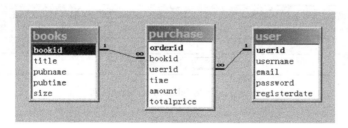

图 9.5　表间关系图

9.4.2　购书过程代码设计

前台用户操作的功能包括用户注册、下购书订单、反馈意见、联系管理员等功能。在此主要讲述购书的具体实现步骤，如图9.6所示。

1. 选中商品

选中某件商品，单击"购买"后，系统要判断用户是否已经登录，若未登录则显示"对不起，您还没有登录！"字样。这里用到request，response对象。

```
<%
    if request.cookies("bookshop")("username")="" then   '用request对象的cookies集合读取值
        response.write"<script language=javascript>alert('对不起,您还没有登录!');history.
        go(-1);</script>"
        response.End
    end if%>
```

用户登录后可以进入与该书相关的购物（shopping.asp）界面（如图9.7所示）：

```
<input onClick="javascript:window.open('shopping.asp?id=<%=rs("bookid")%>')>
```

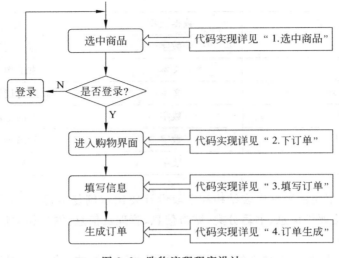

图 9.6 购物流程程序设计

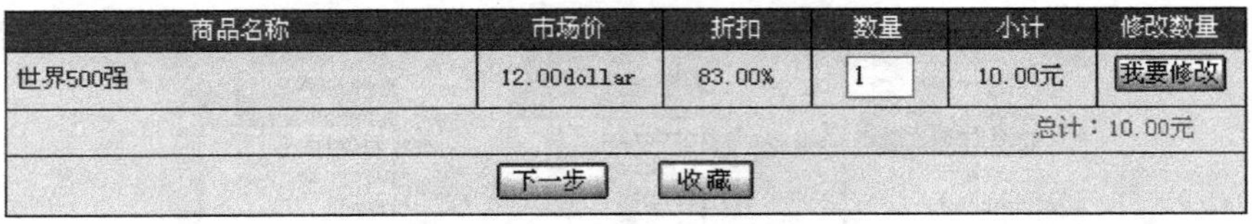

图 9.7 购物(shopping.asp)界面

2. 下订单

shopping 界面出现后,用户可单击"下一步"按钮下订单,进入订单信息填写界面,代码如下:

```
<input onClick="this.form.action='shopping.asp?action=ckxp1&id=<%=bookid%>';this.form.submit()">
```

3. 填写订单

(1) 用 ADO 的对象调用数据库,把用户填写的内容存入数据库。

```
<%
case "ckxp1"
  'response.Write bookid
  set rs=server.CreateObject("adodb.recordset") '创建一个 recordset 对象实例
  rs.open"select
    receiver, userid, email, shengshi, receiveraddress, postcode, telephone, paymentmodel,
    delivermodel, userrealname from [user] where
    username='"&request.cookies("bookshop")("username")&"'",conn,1,1
            '用 recordset 对象的 open 方法,打开 user 表里的记录集
  dim userid
  userid=rs("userid")
```

%>

(2) 填写订单相关详细信息,如(收货人地址、送货方式、支付方式等)。

```
<from name="shouhuoxx" method="post"
    action="shopping.asp?action=ok&id=<%=bookid%>&userid=<%=userid%>">
  <b>
    <%dim rs2
    set rs2=server.CreateObject("adodb.recordset")
    rs2.open "select bookid from books where bookid in ("&bookid&") order by bookid",conn,1,1
    do while not rs2.eof %>
      <input name="<%="ckxp"&rs2("bookid")%>" type="hidden"
        value="<%=cint(request("ckxp"&rs2("bookid")))%>">
    <%
    rs2.movenext
    loop
    rs2.close
    set rs2=nothing
    %>
  </b>
////说明输入信息时的某些步骤////
//填写收货人姓名:
  <input name="receiver"
    type="text" id="receiver" size="12" value=<%=trim(rs("receiver"))%>>
```

用类似的代码实现收货人省/市、详细地址、邮编、电话、送货方式、支付方式、简单留言的填写或选择,这里不再重复列举。

4. 订单生成

填写信息后提交订单,并且显示订单的详细内容,包括订单号,下订单时间,商品信息列表:商品名称、市场价、会员价、数量、小计;订货人姓名(即用户);收货人信息:姓名、详细地址、邮编、电话、电子邮件;以及用户对该订单的留言备注、支付方式和送货方式,如图9.8所示。

具体代码实现如下:

```
<%
case "ok"
function HTMLEncode2(fString)
    fString = Replace(fString, CHR(13), "")
    fString = Replace(fString, CHR(10) & CHR(10), "</P><P>")
    fString = Replace(fString, CHR(10), "<BR>")
    HTMLEncode2 = fString
end function
////使用now函数显示时间////
if session("xiadan")<>minute(now) then
    dim shijian,orderid
```

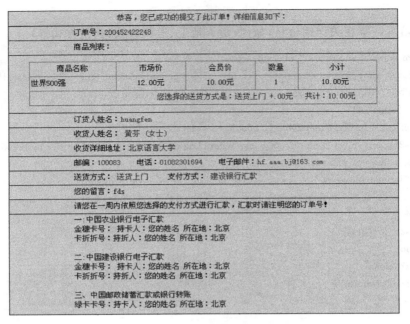

图 9.8 订单生成

```
shijian=now()
orderid= year(shijian)&month(shijian)&day(shijian)&hour(shijian)&minute(shijian)
&second(shijian)
'response.write bookid
set rs2=server.CreateObject("adodb.recordset")
rs2.open "select bookid,title,marketprice,memberprice,discount from books where bookid in
("&bookid&") order by bookid ",conn,1,1
orderid = year(shijian)&month(shijian)&day(shijian)&hour(shijian)&minute(shijian)
&second(shijian)
  do while not rs2.eof
    set rs=server.CreateObject("adodb.recordset")
    rs.open "select * from purchase",conn,1,3
    rs.addnew
    rs("username")=trim(request.cookies("bookshop")("username"))
    rs("bookid")=rs2("bookid")
    rs("time")=shijian
    rs("amount")=CInt(Request("ckxp"&rs2("bookid")))
    rs("zhuangtai")=1
    rs("orderid")=orderid
    rs("postcode")=int(request("postcode"))
    rs("receiver")=trim(request("receiver"))
    rs("receiveraddress")=trim(request("receiveraddress"))
    rs("paymentmodel")=int(request("paymentmodel"))
    rs("delivermodel")=int(request("delivermodel"))
    rs("message")=HTMLEncode2(trim(request("message")))
```

```
            rs("totalprice")=rs2("memberprice") * CInt(Request("ckxp"&rs2("bookid")))
            rs("userrealname")=trim(request("userrealname"))
            rs("email")=trim(request("email"))
            rs("telephone")=trim(request("telephone"))
            rs("userid")=request.QueryString("userid")
            rs.update
            rs.close
            set rs=nothing
            conn.execute "delete from purchase
            where username ='"&request.cookies("bookshop")("username")&"' and bookid in
            ("&bookid&") and zhuangtai=6"
            rs2.movenext
            loop
            rs2.close
            set rs2=nothing
            session("xiadan")=minute(now)
        else
            response.Write "<center>您不能重复提交!</center>"
            response.End
        end if
        set rs=server.CreateObject("adodb.recordset")
        rs.open
    "select
            books.bookid,books.title,books.marketprice,books.memberprice,purchase.userrealname,
            purchase.receiver,purchase.orderid,purchase.postcode,purchase.message,purchase.
            paymentmodel,purchase.delivermodel,purchase.totalprice,purchase.amount from books inner
            join purchase on books.bookid=purchase.bookid where.
            purchase.username='"&request.Cookies("bookshop")("username")&"' and zhuangtai=1 and
            orderid='"&orderid&"' ",conn,1,1      '调用books中书的相关数据'
%>
```

9.5 本章小结

本章讲述了 B2C 电子商务的基本商务模式,B2C 电子商务的基本流程,其中针对网上支付流程的实现,着重介绍了网上支付的几种解决方案。然后论述了 B2C 电子商务的几种实施战略,包括加盟网上商城、外购系统和自行建立平台。

最后以网上书店为例,具体设计并实现了一个 B2C 电子商务,包括数据表的表间关系设计和表结构设计、购书过程中主要的代码设计。

思考与练习 9

1. 思考题

(1) B2C 电子商务的基本组成要素有哪些?

(2) B2C 电子商务网站的开发战略有哪些?

(3) 一个简单的网上书店应包括哪些基本的数据表？这些数据表的表结构如何？
(4) 简述实现网上书店订单管理的思路。

2. 选择题
(1) 下面不属于 B2C 电子商务特点的是(　　)。
　　A. 交易对象遍布全球
　　B. 零库存
　　C. 实时捕捉客户需求
　　D. 多媒体广告
(2) 下面属于实体产品电子商务模式的是(　　)。
　　A. 网上订阅模式
　　B. 网上赠与模式
　　C. 供应商直销模式
　　D. 广告支持模式
(3) 证券经纪公司按每笔交易向顾客收取佣金，属于哪种电子商务模式(　　)。
　　A. 网上订阅模式
　　B. 交易费用模式
　　C. 销售商模式
　　D. 付费浏览模式
(4) 下面关于 SET 协议描述错误的是(　　)。
　　A. Secure Electronic Transactions
　　B. 没有对电子商务的一般流程进行改动
　　C. 充分保护消费者利益
　　D. 卡基支付协议

3. 填空题
(1) 目前我国 B2C 电子商务平台主要分为两类：_____和_____。
(2) 网上支付将"现金流动"、"票据流动"转变成计算机网络系统中的_____。
(3) B2C 支付方式可以分为两大类：_____支付和_____支付。
(4) 电子现金依附的载体主要有两种：_____和_____。

4. 上机练习题
(1) 体验多种类型的 B2C 网上购物流程。
(2) 尝试采用银行卡支付方式，完成一次网上购书。

实践环节——ebook 网站的购书环节

【目标】　全面掌握网页设计和开发的方法与技巧。

【思路】　电子商务网站的购物环节是网站的核心环节，综合前面几章学习的内容，合理设计网上书店的购书流程，完成 ebook 网站购书环节程序编写。

【步骤】

步骤 1：合理设计网上书店的购书流程。
步骤 2：在 ebook.mdb 中增加相关的数据表。
步骤 3：编写选择商品的.asp 文件。
步骤 4：编写提交订单的.asp 文件。

步骤5：编写填写订单的.asp文件。
步骤6：编写订单查询、更新、维护的.asp文件。
步骤7：写出实验报告。
步骤8：课堂讨论交流实现购书环节功能的方法与技巧。

【归纳】 在实验和交流的基础上，对网页设计和开发的方法和技巧进行归纳。

【实验环境】 安装有IIS、Access和一般网页编辑软件的计算机。

第 10 章　课　程　实　习

本章的课程实习内容,可作为学生完成本书主要章节学习后的综合实践选题,帮助学生在实践中巩固所学知识。需要说明的是,电子商务系统的设计与开发思路并不是唯一的,以下的范例是从以往学生课程实习成果中整理而来,并非唯一和最优的解决方案,仅供参考。

10.1　连锁汽车租赁电子商务系统的设计与开发

10.1.1　系统需求分析

连锁汽车租赁公司的汽车租赁业务遍及中国各主要省市,租赁汽车种类主要为轿车与吉普车。因为是全国连锁企业,顾客可以异地预定租车时间和车型,以方便在目的地的出行。利用电子商务跨越时间和空间的限制进行商业运营是公司经营的重要战略目标,公司期望通过网站的建立,提高公司的知名度和运营效率。

网站能够方便顾客查询目的地的所有车型,租车价格以及联系电话,最终用户可以轻松预定,并在到达异地时按照预定条件租到满意的车型。

根据上述要求,整个电子商务系统分为前台显示、数据库和后台管理三大部分,其中前台显示部分是企业的门户,它向访问者展示业务的内容;数据库是网站的中枢,它存储系统运行所需的数据,是联络前台显示部分和后台管理部分的桥梁;后台管理部分控制数据库的内容,以控制前台显示的内容。前台显示部分从数据库读取数据以在网页上显示出来并能提交注册预定信息到数据库,后台管理部分不仅从数据库读取数据,也向数据库写入数据,以达到添加、修改、删除数据库内容的目的。这三部分的协同工作,实现系统功能。

1. 前台功能模块设计

该系统的前台功能模块主要包括租车查询、网上预订、会员注册三个组成部分,这几个部分完成了连锁汽车租赁公司汽车资源查询、网上预订租车服务、企业会员注册三个功能,从而向网站使用者(访问者)提供业务服务。

(1) 租车查询部分　按照地域或汽车种类等检索条件进行查询,系统根据用户输入的查询条件查找公司是否有所需的汽车;用户可以在列出的汽车资料中查询详细信息以及预订电话,从而确定租车的具体信息。

(2) 网上预订　依照租车查询的结果进行网站汽车租赁预定,在数据库中保存预定的订单;租车预订人员须为网上注册会员;网上预订可以享受一定的打折优惠策略。

(3) 会员注册　将注册信息更新到数据库中。

2. 后台模块设计

该系统的后台功能模块主要包括汽车资料管理、会员管理、汽车预定管理,通过这些子模块,网站管理者就可以在后台完成对数据库的管理,以实现对网站内容的维护。

(1) 汽车资料管理　汽车资料管理是对网站的汽车资料进行操作和维护,包括添加汽车资料、删除汽车资料和修改汽车资料。

(2) 汽车预定管理　在汽车预定管理子模块中,管理员可以查看到汽车预定的详细资料。

(3) 会员资料管理　会员资料管理模块中,管理员可以查看会员的详细资料,还可以进行数据的编辑。

10.1.2　数据库结构设计

1. E-R 图

如图 10.1 所示,网站有 3 个实体,分别是汽车、订单与会员,它们之间的关系是会员提交订单,订单预定汽车。

2. 数据流程图

如图 10.2 所示,网站有两个外部项,分别是会员与管理员,同时有 5 个数据处理以及 3 张数据存储表,网站访问者首先进行注册,将数据存储在会员表中,之后可以从汽车表中进行查询,得到公司汽车使用情况,然后按照查询结果进行预定。管理员登录后可以查询 3 张表中不同的内容,同时可以对汽车表进行管理,包括汽车添加、删除、更新。

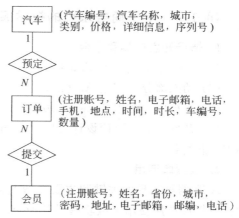

图 10.1　E-R 图

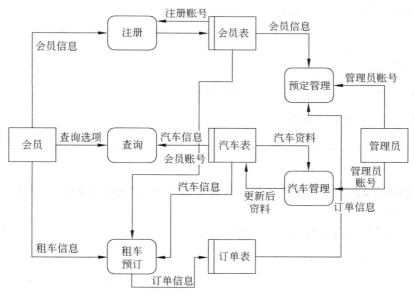

图 10.2　DFD 图

3. 数据库设计

网站数据库 rentcar 内有 4 张数据表,分别是存放汽车编号等汽车资源信息的 car 表,存放预定信息的 ordercar 数据表,存放会员信息的 reguser 表,存放管理员账号的 admin 表。

10.1.3 电子商务系统的技术实现

1. 选择开发工具和平台

(1)静态页面　使用 HTML 语言。

(2)动态部分　使用 ASP 语言。

(3)数据库　使用 Access 2003。

(4)开发工具　页面设计使用 Dreamweaver、图片处理使用 Photoshop、调试网站使用 IIS 服务器。

2. 数据库调用

ASP 网页实现的关键和主要内容是对数据库的调用,从而实现网站内容的动态显示。数据库调用使用了微软提供的使 ASP 访问数据库的 ADO 构件,并利用 ADO 中的对象实现与数据库的通信。ADO 组件的目的是访问和编辑数据源 DSN 的数据,以便提供一致的数据处理方式。

数据库调用包括以下几个方面:

(1)连接和打开数据库　使用数据库的第一步是建立与数据库的连接并打开数据库。

指定连接的数据库为 rentcar 数据库:

db="rentcar.mdb"

创建链接对象 db:

Set db = Server.CreateObject("ADODB.Connection")

用链接对象 conn 打开数据库 db:

db.open "DBQ="&server.mappath("data/rentcar.mdb")&";driver={microsoft access driver (*.mdb)}"

网站中的很多网页都将连接数据库并使用数据库,因此调用数据库的代码可以放在单一文件 conn.asp 中:

其他页面需要调用数据库时只需将其包含进去,这样也便于修改。包含代码为:

<!--#include file="conn.asp"-->

(2)创建和打开数据表　数据库被打开后,接下来打开数据表,需要使用 ADO 对象的 RecordSet 对象,用它保存网页中需要的数据库查询结果。

创建数据对象 rs:

set rs=server.createObject("Adodb.recordset")

生成SQL查询串,该查询串中的数据来自于数据表car,以下代码存放表中的所有记录：

```
sql="select * from car
```

打开数据对象：

```
rs.open sql,db,1,1
```

以后就可以通过rs对象的方法对数据表进行数据读取、插入、修改等操作。

（3）关闭数据对象和连接　在使用完ADO对象后,需要将其关闭,以释放服务器资源。

关闭创建的数据对象：

```
rs.close
set rs=nothing
```

关闭创建的连接对象：

```
db.close
set db=nothing
```

3. 前台主要技术细节

（1）查询页面　从首页面中的汽车查询表单中查询系统所备汽车信息,按照地域以及汽车种类进行查询。代码如下：

```
<form method='POST' action='search.asp'target=_blank>
 <p style="word-spacing:0;margin-top:0;margin-bottom:0"> 汽车查询
    <select name='location'size='1'tabindex='0'class='a'style="font-size:14px">
        <option value="北京">北京</option>
        <option value="天津">天津</option>
        <option value="上海">上海</option>
        <option value="成都">成都</option>
        <option value="广州">广州</option>
        <option value="哈尔滨">哈尔滨</option>
        <option value="青岛">青岛</option>
        <option value="长沙">长沙</option>
    </select>
    <select name='class'size='1'tabindex='0'class='b'style="font-size:14px">
        <option value="轿车">轿车</option>
        <option value="吉普车">吉普车</option>
    </select>
<input type="submit" height="20" cache width="52" align="absMiddle" value="Search" border="0" name="I55">
</p>
</form>
```

根据用户提交的商品信息搜索数据库中有无此汽车,如果有则返回此汽车的概要信息，如果没有则返回无此汽车信息。使用到系统中的汽车信息表car，保存为search.asp，查询结果页面显示如图10.3所示。

搜寻结果	
编号	66
车名	奥迪A6
类型	轿车
城市	北京
价格	800元/天
备注	
北京西城区***，电话：0106*****	
搜寻结果	
编号	67
车名	奥迪A8
类型	轿车
城市	北京
价格	1000元/天
备注	
北京西城区***，电话：0106*****	

图10.3 汽车查询结果页面

```
<!--#include file="conn.asp"-->
    <%
    '如果用户提交的地域不空
if request("Location")<>""then
    sql="select * from car where city like'%"& request("Location") &"%' and class like '%"& request("Class") &"%'"
    end if
    %>
set rs=server.createobject("adodb.recordset")
'sql="select * from car order by id desc"
rs.open sql,db,1,1
if rs.eof or rs.bof then
    'response.write "<p align='center'>There is not any message…</p>"
        response.write "<script language='javascript'>" & VbCRlf
        response.write "alert('SORRY!没有找到您要的信息!');" & VbCrlf
        response.write "history.go(-1);" & vbCrlf
        response.write "</script>" & VbCRLF
        response.end
        <tr>
            <td width="90" bgcolor="#FFFFFF"> 编号</td>
            <td width="317" bgcolor="#FFFFFF"><%=rs("id")%></td>
        </tr>
        <tr>
            <td width="90" bgcolor="#FFFFFF"> 车名</td>
            <td width="317" bgcolor="#FFFFFF"><%=rs("cname")%></td>
        </tr>
        <tr>
```

```
        <td width="90" bgcolor="#F5F5F5">类型</td>
        <td width="317" bgcolor="#F5F5F5">
            <%=rs("class")%></td>
    </tr>
    <tr>
        <td width="90" bgcolor="#FFFFFF">城市</td>
        <td width="317" bgcolor="#FFFFFF"><%=rs("city")%></td>
    </tr>
    <tr bgcolor="#F5F5F5">
        <td width="90">价格</td>
        <td width="317"><%=rs("price")%></td> </tr>
    <tr bgcolor="#F5F5F5">
        <td colspan="2">备注</td>
    </tr>
    <tr bgcolor="#FFFFFF">
        <td colspan="2" height="29">
            <p>
                <%rs("detail")%>
<%
rs.close
set rs=nothing
db.close
set db=nothing
%>
```

(2) 网上预订　在汽车预定页面中,填写相应内容,单击"确定"按钮,便会进行网上预订,会用到系统中的汽车预定表 order,汽车表 car,会员表 reguser。页面如图 10.4 所示,其中注册名称与预定汽车编号为必填项。

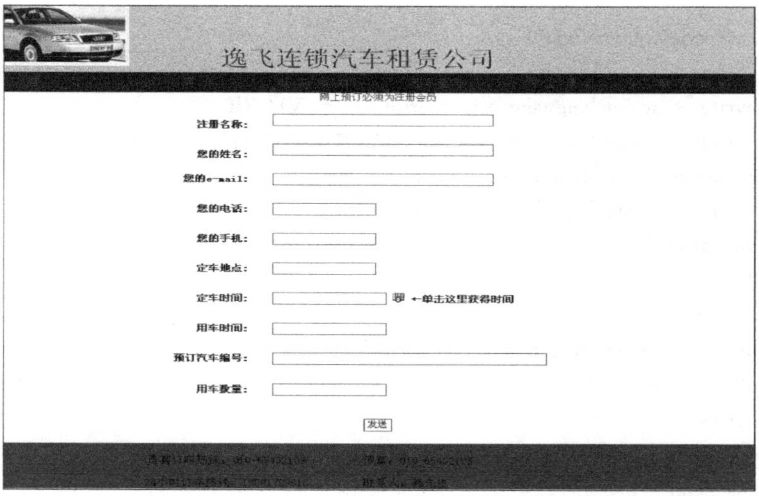

图 10.4　租车预定页面

代码如下：

```asp
<!--#include file="conn.asp"-->
<table width="398" border="0" align="center" cellpadding="3" cellspacing="0">
    <tr align="center" bgcolor="#006699">
        <td width="384" height="20"><font color="#FFFFFF">汽车预定</font></td>
    </tr>
    <tr align="center">
        <td><%
uidname=trim(request.form("uidname"))
sql="select * from ordercar where uidname='"&uidname&"'"
set rs=db.execute(sql)
'输入错误判断
if uidname="" then
        response.write "<script language='javascript'>" & VbCRlf
        response.write "alert('请填入你的注册名称');" & VbCrlf
        response.write "history.go(-1);" & vbCrlf
        response.write "</script>" & VbCRLF
        response.end
    end if
if uidname<>"" then
sql2="select * from reguser where uid='"&uidname&"'"
set rs2=db.execute(sql2)
if rs2.eof or rs2.bof then
    response.write "注册姓名不存在  <a href=order.html>重新输入</a>"
    response.end
    end if
end if
carid=trim(request.form("carid"))
if carid="" then
response.write "<script language='javascript'>" & VbCRlf
        response.write "alert('请填入你的预定汽车编号');" & VbCrlf
        response.write "history.go(-1);" & vbCrlf
        response.write "</script>" & VbCRLF
        response.end
    end if
if carid<>"" then
sql3="select * from car where id='"&carid&"'"
set rs3=db.execute(sql3)
if rs3.eof or rs3.bof then
    response.write "汽车编号错误  <a href=order.html>重新输入</a>"
    response.end
    end if
end if
'输入错误判断结束
```

```
        name=trim(request.form("name"))
        email=trim(request.form("email"))
        tel=trim(request.form("tel"))
        mobile=trim(request.form("mobile"))
        city=trim(request.form("city"))
        date1=trim(request.form("date1"))
        duration=trim(request.form("duration"))
        num=trim(request.form("num"))
        rentcar = " '" &uidname&"','" &name&"','" &email&"','" &tel&"','" &mobile&"',
        '"&city&"','"&date1&"','"&duration&"','"&carid&"','"&num&"' "
        insertsql="insert into
        ordercar(uidname,name,email,tel,mobile,city,date1,duration,carid,num) values(" & rentcar
        & ")"
        db.execute(insertsql)
        db.close
        set db=nothing
        response.write "恭喜您 "&uidname&" 预定成功! <a href=index.html>返回登录
</a>"
%>                    </td>
        </tr></table>
```

会员注册与网上预定的代码编写类似,不再赘述。

4. 后台的主要技术细节

(1)管理员登录　管理后台包括文章管理和会员管理,需要网站管理人员在管理页面经过身份认证后才能使用。admin.asp 页面利用文本框接收访问者输入的账号和口令,其页面如图10.5所示。

图 10.5　管理员登录页面

代码如下:

```
<html>
<head>
<meta http-equiv="Content-Type" content="text/html;charset=gb2312">
<title>客户管理系统</title>
<style type="text/css">
<!--
table {
    font-size：9pt；
    text-decoration：none；
```

```
        border：1px solid #000000；
    }
    -->
    </style>
    </head>
    <body>
    <form name="form1" method="post" action="admincklogin.asp">
      <table width="398" border="0" align="center" cellpadding="3" cellspacing="0">
        <tr align="center" bgcolor="#006699">
          <td height="20" colspan="2"><font color="#FFFFFF">管 理 员 登 录</font></td>
        </tr>
        <tr>
          <td width="143" align="right">姓名：</td>
          <td width="241"><input name="admin" class="goto" size="20" type="text" id="admin"></td>
        </tr>
        <tr>
          <td align="right">密码：</td>
          <td><input name="pw" type="password" size="20" class="goto" id="pw"></td>
        </tr>
        <tr align="center">
          <td colspan="2"><input type="submit" class="goto" name="Submit" value="提交">
              
            <input type="reset" name="Submit2" class="goto" value="重置"></td>
        </tr>
      </table>
    </form>
    </body>
    </html>
```

Admin.asp 页将获取的信息通过表单传给 admincklogni.asp 页面，admincklogin.asp 通过以下代码实现访问限制，并利用 ASP 的 Session 对象建立会话，在管理系统的其他页面中，将根据是否存在这一会话判断访问者是否经过身份认证。

```
<!--#include file="conn.asp"-->
<%
admin=trim(request.Form("admin"))
pw=trim(request.form("pw"))
sql="select * from admin where admin='"&admin&"' and pw='"&pw&"'"
set rs=db.execute(sql)
    if not rs.eof or not rs.bof then
    session("admin")=admin
    response.redirect "adminlogin_ok.asp"
    else
```

```
        response.redirect "error.asp?id=1"
      end if
%>%>
```

对于账号的错误处理编辑到 error.asp 文件中,代码如下:

```
<%
dim err,id
id=request("id")
select case id
  case "1"
    err="::你不是管理员::"
  case "2"
    err="::你不能进入该页。请登录::"
  case "3"
    err="::用户名或密码出错!::"
end select
Response.Write "<title>ERROR!!!</title><p><br><center><font color=red>"&err
%>
```

(2) 资料管理

① 管理页面。通过身份认证后,将被引进到 adminlogin_ok.asp 页面,对资料进行管理。可进行添加、删除与修改的操作。因为查看会员资料,查看订单资料以及管理会员资料编程相似,因此以汽车管理为例进行介绍。后台管理页面如图 10.6 所示。

图 10.6　后台管理页面

代码如下:

```
<html>
<head>
<meta http-equiv="Content-Type" content="text/html; charset=gb2312">
<title>后台管理</title>
</head>
<%
if session("admin")="" then response.redirect"error.asp?id=1"
```

```
%>
<body>
<table width="561" border="0" align="center" cellpadding="5" cellspacing="0">
  <tr align="center" bgcolor="#006699">
    <td colspan="5"><font color="#FFFFFF">后台管理</font></td>
  </tr>
  <tr align="center">
    <td width="100" height="40"><div align="center"><a href="usershow.asp">查看用户资料</a></div></td>
    <td width="100" height="40"><div align="center"><a href="ordershow.asp">查看预定资料</a></div></td>
    <td width="100" height="40"><div align="center"><a href="managecar.asp">管理汽车资料</a></div></td>
    <td width="100"><div align="center"><a href="adminloginout.asp">退出重新登录</a></div></td>
  </tr>
</table>
</body>
</html>
```

② 汽车管理页面。进入汽车管理的页面的程序为 managecar.asp,运用了分页程序,页面如图 10.7 所示。

图 10.7 汽车管理页面

代码如下：

```
<!--#include file="conn.asp"-->
<%
if session("admin")="" then response.redirect"error.asp?id=1"
%>
<html>
<head>
<title>汽车管理</title>
<meta http-equiv="Content-Type" content="text/html; charset=gb2312">
<script language=vbscript>
sub delit(which)
if msgbox("确定删除?",4)=6 then top.location="del.asp?sn="&which
end sub
</script>
<style type="text/css">
<!--
.style1 {color: #FFFFFF}
.style2 {color: #000000}
-->
</style>
</head>
<body bgcolor="#FFFFFF" text="#000000" leftmargin="0" topmargin="0" marginwidth="0" marginheight="0" background="bg_more.gif">
<div align="center">
<table width="0" border="0" cellspacing="0" cellpadding="0" align="center">
    <tr align="center" bgcolor="#FFFFFF">
      <td>
        <table style="border-collapse: collapse" border="1" bordercolor="#000000" width="100%"><tr align="center" bgcolor="#FFFFFF">
          <td width="220" height="31"><div align="center"><a href="login.htm"">修改资料</a></td>
          <td width="194"><a href="addcar.asp" class="style2">添加汽车</a></td>
        </tr>
</table></td>
      </tr>
  <tr>
    <td bgcolor="#000000">
      <table border="0" width="430" cellspacing="1" cellpadding="5" bordercolorlight="#4984ce"
  bordercolordark="#000000">
        <%sub ShowBody(Str)
    dim result
    dim l
    l=len(str)
```

```
result=""
dim i
for i = 1 to 100
    select case mid(str,i,1)
        case "<"
            result=result+"&lt;"
        case ">"
            result=result+"&gt;"
        case chr(34)
            result=result+"&quot;"
        case "&"
            result=result+"&amp;"
        case chr(13)
            result=result+"<br>"
        case chr(9)
            result=result+"    "
        case chr(32)
            'result=result+" "
            if i+1<=l and i-1>0 then
                if mid(str,i+1,1)=chr(32) or mid(str,i+1,1)=chr(9) or mid(str,i-1,1)=chr(32) or mid(str,i-1,1)=chr(9)  then
                    result=result+" "
                else
                    result=result+" "
                end if
            else
                result=result+" "
            end if
        case else
            result=result+mid(str,i,1)
    end select
next
response.write result
end sub
const MaxPerPage=10
dim gstBookID
dim totalPut
dim CurrentPage
dim TotalPages
dim i
i=0
if not isempty(request("page")) then
    currentPage=cint(request("page"))
else
```

```
            currentPage=1
        end if
set rs=server.createobject("adodb.recordset")
sql="select * from car order by id desc"
rs.open sql,db,1,1
if rs.eof or rs.bof then
    response.write "<script language='javascript'>" & VbCRlf
        response.write "alert('SORRY!没有任何记录!');" & VbCrlf
        response.write "history.go(-1);" & vbCrlf
        response.write "</script>" & VbCRLF
        response.end
    else
    totalPut=rs.recordcount
    if currentPage=1 then
        showContent
    else
        if (currentPage-1)*MaxPerPage<totalPut then
            rs.move (currentPage-1)*MaxPerPage
            dim bookmark
            bookmark=rs.bookmark
            showContent
        else
            currentPage=1
            showContent
        end if
    end if
end if
sub showContent
do while not (rs.eof or err)%>
            <tr bgcolor="#006699">
              <td colspan="2">
                <table width="100%" border="0" cellspacing="0" cellpadding="0">
                  <tr>
                    <td width="71%"><a href="edit.asp" class="style1 style1"></a></td>
                    <td width="29%">
                      <div align="right"> <font color="#FFFFFF">删除→</font><img src="pic/del.gif" width="11" height="11" border="0" onClick="delit(<%=rs("sn")%>)"></div>
                    </td>
                  </tr>
                </table>
              </td>
            </tr>
            <tr>
              <td width="90" bgcolor="#FFFFFF"> <span lang="zh-cn">序号</span> </td>
```

```
                <td width="317" bgcolor="#FFFFFF"><%=rs("id")%></td>
              </tr>
              <tr>
                <td width="90" bgcolor="#FFFFFF"> <span lang="zh-cn">车名</span> </td>
                <td width="317" bgcolor="#FFFFFF"><%=rs("cname")%></td>
              </tr>
              <tr>
                <td width="90" bgcolor="#F5F5F5"> 类型</td>
                <td width="317" bgcolor="#F5F5F5" ><% =rs("class") %>
</td>
              </tr>
              <tr>
                <td width="90" bgcolor="#FFFFFF"> 城市</td>
                <td width="317" bgcolor="#FFFFFF" ><%= rs("city") %></td>
              </tr>
              <tr bgcolor="#F5F5F5">
                <td width="90">价格</td>
                <td width="317"><%=rs("price")%></td>
              </tr>
              <tr bgcolor="#F5F5F5">
                <td colspan="2">备注</td>
              </tr>
              <tr bgcolor="#FFFFFF">
                <td colspan="2" height="29">
                  <p>
                    <% showbody(rs("detail")) %>
                  </p>
                </td>
              </tr>
              <%i=i+1
if i >= MaxPerPage then exit do
rs.movenext
loop
end sub%>
            </table>
          </td>
        </tr>
</table>
<form action="default.asp" method="post">
    <div align="center">
      <p><font size="-1" face="Verdana, Arial, Helvetica, sans-serif">
        <%
      If currentPage <> 1 Then
          Response.Write "<A HREF=managecar.asp>First</A> "
```

```
        Response.Write "<A HREF=managecar.asp?Page=" & (currentPage-1) & "">Prev</A>"
    End If
    If currentPage <> rs.PageCount Then
        Response.Write "<A HREF=managecar.asp?Page=" & (currentPage+1) & "">Next</A>"
        Response.Write "<A HREF=managecar.asp?Page=" & rs.PageCount & "">Last</A>"
    End If%>
        Num:<%=currentPage%> Total:<%=rs.PageCount%> Pages<font color="#000000">
    Input Num
        <input type="TEXT" name="page" style="background-color:#ffffff; color:#8888AA; border:1 double #B4B4B4" onMouseOver="this.style.backgroundColor='#E5F0FF'" onMouseOut="this.style.backgroundColor=''" size=2>
        <br>
        </font></font></p>
    </div>
</form>
<%
rs.close
set rs=nothing
db.close
set db=nothing
%>
</body>
</html>
```

③ 添加汽车。addcar.asp 添加汽车资料利用一系列文本框,接收管理员输入的各项信息。这些文本框中的数据被放在一个表单中,表单中指明了单击"确定"按钮后浏览器调用的页面如图 10.8 所示。

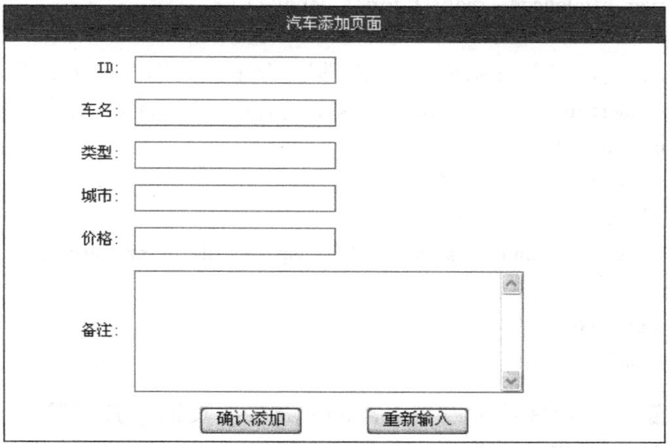

图 10.8 汽车资料添加页面

代码如下：

```
<!--#include file="conn.asp"-->
<table width="398" border="0" align="center" cellpadding="3" cellspacing="0">
    <tr align="center" bgcolor="#006699">
        <td width="384" height="20"><font color="#FFFFFF">汽车添加</font></td>
    </tr>
    <tr align="center">
        <td><%
id=trim(request.form("id"))
sql="select * from car where id='"&id&"'"
set rs=db.execute(sql)
'输入错误判断
if id="" then
        response.write "<script language='javascript'>" & VbCRlf
        response.write "alert('请填入汽车ID');" & VbCrlf
        response.write "history.go(-1);" & vbCrlf
        response.write "</script>" & VbCRLF
        response.end
end if
'输入错误判断结束
    if not rs.eof or not rs.bof then
    response.write "汽车ID已经存在  <a href=addcar.asp>重新输入</a>"
    response.end
    else
    cname=trim(request.form("cname"))
    class1=trim(request.form("class1"))
    city=trim(request.form("city"))
    price=trim(request.form("price"))
    detail=server.htmlencode(request.form("detail"))
    rentcar = "
"&id&"','"&cname&"','"&class1&"','"&city&"','"&price&"','"&detail&"'"
    insertsql="insert into car(id,cname,class1,city,price,detail) values(" & rentcar & ")"
    db.execute(insertsql)
    db.close
    set db=nothing
    response.write ""&cname&" 添加成功! <a href=managecar.asp>返回管理</a>"
end if
%>                    </td>
    </tr> </table>
```

④ 汽车资料删除。管理员可以在 managecar.asp 页面直接删除汽车列表,通过单击删除链接进入删除,其中用到文件 del.asp。

管理员如果需要删除某个资料,可以点击该个汽车数据后的"删除"按钮,本页中的代码将从数据库中删除这条(些)数据。

代码如下:

```
<!--#include file="conn.asp"-->
<%
if session("admin")="" then response.redirect"error.asp?id=1"
set rs=server.createobject("adodb.recordset")
SQLcmd = "delete from car where sn="&request("sn")
db.Execute SQLcmd
'rs.open sql,db,3,3
'rs("display")=false
'rs.update
'rs.close
db.close
'set rs=nothing
set db=nothing
response.redirect"managecar.asp"
%>
```

编程结果如图 10.9 所示。

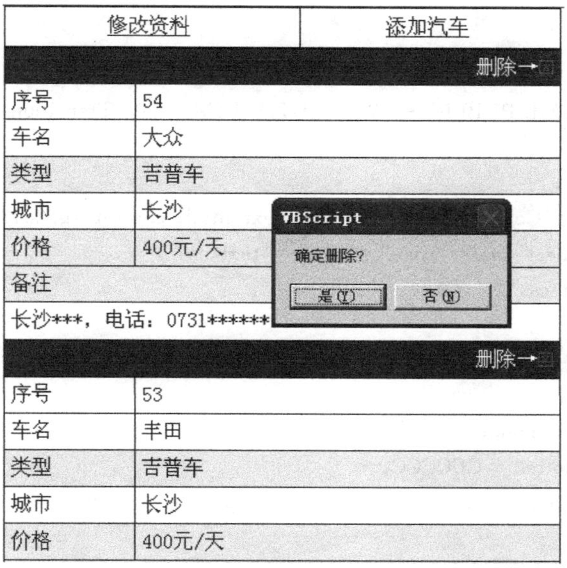

图 10.9 删除汽车资料页面

⑤ 汽车资料编辑。在程序中使用了 Session 对象,它存储特定的用户会话所需的信息。当用户在应用程序页之间跳转时,存储在 Session 对象中的变量不会被清除;而用户在应用程序中访问页时,这些变量始终存在。

首先按照汽车 ID 进行汽车资料搜索,在这里用到了搜索语句:

Cklogin.asp
```
<!--#include file="conn.asp"-->
<%
id=trim(request.form("id"))
```

```
sql="select * from car where id='"&id&"'"
set rs=db.execute(sql)
  if not rs.eof or not rs.bof then
  session("id")=id
  response.redirect "login_ok.asp"
  else
  response.redirect "error.asp?id=3"
  end if
%>
```

编程结果如图 10.10 所示。

图 10.10　输入汽车 ID 页面

Login_ok.asp

```
<!DOCTYPE HTML PUBLIC "-//W3C//DTD HTML 4.01 Transitional//EN">
<html>
<head>
<meta http-equiv="Content-Type" content="text/html; charset=gb2312">
<link rel="stylesheet" href="style.css" type="text/css">
<style type="text/css">
<!--
a {
    font-size: 9pt;
    text-decoration: none;
    border: 1px dotted #CCCCCC;
    color: #000000;
}
-->
</style>
<title>客户管理系统</title>
</head>
<%
if session("id")="" then response.redirect"error.asp?id=2"
%>
<body>
<table width="400" height="88" border="0" align="center" cellpadding="0" cellspacing="0" bgcolor="#000000">
  <tr>
```

```
        <td><table width="398" border="0" align="center" cellpadding="3" cellspacing="0">
          <tr align="center" bgcolor="#006699">
            <td width="384" height="20"><font color="#FFFFFF">客户管理系统</font></td>
          </tr>
          <tr align="center">
            <td bgcolor="#FFFFFF"><table width="100%" height="60" border="0" cellpadding="0" cellspacing="0">
              <tr>
                <td><div align="center"><a href="editform.asp">单击修改用户资料</a></div></td>
                <td><div align="center"><a href="loginout.asp">返回</a></div></td>
              </tr>
            </table></td>
          </tr>
        </table></td>
      </tr>
    </table>
    <p> </p>
    <p> </p>
    <p> </p>
  </body></html>
```

编程结果如图10.11所示。

图10.11 汽车修改中间页面

资料编辑页 edit.asp 与注册会员页类似,只是在添加进数据库的时候,不是利用新增记录的 SQL 语句,而是利用更新语句。

```
<!--#include file="conn.asp"-->
<%
if session("id")="" then response.redirect"error.asp?id=2"
%>
<%
set rs=server.createobject("adodb.recordset")
sql="select * from car where id='"&session("id")&"'"
rs.open sql,db,1,3
if request.form("active")="" then
else
    class1=trim(request.form("class1"))
    city=trim(request.form("city"))
```

```
            price=trim(request.form("price"))
            detail=server.htmlencode(request.form("detail"))
                rs("class1")=class1
            rs("city")=city
            rs("detail")=detail
            rs("price")=price
            rs.update
            rs.close
            set rs=nothing
            response.redirect "managecar.asp"
            end if
%>
<html>
<head>
<meta http-equiv="Content-Type" content="text/html; charset=gb2312">
<title>客户管理系统</title>
<style type="text/css">
<!--
table {
    font-size: 9pt;
    text-decoration: none;
    border: 1px solid #000000;
}
-->
</style>
<style type="text/css">
<!--
-->
</style>
</head>
<form name="form1" method="post" action="editform.asp">
  <table width="500" border="0" align="center" cellpadding="5" cellspacing="0">
    <tr align="center" bgcolor="#006699">
      <td height="28" colspan="2"><font color="#FFFFFF">资 料 修 改</font></td>
    </tr>
    <tr align="center">
      <td height=5></td>
    </tr>
    <tr align="center">
      <td width="83" align="right">车名:</td>
      <td width="395" align="left"><%=rs("cname")%> </td>
    </tr>
```

```
        <tr align="center">
            <td align="right">类型：</td>
            <td align="left"><input class=1 name="class1" type="text" id="class1" value=<%=rs("class1")%>></td>
        </tr>
        <tr align="center">
            <td align="right">城市：</td>
            <td align="left"><input class=1 name="city" type="text" id="city" value=<%=rs("city")%>></td>
        </tr>
        <tr align="center">
            <td align="right">金额：</td>
            <td align="left"><input class=1 name="price" type="text" id="price" value=<%=rs("price")%>>(元)</td>
        </tr>
        <tr align="center">
            <td align="right">备注：</td>
            <td align="left"><textarea class=1 name="detail" cols="39" rows="6" id="detail" value=<%=rs("detail")%>><%=rs("detail")%></textarea></td>
        </tr>
        <tr align="center">
            <td colspan="2"> <input name="Submit" type="submit" class="goto" value="确认修改">
                  
              <input name="Submit2" type="reset" class="goto" value="取消修改">
              <input name="active" type="hidden" id="active" value="yes"></td>
        </tr>
    </table></form></body></html>
```

编程结果如图 10.12 所示。

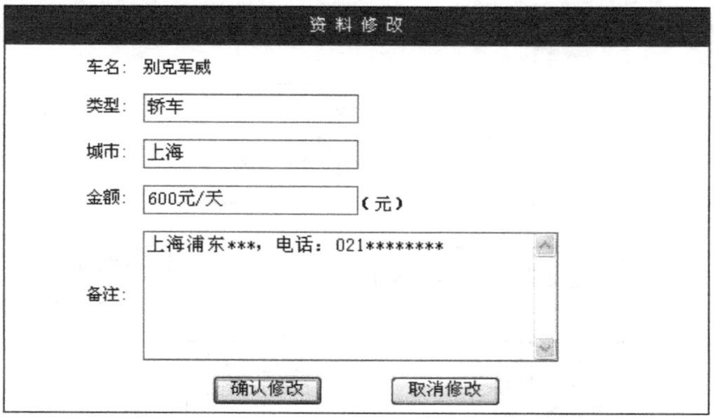

图 10.12 资料编辑页面

10.2 学生会信息交流网站的设计与开发

10.2.1 系统需求分析

1. 信息交流功能

学生会信息交流网站需要提供意见与反馈、信息讨论、文件上传下载等信息交流功能。

(1) 意见与反馈。用户添加对学生会的建议和活动意见,这些信息存在后台数据库。管理员查询后给出相应回复,再将意见和针对这个意见的反馈发布在网站上。

(2) 论坛用于学生会内部交流。学生会成员可以通过登录论坛讨论事务或是发布消息。

(3) 文件上传和下载。学生会工作常常涉及一些文件表格的上交或是一些报名表格的下载等,可以通过网上提交的方式,既节省纸张,加快提交速度,又便于对数据的分析。

2. 信息发布功能

信息发布是网站的基本功能,通过信息的发布使同学们了解学生会的各项活动。学生会信息发布功能的内容涉及组织机构分布、换届信息、学生会成员信息、学生会活动前期安排和活动报道等。

学生会信息交流网站需要提供更多的文章查询规则,比如按照部门发布信息,或是按照题目搜索信息,做到用户按需要浏览信息。

3. 用户权限

学生会信息交流网站将使用网站的用户设定为 3 类:普通浏览信息的用户、具备讨论功能的学生会成员、需要管理和维护网站和用户信息的管理员(管理员是维护网站信息和会员信息的管理人员)。根据 3 类不同用户的需求,设定不同的权限规范,方便不同权限用户的访问。

4. 管理员功能

管理员负责文章信息的维护发布和会员申请审核。

由以上需求分析,可以将学生会信息交流网站的主要功能整理如图 10.13 所示。

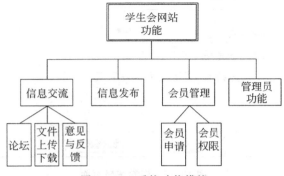

图 10.13 系统功能模块

10.2.2 数据库结构设计

1. E-R 图

通过上述的分析可知,数据库实体包括：管理员、会员和信息。管理员审核会员申请、管理信息、负责网站信息的发布；会员注册登录、发布信息。具体关系如下图 10.14 所示。

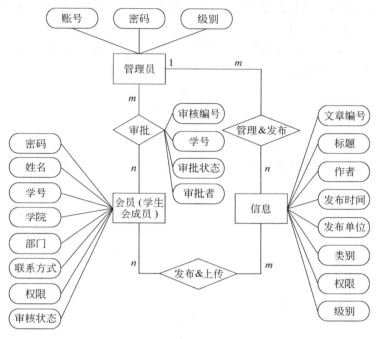

图 10.14　E-R 图

注意：根据类别的不同将信息分为意见、文章、论坛信息 3 个单独的表,也可在同一表中通过标示字段加以区分。

会员的级别和享有的权限是相对应的,比如会员级别为 1 的会员为管理员,拥有管理后台的权限。级别为 0 的会员则属于普通会员,仅有浏览和发布的权限,无权进入管理页面。

审核状态属性由管理员审核。审核通过的会员可以登录,审核未通过的用户则不能登录,仅为普通浏览者。网站将根据用户的不同显示不同类别的信息。通过文章的类别筛选出符合用户类别的信息。

2. 数据流程图

对于网站的主要数据流,可以通过网站的 3 种不同类型的使用者加以说明。

用户：浏览文章、添加意见。

会员：注册、登录、浏览文章、发布文章、回复文章。

管理员：浏览文章、发布文章、回复意见、会员管理。

用户通过网页提交意见,意见存入数据库的意见表,管理员在后台阅读用户提交的意见,并添加回复,写入数据库,同时更新意见的审核状态存入数据库,最后将回复后的信息发布在网站上。

学生通过网上进行注册,注册信息写入数据库,管理员提取其注册信息,审核。审核通过后,成为会员,在内部论坛中可发布信息并参加讨论。非会员仅有普通用户浏览公众信息的权限。

管理员可以发布文章和报道,根据读取数据库的信息回复意见和审核注册会员,此外还需要维护网站的基本信息。

通过图 10.15 的数据流程图能直观地看到数据的来源和去处,帮助我们更好地理解信息是如何在网站中流动的。

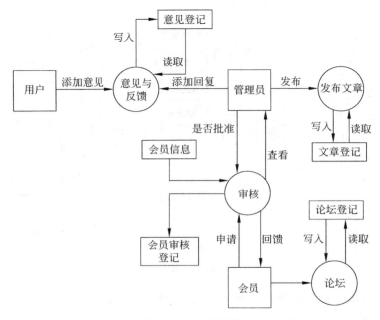

图 10.15　DFD 图

10.2.3　系统主要功能

1. 前台主要功能

如前分析可知,前台功能可分为信息发布、信息交流和会员管理等,具体分析如下。

(1) 信息发布　信息发布是电子商务网站建设重要组成功能模块,它广泛地应用于新闻、供求、产品发布、报价等时效性较强信息的发布,可以满足用户对各类信息的需求。学生会是一个需要经常对外发布信息的组织,所以信息发布的功能是学生会信息交流网站的基础模块之一。"信息发布"的界面如图 10.16 所示。

(2) 信息交流　意见与反馈。用户通过网站添加意见,将信息写入数据库。管理员审核后将信息发布在网页上。这个功能是所有的用户都可以使用的。用户在添加意见前需要填写用户的相关信息,比如学号、添加意见的标题等,以此区别不同用户添加的信息。

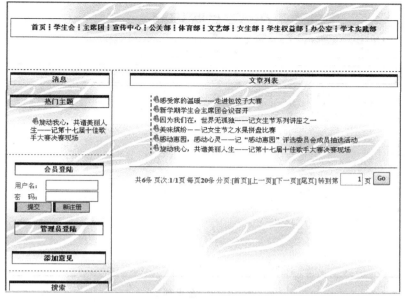

图 10.16　信息发布

"添加意见"的界面如图 10.17 所示。对于用户的意见,可以通过列表的方式显示,如图 10.18 所示。

图 10.17　添加意见

(3) 信息搜索　通过输入的字段,在文章发布的标题中进行搜索,并将检索到的信息显示在网站的主体部分。

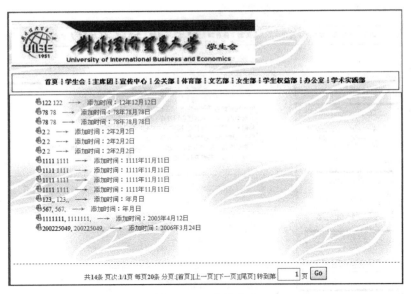

图 10.18 意见列表

（4）会员登录 & 注册　图 10.19 显示了"用户登录"界面。会员通过首页的用户登录模块登录，登录后将根据用户的不同权限显示不同的用户功能选项，如图 10.20 所示。

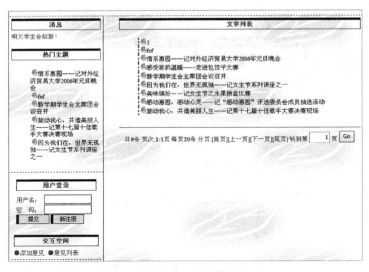

图 10.19 用户登录

在注册页面前设有注册说明页面，提醒用户在申请时需注意的事项，比如用户名需要填写自己的学号等，如图 10.21 所示。

（5）会员内部论坛　会员登录后，可以进入内部论坛发布文章或回复发布的文章，进行问题的讨论。

（6）管理员登录　管理员登录页面与主体网站页面分开，通过单独的页面进入，这是

图 10.20 普通用户和管理员用户登录功能选项对比

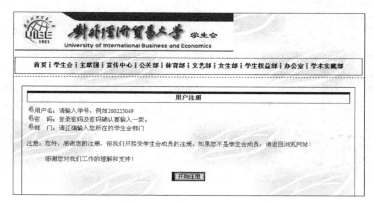

图 10.21 用户申请说明

出于安全考虑。

2. 后台模块功能实现

如前分析可知,后台模块实现会员审核、信息发布、意见回馈、站点配置四项主要功能。

(1) 会员审核 会员审核,根据会员提供的信息,审核其是不是学生会成员,如果符合要求就在审核登记表中的审核状态一栏填写"yes"。所有审核状态为"yes"的会员可以登录网站。会员审核页面还可以直接执行会员添加功能,其功能页面请参见图 10.22。

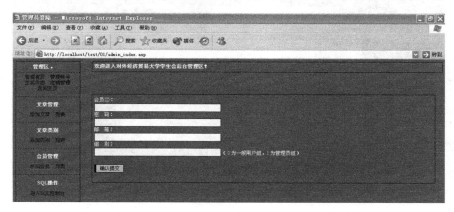

图 10.22 会员审核

（2）信息发布　前台显示的信息全部依赖于后台的信息发布功能。后台管理员需要及时更新信息发布的内容,使得用户浏览到的信息是最新的。在添加文章时可以将文章分类,这样一来,用户在主页阅读文章时就可以按照分类浏览,其操作界面如图 10.23 所示。

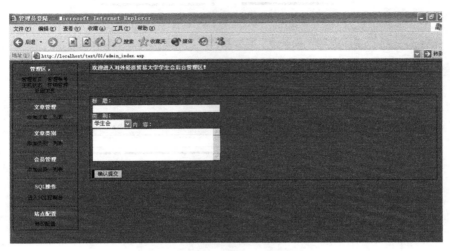

图 10.23　信息发布功能实现页面

（3）意见反馈　回复用户们提交的意见并将回复的内容发布在网站上。形式上很像我们日常熟悉的留言板模式。这个模块包括意见回复和意见修改。审核通过后的意见将会自动发布在网站首页的意见列表中。意见反馈操作界面如图 10.24 所示。

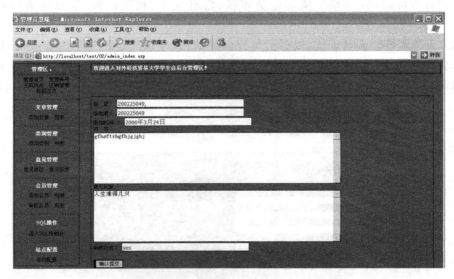

图 10.24　意见回复页面

（4）站点配置　管理员在后台可以对站点的标题、标志、学生会的对外联系方式作相应的修改,其操作界面如图 10.25 所示。

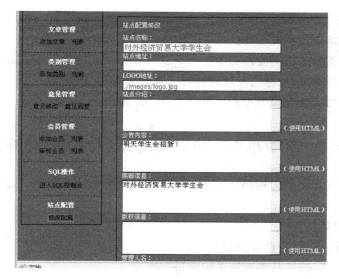

图 10.25　站点配置

10.3　校园论文网网站的设计与开发

为了更好地为广大同学服务,校园论文网所要实现的功能如下:
(1) 提供大量的论文资源,并对论文资源进行分类,以供访问者参考。

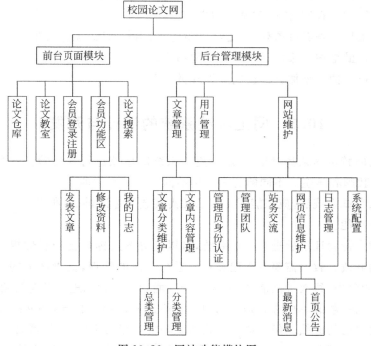

图 10.26　网站功能模块图

(2) 访问者能通过浏览论文写作指导学习到写论文的技巧。
(3) 访问者能方便地发表自己的论文作品。
(4) 为访问者提供论文检索功能。
(5) 对浏览者的用户、密码及权限进行管理。

网站的基本功能模块及其子模块图参见图 10.26。

10.4 某中小企业电子商务系统的设计与开发

某公司销售网站是通过网络销售提高公司的销售额和市场份额。此系统应具备的主要功能如下。

1. 用户使用功能

(1) 注册、修改注册信息、注销功能。
(2) 查询商品　按商品类型和关键字进行查询。
(3) 查看商品　查看所有商品或某一分类商品的详细情况。
(4) 查看热门商品、折扣商品　查看购买率最高和打折最多的 6 种商品。
(5) 选购商品　将商品添加到购物车,并选择支付手段。
(6) 购物帮助　查看购物帮助。

2. 管理员管理功能

(1) 商品类型维护　添加、修改、增加商品类型。
(2) 商品维护　查询、添加、修改、删除商品的详细信息。
(3) 用户维护　查询、修改和删除用户。
(4) 订单维护　查看订单列表,更新订单付款、出货状态,删除订单。
(5) 购物帮助维护　添加、修改、删除购物帮助。
(6) 管理员维护　添加、修改、删除管理员信息。

10.5 网上考试系统的设计与开发

考试是面向特定的某些对象的,所以进入系统时应该进行身份验证。系统的权限一般分为两种:教师和学生。不同的身份使用不同的权限和功能。

学生进入考试系统后,应该能根据自己的需要选择考试科目,所以该系统还应具有考试科目选择的功能。

教师通过身份验证以后进入考试系统,可以充分的发挥自己的管理权限对考生和试卷进行相关的修改。教师需要对试题和考生进行有效的管理,负责试题的录入及更新和修改,对试题的分类,每次考试前,需要对试场环境和考生状态进行考前初始化工作。

在线考试与一般的单机考试是不同的。一般的考试题目相同,还必须交卷后等一些日子才能知道自己的成绩。但是鉴于在线考试环境一般为机房,考试者之间的距离很近,为了在线考试做到规范,对于每个应试者来说,试卷的难度和题量都应是相同的,但试题并不相同,也即是随机生成的。在线考试基于网络环境,试卷应该从服务器的数据库随机抽取试题后动态生成的。

系统还应该对考试时间进行控制,时间到了会要求考试者交卷。考试者选择答案提交后,应该由计算机自动判卷,得到成绩后显示出来。考试完毕后,可以返回登录页面或继续考试。

教师应该能够方便、快捷地对在线考试系统管理;考试者可以对自己的基本资料随时进行修改,可以随时查询考试成绩。考生还应能进行远程注册。

系统要有一个安全稳定的页面,确保考生考试的顺利进行。

此系统应具备的主要功能如下。

(1) 用户注册　用户可以进行注册,然后登录。

(2) 用户登录　实现对不同的用户进行身份的判别,使考生进入学生考试系统,使老师进入教师管理系统。

(3) 用户信息的管理　教师可以增删用户。

(4) 试题模型设置　设置各科目试题的每种题型的数量和分值。

(5) 试题库管理　分科目,对单选、多选两种题型试题库的管理,使试题的增删、编辑更为简便。

(6) 试卷生成　可以指定试卷的各题型的数量,从试题库里随机抽取试题生成一份原始试卷。

(7) 在线考试　系统严格控制整个考试过程,实行时间的监控与权限的控制,考生需要在限定的考试时间内交卷。

(8) 计算机自动阅卷　本系统只考虑客观题,要求计算机能自动阅卷,然后马上显示出考生分数。

(9) 成绩查阅　考生考完以后,教师应该能对所有记录进行查询,并应该可以删除指定记录。

10.6　网上教室管理系统的设计与开发

此系统应具备的主要功能如下。

1. 用户使用功能

(1) 查询需求　用户可以查询某一教学时段无课教室或对某教室使用情况进行查询,该部分的使用并不需要登录,即本系统的任何使用者均可使用该功能。

注意:一所学校可以有多个教学楼。

(2) 教室申请需求　使用该功能需要输入特定的用户名和密码,然后才可以申请符合用户提交的限制条件的教室。

(3) 教室调换需求　如果教师申请整学期或半学期的课而且中途因故不能按照所申请时间上课,则可以使用教室调换,将不能按时上的课调到其他时间。

2. 管理员管理功能

（1）教室管理　包括添加新的教室和某些教室因改成其他用途，如办公室或专用教室，而不提供给其他用户申请，从而需要管理员从教室数据库中删除该教室。

（2）用户管理　添加或删除可以申请教室的用户，并划分用户权限。

（3）查看所有已申请的教室，并删除不符合规定的教室，包括社团或辅导员申请的半学期以上的教室占用，教师无故私自调换的教室，并维护系统的正常运行。

附录 A 部分习题参考答案

第 1 章 电子商务基础知识

2．选择题

(1) C.；(2) B.；(3) A.

3．填空题

(1) Electronic Commerce；电子商务

(2) 信息流

(3) 贸易服务的基础设施；隐私问题

(4) 电子证书；数字文件

(5) 资金流

(6) 1 月；7 月

(7) 信息技术支撑环境；支付体系

(8) B2B；B2C；C2C

第 2 章 电子商务技术简介

2．选择题

(1) B.；(2) B.；(3) C.；(4) D.；(5) D.；(6) C.

3．填空题

(1) HTTP 或 hyper text transport protocol 或 超文本传输协议

(2) IP 地址

(3) 政府

(4) 首页 或 主页 或 Homepage

(5) 动态网站

(6) 教育；中国

第 3 章 电子商务网站建立

2．选择题

(1) D.；(2) B.；(3) A.；(4) B.

3．填空题

(1) 前台；后台

(2) 网站域名；网站运行平台；电子商务系统（前后顺序不限）

(3) 虚拟主机；服务器托管；DDN 专线（前后顺序不限）

(4) 硬盘

(5) 软件工程

(6) 链接结构

第 4 章　HTML 语言

2. 选择题

(1) A.；(2) C.；(3) C.；(4) B.

3. 填空题

(1) Hyper Text Marked Language

(2) ＜font＞

(3) 有序列表；无序列表

(4) 将表格的边框设置为 0

(5) 超链接

第 5 章　网页设计与制作

2. 选择题

(1) A.；(2) B.；(3) B.；(4) A.

3. 填空题

(1) 矩形；椭圆形；多边形

(2) 表单；表单域

(3) 显示-隐藏层

(4) mailto；邮箱地址

第 6 章　Access 数据库管理系统

2. 选择题

(1) D.；(2) C.；(3) D.；(4) D.；(5) C.；(6) A.；(7) B.

3. 填空题

(1) .accdb

(2) 并且；或者

(3) 生成表查询；更新查询；追加查询；删除查询

(4) 汇总查询；交叉表查询

第 7 章　动态网页技术 ASP

2. 选择题

(1) C.；(2) C.；(3) A.；(4) B.；(5) D.

3. 填空题

(1) QueryString；Form；Cookies（前后顺序不限）

(2) Request；QueryString

(3) Buffer

(4) Lock;Unlock(前后顺序不限)

(5) Global.asa

(6) 服务器端;浏览器本机

第8章 通过网页访问数据库

2. 选择题

(1) B.；(2) C.；(3) A.；(4) D.；(5) C.

3. 填空题

(1) User DSN/用户DSN;File DSN/文件DSN;System DSN/系统DSN(前后顺序不限)

(2) Connection;Command;Recordset(前后顺序不限);Errors;Parameters;Fields(前后顺序不限)

(3) PageCount

(4) AddNew

(5) Recordset;CreateParameter

第9章 电子商务系统开发

2. 选择题

(1) D.；(2) C.；(3) B.；(4) C.

3. 填空题

(1) 综合类商城;网上专卖店

(2) "数据流动"("信息流动")

(3) 银行卡;电子货币

(4) 智能卡(IC卡);计算机硬盘